역사는 하늘보다 무섭다

문·창·재·컬·럼·집

역사는 하늘보다 무섭다

한국문화사

역사는 하늘보다 무섭다

문창재 컬럼집

인　쇄 · 2004년 5월 15일
발　행 · 2004년 5월 30일

저　자 · 문창재
펴낸이 · 김진수
펴낸곳 · **한국문화사**
주　소 · 서울특별시 성동구 성수1가 2동 656-1683 두앤캔 B/D 502호 133-823
전　화 · (02)464-7708 / 3409-4488
팩　스 · (02)499-0846
등록번호 · 제2-1276호
등록일 · 1991년 11월 9일
Homepage · www.hankookmunhwasa.co.kr
E-mail · hkm77@korea.com
가　격 · 10,000원

잘못 만들어진 책은 바꾸어 드립니다.
이 책의 내용은 저작권법에 따라 보호받고 있습니다.
Copyright 한국문화사

ISBN 89-5726-157-5　03800

추천의 말씀

　언론인 문창재씨가 컬럼집을 낸다는 소식은 오래 기다리던 일처럼 반갑습니다. 그가 신문사를 떠난 뒤 정확히 핵심을 짚어내는 그의 컬럼과 논설을 읽지 못해 아쉬웠는데, 그동안 한국일보에 쓴 글들을 묶어 펴낸다니 그나마 위안이 됩니다.
　32년이 넘는 세월을 우직하게 한 길만을 걸었던 그는 언론인으로서 화려한 인생을 산 사람은 아니었습니다. 중요 부장과 특파원을 거치고 논설위원실장까지 지낸 사람을 불운하다 할 수는 없을 것입니다. 그러나 그는 세속적인 직위보다는 좋은 글과 지면으로 독자들과 더 가까워지려고 애썼던 사람입니다.
　그는 우리 언론계에 한가지 기록을 남겼습니다. 입사후 6년을 넘게 사건기자로 현장을 뛴 진기한 기록입니다. 경찰서와 현장을 드나들며 험한 사건을 취재하는 일은 요새 말로 하면 3D에 속합니다. 정해진 출퇴근 시간이 따로 없을 만큼 사생활을 박탈당한 업무를 6년 반이나 묵묵히 견디어 낸 것은 사내에서 그의 우직성과 성실성을 말해주는 사례가 되었습니다.
　그는 또 깔끔하고 논리 있는 글 솜씨로 인정을 받았습니다. 부정과 비리를 파헤치고 고발하는 일에 주저함이 없었고, 뉴스가 있는 곳이면 어디든 달려가기를 즐겼습니다. 주장할 것은 떳떳하고 명쾌하게 설파했습니다.
　<흔들리지 않는 열정으로 당당하게 대의를 밝히셨던 32년, 저희는 송현의 영원한 푸르름으로 기억하겠습니다> 지난 1월 퇴임식에서 후배기자들이 전달한 기념패에 새겨진 이 말 한마디가 그에 대한 세상의 평을 대변해 줍니다. 논설위원실 동료들은 그가 자연과 역사 앞에 겸손하고 당당하였다고 기념패

에 새겨넣었습니다.

   그는 비록 신문사를 떠났지만 아직 언론계를 떠나지는 않았습니다. 앞으로 더 좋은 글을 더 많이 써서 제2, 제3의 컬럼집이 나오기를 기다립니다.

2004년 4월 한국일보사 사장 신상석

문 창 재 컬 럼 집 **차 례**

5 추천의 말씀   351 저자의 말

제1부

15 숲의 질서
17 겨울 산
19 점봉산
21 쇠고기를 넘어서
23 서울의 고구려 성
25 桓檀古記
27 조선족
29 긴자의 노을
31 오지 철도
33 농민 3중고
35 히로히토 기념관
37 워커 힐
39 노인 '수출'
41 영웅 재평가
43 출산율
45 광화문
47 총평과 노총
49 북·일 빙하기
51 南柯一夢
53 쌀(3)

55 쌀(2)
57 쌀
59 항생제
61 역사의 혼 司馬遷
63 메소포타미아
65 筆耕舍
67 수미산
69 가스실＋화장로
71 유창종 기와展
73 거꾸로 가는 시계
75 생태도시
77 인사청탁
79 난개발의 한가운데
81 북한 인구
83 의정부와 오키나와
85 카우보이 나라
87 문학관 시대
89 "마땅히 책임질 일"
91 김두한 신드롬
93 이은혜 (2)

7

차 례

- 95 이은혜
- 97 청와대 이전
- 99 6·25 행불자
- 101 기후재앙
- 102 "그린벨트가 좋아"
- 104 교과서 검정제도
- 106 청백리 교훈
- 107 멀어진 형제국
- 109 월드컵과 북한
- 111 난지도
- 112 경희궁의 환생
- 113 한국의 폼페이
- 114 시간의 정원
- 116 매헌 윤봉길
- 117 글 감옥
- 119 살아있는 성벽?
- 120 두만강과 유민
- 121 소백산의 우주
- 122 早春 유감
- 123 都羅山
- 124 재일 한국인 朴尙得
- 125 卍海의 자손
- 126 수물되는 나라
- 127 朱木의 나이
- 128 빙하기의 북일관계
- 130 나라의 품위
- 131 현대의 노예
- 133 촛불회담
- 134 풍년시름
- 135 경복궁 興禮門
- 136 神鐘의 소리
- 137 고무신 검사
- 138 안두희
- 139 실패학
- 140 작가와 체험
- 141 해방·독립·광복
- 142 하남 위례성(2)
- 143 하남 위례성
- 144 실상사 방식
- 145 일본교과서 검정
- 146 조정래와 이현세
- 148 동강과 시만토 강
- 150 원각사 10층 탑
- 151 白石의 후 반생
- 152 야스쿠니 신사
- 154 법전 속의 정의
- 156 芝溶의 최후
- 157 鄭芝溶 가족의 이산
- 159 回節江
- 161 돌아온 고래
- 162 대관령
- 164 통행방식과 원칙

문창재 컬럼집 차례

제2부

169 우상실종의 시대
171 天災와 민심
173 뇌물과 대가성
175 잃어버린 10년
177 별자리와 고대문명
179 한국어의 명칭
181 카인의 후예
182 매미소리와 공해
184 개성관광?
186 사형-단계적 폐지론
188 한반도 旗
190 미국은 무엇인가
192 금강산 개발
194 메이드 인 코리아
195 평양 8경
197 15대 심수관
198 나는 대학, 기는 대학
200 총리의 과로사
202 경복궁은 '섬'인가
204 지도자와 거짓말
206 세계 두번째 부자
207 증오의 탑
208 또 한번의 이산
209 정치인과 신창원

210 일본속의 백제
211 무소유의 뒷장
212 토함산을 오르며
213 금강산 관광 1년
214 안의사 묘소찾기
215 노근리의 진실
216 소니 창업주
217 학교차별과 인권국가
218 백두산에 가보니
219 역사의 가정
220 신창원과 로빈 훗
221 한글전용의 개조
222 미륵불의 미소
223 잃어버린 취재노트
224 정동필과 손정의
225 75년만의 해후
226 흙이 죽어간다
227 연개소문
228 전설의 수몰
229 의자왕의 아들
230 고구려와 고려
231 법률상인
232 도고 시계노리
233 좀도둑과 큰도둑

차 례

234 흑백을 바꾸는 사람
235 기후변화의 공포
236 도공들의 혼불
237 훈장보다 진상규명
238 은빛 러브 스토리
239 청송교도소
240 천황과 조선반도
241 이효석 幽宅
242 홍수사를 돌아보니
243 청빈 포청천
244 홍길동 마스코트
245 뿌리의 소중함
246 백범 김구
247 금강산
248 판문점의 해빙
249 日王의 영국 나들이
250 겨레의 스승 李昇薰
251 百年漢淸
252 고속도로와 고속철
253 납치 도공 400년
254 4·3사건 50주년
255 구다라나이

문창재 컬럼집 **차 례**

제3부

259 역사는 하늘보다 무섭다
261 21세기의 '당랑거철 우화'
263 파병, 뭐가 그리 급한가
265 전투병 파병은 안된다
267 정치가 망치는 고속철도
269 주 5일제, 또 다른 걱정
271 "안됩니다"라고 말할 사람
273 삼청교육은 天刑이었나
275 남북 철도연결을 보면서
277 정의가 강물처럼?
279 '바그다드 효과'와 北의 선택
281 지하철, 달라진 게 무언가
283 다시 보는 히로시마의 교훈
285 북한이 핵을 버려야 할 이유
287 "천천히 한발 한발" 나아가기
289 제도가 조장하는 불법체류
291 그린벨트가 '개발벨트'인가
293 김정일의 꿈을 이루려면
295 영광과 오욕의 불가사의
297 월드컵, 희망을 보았다
299 히딩크의 원칙이 뜻하는 것
301 권력이 한 사람에 집중되면
303 '말하는 돌'과의 만남

305 일본 천황과 서울 월드컵
307 '외국인 노예'를 부리는 나라
309 보통만 되어 주세요
311 쌀은 우리 목숨이고 혼이다
313 천사의탈을 쓴 '일본의 스승'
315 신사참배마저 강행하면
317 그 죽음 앞에 떳떳한 사람은
319 北의 천지개벽을 위하여
321 지난 시대가 그리운 까닭
323 가신들이 주무르는 정치
325 의사 선생님, 제발 돌아와요
327 어느 장애인의 죽음
329 달라진 것이 무엇인가
331 감은사 쌍탑 앞에서
333 이몽룡의 직권남용
335 부하들만 책임지는 나라
337 김 교사의 의로운 죽음 이후
339 우장춘기념관에 담긴 뜻
341 법조인력 너무 부족하다
343 지금 북간도에서는
345 기어가는 철도행정
347 법은 정말 평등한가
349 부패척결 의지는 있나

역사는 하늘보다 무섭다

제1부

역사는 하늘보다 무섭다

숲의 질서

봄이라지만 깊은 산속에는 아직 봄이 보이지 않는다. 북쪽 응달엔 여태 잔설이 깊고, 눈 녹은 양지도 새 생명이 싹트기엔 아직 바람이 차다. 그러나 마을 가까운 산자락에는 봄을 알리는 숲의 질서가 작동되었다. 아카시나무 상수리나무 신갈나무 굴참나무 같은 키 큰 활엽수들은 겨울 모습 그대로지만, 그 숲에 사는 작은 나무들은 하루가 다르게 잎눈을 키  우고 있다. 큰 나무들은 찔레나무 명자나무 같은 하층식생이 먼저 생명활동을 할 수 있도록 느긋이 기다려 주는 것 같다.

진달래 개나리 산수유 같은 것들이 잎도 나기 전에 꽃부터 피우는 것도 숲의 질서가 아닐까. 키 큰 나무 잎들이 자라 햇빛을 가리면 꽃을 피울 수 없는 운명이기에 먼저 서두르는 것이리라. 나무보다 키가 작은 풀들은 더 부지런하다. 낙엽이 쌓이고 썩고 또 쌓인 두터운 부엽토 층을 뚫고 나온 풀들은 벌써 보리만큼 자랐다. 풀들의 세계에서도 작은 것들이 부지런한 것은 자연의 섭리다. 이름 모를 꼬마 풀들은 벌써 꽃을 피운 것이 많다. 보아주는 이 없이 보잘것 없는 꽃이 지는 것도 있다.

봄 꽃은 생명활동의 상징이다. 열매를 맺기 위한 몸부림의 결정체가 꽃이라면, 그 향기와 자태로 벌 나비를 유혹하기 위한 수단이 꽃이라면, 잎이 나기 전에 터지는 봄 꽃은 종의 번식을 위해 존재하는 뭇 생명체의 모범이다. 날개 없이 날고 다리 없이 걷는 이적(異蹟)과 다를 바가 무어랴. 겨우내 눈보라와 찬 바람을 이기며, 조금씩 물을 빨아 올리기를 게을리하지 않았기에 남 먼저 꽃을 피우는 것이리라. 벌 나비에 수분(受粉)을 의존하지 않는 번식법도 숲의 질서가 만든 생리인가.

 인간의 세계도 같은 질서로 움직여 왔다. 어른은 아이를, 젊은이는 늙은이를, 남자는 여자를, 정상인은 장애인을 보살피고 양보하는 것이 전통사회의 규범이었다. 강자와 약자, 대기업과 중소기업이 어울려 살아야 하는 이치와 마찬가지로, 큰 나라는 작고 약한 나라들을 보살피고 이끌어갈 의무가 있다. 그런데 요즘세상은 그렇지가 않다. 힘이 셀수록 그것을 뽐내고, 가질수록 더 가지려는 욕심이 세상을 어지럽힌다. 작은 나라의 유전을 뺏으려는 석유 전쟁에 생각이 미치면, 숲의 질서는 무색해 진다.

2003. 04. 01

겨울 산

　낙엽 위를 솜이불처럼 덮은 눈이 한낮 햇볕에 녹다가, 겨울 밤 찬바람에 얼어붙는다. 그 위에 또 눈이 내리고, 녹고 얼고 여러 차례 반복되어 시루떡처럼 켜켜이 쏟아 버린 눈밭이 깊다. 바람받이 그늘에 쌓인 눈은 한 길을 넘어 대관령 목장 철책이 파묻혀 버렸다. 남으로 내달리는 백두정맥 등뼈 위는 바람과 눈이 빚어낸 추상화 전시장이다. 겹겹이 몰려오는 파도 형상의 눈 층을 지나, 너른 목초지를 뒤덮은 눈밭은 아무것도 그리지 않은 거대한 도화지다.
　그 위로 배고픈 산짐승들의 발자국 행렬이 길다. 아기 고라니일까, 아니면 산토끼일까. 발자국이 깊지 않은 것을 보면 어린 짐승이 분명하다. 간격도 멀지 않은 작은 발자국들이 절편 위에 막 눌러놓은 떡살 무늬처럼 예쁘다. 그 옆으로 종종걸음 친 산새들의 발자국은 무슨 상형문자인가. 떼지어 먹이를 찾아 나는 새들의 울음과 바람의 합창은 이 고적한 겨울 산이 살아 있는 생명체라고 말한다. 그래, 눈 이불 아래 낙엽 옷 속에는 겨울을 견디는 생명들이 있지….
　옷벗은 나무들도 서로 손을 맞잡거나, 혹은 어깨를 겯고 이 엄혹한 겨울을 참아내고 있다. 그러면서 모두가 하늘을 향해 솟구치려는 자세를 흐트리지 않는다. 바람이 불 때마다 잉잉거리는 소리는 아무리 추워도 꺾이지 말자는 결의와 다짐일까. 소나무 잣나무 같은 상록수들은 이고 있는 눈 무게에 지쳐 보인다. 겨울 산이란 원래 그런 모습일 게다. 그런데 고갯마루에 서 있는 전파중계시설 같은 구조물들이 태초부터 있어 온 겨울 산의 모습을 망쳐 놓았다.

선자령 정상에서 알코올 한 모금으로 언 속을 녹이고, 되돌아 오는 길에 더 큰 부조화(不調和)를 발견한다. 눈 위에 찍힌 내 발자국이다. 사람의 발자국은 왜 그리 크고 깊은가. 왜 그리 자연에 역행하는 모습인가. 내 일행과 낯 모를 겨울 산행자들의 발자국들은 또 왜 그리 어지러운가. 인간이란 존재 자체가 그토록 비자연적이란 걸 새삼 깨닫지 않을 수 없었다. 그런데도 인간의 욕망은 끝도 한도 없이 자연의 숨통을 조르고 있다. 사람도 자연의 한 부분이어야 한다는 깨달음, 그것이 겨울 산에서 얻은 값진 선물이다.

2003. 02. 14

점봉산

아침가리 계곡은 아직 봄이 한창이다. 강원도 인제군 기린면 현리에서 오른쪽으로 핸들을 꺾어 개울을 따라가다, 방태산 입구를 지나고부터는 포장이 되다 말다 한 긴 계곡길이다. 아침 한나절이면 밭갈이를 끝낼 수 있을 만큼 밭뙈기가 좁은 산골짜기라고 아침가리 골이란다. 적가리·연가리 같은 이웃 골짜기들과 함께 '삼가리'라 불리는 이곳은, 어떤 난리가 나도 피해 살만 하다는 오지 중의 오지다. 쇠나드리·범바위·설피마을 같은 고운 이름의 산마을들을 지나 좀 더 가면 더 이상 차가 갈 수 없는 진동리다.

점봉산 속살의 부드러움을 만끽할 수 있는 산행은 여기서 시작된다. 그런데 길가에 생긴 초소에서 출입을 막는다. 산림유전자원보호림으로 지정돼 연중 입산을 통제중이라는 것이다. 산림청 산림보호지도원 신분 덕에 특별입산 혜택을 받아 산행에 나선 것이 오전 11시. 양양과 내륙을 잇던 단목령을 거쳐, 정상에 이르는 3시간 여의 산행은 참나무 숲길의 연속이다. 빼곡한 잡목 숲에 키 큰 침엽수들이 듬성듬성 머리를 내민 원시림 속의 도끼 길 같은 등산로는 온통 산죽으로 뒤덮여 자칫 길을 잃기 십상이다.

정상에 올랐다가 곰배령을 거쳐 7시간 산행을 끝낸 뒤에야, 산림유전자원보호림으로 지정된 이유를 알았다. 숲길을 오를

때는 몰랐으나 능선을 따라 내려오면서, 펑퍼짐한 산자락부터 1,400m가 넘는 정상부까지 온통 토착수종으로 뒤덮인 나무 바다인 걸 확인할 수 있었다. 수십 년 묵었을 화전 터 곰배령 고갯마루는 또 얼마나 다양한 풀들의 낙원이던가. 참나물·곰취· 떡취 같은 산나물에서부터 이름 모를 약초 류에 이르기까지, 허리까지 자란 풀밭은 인간의 간섭이 없는 자연 생태계의 원형이었다.

북부지방 산림관리청에 전화를 걸어 물어보니, 경기· 강원지역에만 보호림으로 지정해 입산을 통제하는 산이 열 여섯이라 한다. 수 많은 등산객들에게 짓밟혀 신음하고 있는 우리 산들에는 생명수보다 좋은 약이 되리라. 마침 올해는 우리나라 산림녹화 사업 30년이 되는 해다. 산에 들어가는 행위 자체만으로도 처벌을 하던 강력한 산림녹화 정책 덕분에 한국은 독일· 영국· 뉴질랜드와 함께 세계 4대 조림성공국으로 평가 받고 있다. 그 명예를 지켜가려면 애써 가꾼 숲을 보전하는 일이 무엇보다 중요하다. 꿈과 미래가 있는 민족만이 숲을 지키고 가꾸는 법이다.

2003. 06. 11

쇠고기를 넘어서

　지구상에는 13억 마리의 소가 있다. 소 한 마리 체중이 인간의 8배라 치면 인류의 두 배인 104억 인구에 해당한다. 그들이 사육되고 있는 땅 면적은 육지의 25%에 달한다.
　산악과 사막 밀림을 다 포함해 그 정도라면 인간이 차지한 면적보다 적다 할 수 없다. 그 많은 소들이 옛날처럼 풀만 먹고 살지 않는다는 데 문제의 심각성이 있다. 미국의 식탁에 충격파를 일으킨 '쇠고기를 넘어서'의 저자 제레미 리프킨 박사에 따르면, 지구에서 생산되는 곡물의 3분의 1은 소가 먹는다.
　그와 인터뷰한 SBS 박정훈 PD의 저서 <잘 먹고 잘 사는 법>이 전하는 놀라움이다.
　소 돼지 닭 등 모든 가축에 먹이는 곡물을 합치면 온 인류가 먹고도 남는다. 미국에서 매년 소 먹이로 쓰이는 옥수수 3억 5,000만톤의 일부만 풀어도 굶는 사람이 없어진다. 그 뿐 아니다. 소들이 풀을 뜯을 초원을 만든다고 지금 이 순간도 원시림의 수목이 잘려나간다. 엄청난 배설물들은 강과 땅을 더럽힌다. 소에게 곡물을 먹인 뒤로 배설물이 몇 곱절 늘어난 것이다.
　성장을 촉진하기 위해 육골분을 사료에 섞어 먹이고, 좁고 불결한 사육공간에서 발생하는 질병을 막기 위해 항생제를 먹이는 사육법은 더 큰 문제를 낳았다.
　그렇게 사육된 '공장 소'들의 육질은 풀 먹는 소에 비해 지방질이 4배나 많아 인간에게 비만 당뇨병 심장마비 뇌졸중 같은 성인병을 강요하고 있다.

가난하던 남태평양의 섬나라 나우루는 70년대 광산 개발로 국민소득이 늘어나자 전 국민의 3분의 1이 당뇨병 환자가 되었다고 한다. 호주 원주민들도 식생활이 서구화한 뒤 같은 이유로 평균수명이 40~50세로 떨어졌다.

지나친 고지방질 식사와 나태한 생활패턴이 낳은 재앙이다. 70년대까지 1% 미만이던 한국인의 당뇨병 이환율이 10%가 넘은 사실도 마찬가지다.

쇠고기 탐닉의 가장 큰 형벌은 광우병이다. 빨리 키우려는 조바심에 곡물을 먹이는 것으로도 모자라 골육분을 섞어 먹인 죄다. 풀을 먹고 살도록 운명지워진 동물에게 동족의 살과 뼈를 먹인 '불륜'이 그런 천형을 만들어낸 것이다. 문제는 그 고기를 먹은 인간도 같은 증세를 일으킬 수 있다는 전염성에 있다. 어찌 식생활 뿐이랴.

새것과 안락함과 편리함만을 추구하는 우리의 주거생활에서부터, 쓸데없는 것들에 돈과 시간을 버리는 탐욕스러운 소비생활에 이르기까지, 인간이 얼마나 자연의 섭리를 거역하고 있는지 왜 몰랐던가. <지평선> 붓을 놓으면서 이제야 거기에 생각이 닿은 미욱함이 부끄럽다.

2004. 01. 14

서울의 고구려 성

1977년 서울 광진구 화양동 화양지구 구획정리 사업 공사 중 이상한 토기 조각이 발견되었다. 뒤 이은 조사팀의 발굴에서 특이한 형태의 토기, 온돌 유구와 석축, 화살촉 창촉 등 많은 무기류가 쏟아져 나왔다. 집안(集安) 지역에서 많이 나오는, 나팔처럼 주둥이가 넓은 이 항아리는 분명 고구려 것이지만, 백제 땅에서 나왔다는 이유로 관심을 끌지 못한다. 그렇다고 백제 것으로 볼 수도 없는 이 유물들은 뒷날 화양동 뒷산인 아차산과 용마산 능선에서 독특한 보루성(堡壘城) 유구가 모습을 드러내기 전까지는 아무도 고구려 것으로 보지 못하였다. 고구려사 연구의 황무지 시대였다.

1998년 9월 아차산에서 고구려 병사들이 쓰던 복발(覆鉢)이 출토되었다. 사발모양의 고구려 투구 윗부분이 발견된 데 이어, 부근 헬기장에서 고구려 토기가 무더기로 쏟아져 나왔다. 우연한 산불로 드러난 석축 유구는 전형적인 고구려 산성으로 확인되었다. 이를 계기로 서울대 박물관 등의 본격 발굴 작업을 통해 아차산 용마산 망우산 수락산 등 인근 산봉우리와 능선에서 16개의 고구려 보루성이 확인되었다. 등산을 가면서 무심히 밟고 다닌 돌들이 고구려 병사들의 막사나 초소, 또는 방어 거점이었다.

보루성은 본격적인 성과 달리 중대나 소대급 부대가 주둔하며 군사활동을 하던 거점이다. 지름이 40m가 넘는 것부터 분대 단위 규모의 진지도 확인되었고, 평시에는 농사 짓는 데 쓰였을 것으로 짐작되는 농기구류도 나왔다. 이런 시설을 거점으로 강 건너 한성백제의 심장부를 노리던 고구려는 475년 장수왕이 이끄는 3만 5,000 병력으로 백제의 왕도를 유린한다. 이 싸움에서 백제는 개로왕이 적군에 붙잡혀 죽는 치욕을 당하고 웅진(공주)으로 천도한다. 그 때부터 한강 유역은 고구려 영토가 된다.

고구려 유적은 임진강 유역과 경기도 양주 땅에서도 많이 발견되었다. 충주지방에서 발견된 중원 고구려비는 고구려 세력이 신라 영토에까지 미쳤음을 증거하고 있다.

서울시는 최근 아차산성 일대 고구려 보루성들을 사적지로 지정키로 했다. 전문적인 학술조사를 거쳐 유네스코에 세계문화유산 지정을 신청하겠다는 복안도 갖고 있다 한다. 중국이 고구려를 자기네 지방정권으로 종속 시키려는 기도를 의식한 조치다. 그런데 고구려가 중국사의 일부가 된다면 우리의 입지는 어떻게 되나. 우리의 역사공간은 겨우 한강 이남의 영역으로 축소되고 마는가. 중국의 음모가 얼마나 무서운 일인지 실감이 난다.

2003. 12. 31

桓檀古記

단군시대에 벌써 가림토라는 한글 자모 38자를 만들어 사용했고, 화폐와 책력이 있었다고 주장하는 역사 책이 있다. 박람회가 열렸고, 세법과 군현제도가 시행되었으며, 근대적인 구휼제도와 인구조사도 있었다는 대목에 이르면 고조선이 세계 4대 문명권에 조금도 뒤지지 않는 선진국가였다는 자부심을 가질 만하다. 1911년 계연수(桂延壽)가 편찬한 환단고기(桓檀古記)에 실려있는 내용이다. 그러나 강단 사학자들은 그것이 우리 문화 발전단계와 정도에 맞지않는다는 이유로 일고의 가치도 없는 위서(僞書)라고 단정한다.

이 책은 삼성기(三聖記), 단군세기, 북부여기, 태백일사 등 사서 4권의 내용을 편집한 것이다. 삼성기는 신라의 승려 안함로(安含老)와 원동중(元董仲), 단군세기는 고려 때의 이암(李嵒), 북부여기는 고려 말 범장(范樟), 태백일사는 조선시대 이백(李陌)이 지은 책으로 기록되어 있다. 그렇지만 백과사전과 국사대사전에도 환단고기란 책은 나와 있지 않을 만큼 정통 학계의 외면을 받고 있다. 그래도 재야 사학자들은 서울대 천문학자들의 컴퓨터 분석결과 이 책에 나오는 오성취루 같은 천문현상이 실제로 있었음이 입증되고, 중국측 기록과 일치하는 부분이 있어 귀중한 사료가 된다고 주장하고 있다.

　재일동포 박상득(朴尙得)씨가 이 책을 일어로 번역해 일본 서점가에 내놓았다. 그는 일본에 이 책의 번역판이 없어서가 아니라, 정확하게 번역되지 않아 그 오류를 바로잡고 싶었다고 말한다. 1998년 카시마 노보루(鹿島昇) 역본을 처음 보고 흥분했지만, 목은(牧隱)과 이색(李穡)을 별개의 인물로 번역하는 등의 오류를 보고 직접 번역할 결심을 굳혔다는 것이다. 그러나 책을 내줄 출판사가 없어 어머니가 들어 준 생명보험을 해약해 비용을 마련해야 했다. 부족한 것은 일본인 친구들의 도움을 받은 자비 출판이었다.

　1927년 한국에서 태어나 여덟 살 때 부모를 따라 일본에 건너간 그는 도쿄대학 심리학과를 나온 수재다. 조총련계 조선대학 교수로 있을 때 황현의 매천야록을 번역 출간한 일을 시작으로, 이자벨라 버드의 조선 오지기행, 서긍의 고려도경, 박용구의 조선식료품사, 유현종의 조선삼국지 등 일본인들에게 꼭 읽히고 싶은 책들을 번역해 출판했다. 어느 책도 팔리는 책이 아니어서 모두 유지들의 도움을 받은 자비출판 형식이었다. 환단고기를 들고 찾아온 그는 "일본 사회에 폭탄을 떨어뜨리는 심정으로 책을 냈다"고 말했다. 한평생을 차별과 멸시 속에 살아온 그에게 이 책은 구원일까 질곡일까.

2003. 12. 09

조선족

중국의 200만 조선족 사회에는 고통과 한의 역사가 스며 있다. 19세기 중엽부터 1910년 한일합방 때까지의 이민 제1기는 가뭄과 지방관아의 수탈 등으로 인한 굶주림을 피하기 위해 몰래 두만강과 압록강을 건넌 때로, 그 수는 몇만 가구에 지나지 않았다. 1910년부터 20여년간의 제2기는 독립투쟁 만세운동 같은 구국활동에 연루된 사람들이 숨어 들거나, 일제의 수탈정책으  로 생계수단을 잃어버린 사람들이 남부여대 하여 찾아간 통한의 시대였다. 그 후 10여년은 일제의 이민권장 정책에 떠밀려 강제성 집단이주를 당하는 제3기다.

1932년 만주국이란 괴뢰정권을 세운 일본은 조선인을 앞세워 만주를 통치한다는 이른바 이선치화(以鮮治華) 정책을 썼다. 조선이민을 만주국 국민의 '구성분자'로 삼는다는 결정에 따라 매년 1만 가구씩 조선인을 집단 이주시켰다. 말은 권장이지만 강제성을 띤 이민정책은 1945년 만주지역 조선인 인구를 300만명으로 늘려 구성비가 55%를 넘었다. 이들 가운데 광복 후 귀국한 사람은 일부에 지나지 않았고, 나머지는 대부분 중국에 귀화했다. 1952년 연변조선족자치주가 출범할 때 중국정부는 동포들에게 귀화를 강요, 불응자는 숙청하거나 탄광으로 추방하였다.

자의로 중국국적을 선택한 것이 아니므로 그들은 한국국적을 포기한 일이 없다는 결론이 된다. 전후 또는 한중수교 후에 국적선택의 기회가 주어지지 않아 조선족 자녀는 저절로 중국인이 되었다. 국가가 재외국민 보호의무를 다하지 않아 그렇게 됐다는 그들의 주장이 그래서 설득력 있게 들린다. 한국에서 불법체류 외국인 취급을 받아 쫓기고 있는 조선족들이 집단적으로 국적회복을 요구하는 논리의 근거도 그것이다. 1,000만원이 넘는 브로커 비용을 안고 들어온 그들은 기회의 땅에서 좀 더 일해 한 밑천 잡기를 원한다.

중국정부는 1949년 정권출범 후 세계 여러 나라 화교들에게 국적선택의 기회를 주었다. 해당국가 정부와 이중국적 조약을 맺어 그 문제를 해결한 뒤에도 개혁개방 조치로 귀국하는 화교들에게 완전한 시민권을 주고 있다. 독일은 통일직후 귀환자 법을 만들어 주로 동유럽 공산권에 흩어져 살던 재외국민 100만명에게 국적을 부여했고, 일본도 브라질 이민의 자녀들에게 특별대우를 하고 있다. 제 발로 나라를 떠난 미주 동포들에게는 재외동포 법을 만들어 특별대우를 해주면서, 끌려간 사람들 후예를 이렇게 차별하는 것은 너무 속 보이는 일 아닌가.

2003. 11. 20

긴자의 노을

긴자(銀座)는 일본의 발전과 번영의 상징이다. 중세 이후 런던 파리와 함께 세계 3대 도시의 하나로 영화를 누리던 에도(江戶·도쿄의 옛 이름)의 중심지였던 이 곳은 명치유신 이후 일본 근대화의 원점이었다. 일본이 세계 경제를 주름잡던 1990년대 초, 긴자는 세계에서 땅값이 제일 비싸기로 유명했다. 그  런데 오랜 불황 끝에 서울보다 땅값이 떨어졌다. 세계적인 부동산 컨설팅 업체 C&W 유럽본부가 최근 발표한 조사 자료에 따르면, 서울 강남역 일대 상가 임대료가 ㎡당 2,646유로(360만원)로 세계 6위, 1,849유로(250만원)에 불과한 긴자는 15위로 기록되었다.

경기가 흥청거리던 시절 긴자에서 택시를 잡는 일은 언감생심이었다. 그러나 지금은 긴자 중심지에도 손님을 기다리는 빈 택시 행렬이 길다. 유흥가를 찾는 고객의 발길이 뜸해진 탓이다. 클럽의 술값이 진성기의 30% 수준으로 떨어졌는데도 현상유지가 어려워, 맥주집이나 회전 초밥집 패스트 푸드 식당 등으로 바뀌고 있다 한다. 지난 4월 긴자 중심지에 점포를 신규임대 하려던 유명한 이탈리아계 패션 명품업소가 "이렇게 쌀 줄 몰랐다"면서 건물 하나를 통째로 사들여 화제가 되었다.

일반 주거지역도 예외가 아니다. 거품경기가 한창이던 90년대 전반 평당

343만 엔이던 도쿄의 아파트 평균 분양가가 올해는 192만엔으로 44%가 떨어졌다. 주택 분양가와 임대료를 비롯해 모든 물가가 떨어지고 있어 더 떨어지기를 기다리는 심리 탓이다. 실제로 무리해서 집을 장만했다가 2, 3년 사이 10% 이상 손해보고 파는 사례도 많다 한다. 얼어붙은 주택시장이 경기곡선을 짓누르고 있는 것이다. 긴자의 황혼이니, 잃어버린 13년이니, 디플레 장기화니 하는 말들이 부동산 거품이 꺼진 뒤에 나온 것이다.

우리는 반대로 일부 지역 집값에 30~40%의 거품이 끼여 있다. 최근 한 민간 경제연구소는 서울지역 아파트 시세가 적정가보다 8.3% 높게 형성돼 있고, 특히 강남지역엔 31.6%의 거품이 끼여있다고 분석했다. 강남지역 아파트 값 거품이 40%라고 주장하는 전문가도 있다. 특별한 지역이니 그럴 수도 있다고 볼 수 있지만, 문제는 전국에 미치는 영향이다. 일본의 예에서 보듯이 집값은 물가에 가장 큰 영향을 미친다. 부풀어 터져 일본처럼 되기 전에 서서히 거품을 걷어내는 게 경제 살리기의 첩경임을 절감하게 된다.

2003. 11. 10

오지 철도

 중앙선 영주역에서 동쪽으로 방향을 틀어 봉화· 태백· 삼척을 거쳐 강릉으로 올라가는 철도가 영동선이다. 영동 고속도로가 생기기 전 서울-강릉간 교통은 편도 12시간 이상 걸리는 이 철도가 가장 중요한 통로였다. 중부 내륙 산악지역을 종단하는 중앙선 지형도 험하지만, 백두대간 등줄기를 넘어가는 이 철도는 태백선· 정선선과 함께 국내에서 가장 험한 오지철도다. 태풍이나 폭우로 철길이 끊기거나, 눈이 많이 내려 운행이 중단돼 서울의 저탄장에 바닥이 보이면 온 나라가 시끄러워지곤 했다.
 석탄이 없어도 불편할 일 없는 세상이 되어서 그런지, 아무리 영동선이 오래 끊겨도 언론의 주목을 받지 못한다. 기상이변이 있을 때마다 어김없이 피해를 입지만, 복구공사는 주민들 외에는 관심 밖이다. 지난해 루사가 할퀴고 갔을 때도 1개월 이상 철길이 끊겼고, 올해도 태풍 매미의 피해로 지금까지 영주-강릉간 운행이 전면중단 상태지만 주목을 받지 못한다. 10월이나 되어야 오십천 교량 응급복구가 끝나 제천에서 영월· 사북· 태백을 돌아 강릉까지 운행하는 임시조치가 가능해질 전망이다. 영주-태백간은 10월이 지나야 개통될 예정인데, 그나마 응급복구 수준이다.
 정선선 정선-구절리 구간은 지난해 루사 피해이후 아직 복구공사가 끝나지 않아 1년이 넘도록 열차운행이 중단상태다. 올 연말이 지나야 아우라지까지 일부 구간이 개통되리라 한다. 이토록 오지철도가 자주 끊기는 이유는 부실공사다. 얼마 전 TV 뉴스에 철근이 없어 밑둥이 잘려나간 영동선 철교 교각이 방영되었다. 일제 때 건설된 신작로 교량도 그런 날림은 없다. 그렇게 잘린 자리에 시멘트 반죽을 덧씌워 복구를 하곤 했으니, 다음 해에 또 끊기고 마는 것이다. 비탈에 돌을 쌓아 만든 노반 피해복구도 엉성하기는 마찬가지다.

  엊그제 발표된 내년도 국가예산 사업 안을 보면 철도가 얼마나 버려진 교통수단인지 한눈에 알 수 있다. 국가 간선도로망 계획을 보면 우리 국토는 거미줄처럼 촘촘한 고속도로망이 짜이고 있다. 지방도시와 도시를 잇는 고속도로가 무수히 건설되고 있거나, 설계 중 또는 검토중이다. 고속도로나 국도의 연장이나 확장 같은 사업도 많다. 그러나 철도사업은 눈에 띄는 게 없다. 나라가 가난할 때 급하게 만든 철도가 낡아 해마다 끊기고 잠기는데, 언제까지 땜질복구만 반복할 것인지 묻지 않을 수 없다. 도로에는 지나치지 않나 싶을 만큼 돈을 쏟아 부으면서 철도를 그렇게 내버려두는 까닭이 궁금하다.

2003. 09. 26

농민 3중고

추석연휴 등산 모임에 나갔다가 오랜만에 반가운 얼굴을 만났다. 서울 생활을 정리하고 작년부터 강원도에 가 농사짓는 친구가 옥수수를 잔뜩 삶아 와 맛있게 나눠 먹으며, 늦깎이 농사꾼의 '실패담'에 귀를 기울였다. 그 중에도 지난봄 배추농사 지어 60여만원 벌었다는 얘기는 옥수수를 얻어 먹기 미안하게 하였다.

300평 배추밭에서 얻은 수입은 120여만원이라 했다. 비료 농약 박스값 등을 제하고 남은 게 60만원이었다. 새벽 다섯시부터 온종일 밭에 나가 살다시피 애쓴 노동의 대가로 그 돈은 너무 적다는 생각에 모두가 동의하였다.

어찌 배추농사뿐이랴. 아무리 농기계가 발달하고 농지가 잘 정리돼 있다고 하지만 농사란 기본적으로 노동 집약적인 1차 산업이다. 모내기에 앞서 겨우내 굳어진 땅을 갈아엎고 모를 심는 일은 농기계가 해준다고 치자. 그러나 써레질은 소를 몰고 논에 들어가지 않으면 안 된다. 논을 매거나 비료주기 농약치기 같은 일도 마찬가지고, 추수 일도 피할 수 없는 육체노동과 끝없는 잔손질을 요구한다. 벼를 말려 도정해 용기에 담아 저장하기, 장에 내기 등 농번기 이후의 일들도 근면과 잔 신경과 힘든 노동을 요구한다. 농사는 그렇게 고달프고 표도 안 나는 노동과 허드렛일의 연속이다.

그렇게 애써도 농사는 마음먹는 대로 되는 것이 아니다. 일기가 고르지 못하면 온갖 노력이 허사다. 올해는 모내기 철에 물 걱정이 없어 농사가 순탄하리라 했다. 그러나 여름 내내 비가 오고 기온이 낮아 농민들은 벼 이삭이 제때 패지 않는다고 애간장을 태웠다. 수확을 하나마나라면서 벼논을 갈아엎는 농민도 많았다. 그러다가 태풍 매미의 습격을 받고는 쓰러진 벼를 일으켜 묶어 세울 의욕도 잃은 듯하다. 다 키운 과일이 반 넘게 떨어진 과수농민과 식구 같은 소 돼지를 잃은 축산농민들의 수심 찬 얼굴에 초점 없는 원망의 빛이 역연하다.

그런 재앙은 하늘의 뜻이려니 하고 내년을 기약할 수도 있지만, 바다 건너 먼 곳에서 들려오는 소식은 너무 절망적이다. 농업시장 개방을 주제로 멕시코 칸쿤에서 열린 제5차 세계무역기구 각료회의는 선언문 채택에 실패하고 폐막되었다. 그러나 미국이 주도하는 농업시장 개방은 피할 수 없는 운명이 되었다는 것을 모를 사람이 없게 되었다. 그것을 막아보겠다고 반대운동을 주도하던 이경해 전 한국농업경영인 중앙연합회 회장의 죽음을 비웃듯, 강대국들은 시장개방 선언시기만 조금 늦추었을 뿐이다. 내 나라 농민을 위해 다른 나라 농민의 희생을 강요하는 힘의 논리에 기가 막힐 뿐이다.

2003. 09. 16

히로히토 기념관

 일본에 갔을 때 처음 느끼는 이질감은 천황 연호를 공식 사용하는 것이다. 지금은 헤이세이(平成)란 공식연호와 서력기원을 병용하고 있어 불편이 덜하다. 그러나 1980년대까지만 해도 현존천황의 연호만 사용해 외국인들의 불편이 이만저만이 아니었다. 가령 책이나 문서에 나오는 쇼와(昭和) 몇 년이라는 시기가 서기로는 몇 년에 해당하는지 금세 알 수가 없는 것이다. 한동안 고생 끝에 <1900년+쇼와 연도+ 25년>이란 공식을 알았지만, 메이지(明治)와 다이쇼(大正) 시대로 거슬러 올라가면 막막하기는 또 마찬가지다.
 연호로 시대표기를 하는 것 못지않게 이해할 수 없는 일이 히로히토(裕人=쇼와) 천황에 대한 일본인들의 집착과 향수이다. 쇼와천황기념관 건립공사가 이달 중에 착공된다는 소식이다. 도쿄 다치가와(立川) 시에 있는 쇼와기념공원 안에 세워질 기념관에는 생전에 히로히토 천황 부부가 쓰던 일용품과, 식물학자였던 그의 연구자료 등이 전시될 계획이라 한다. 놀라운 것은 사업 주체가 일본 정부라는 것이다. 완공되면 정치인 경제인 학자 등으로 구성될 쇼와성덕기념재단이 운영주체가 되리라 한다. 제2차 세계대전 주역의 '성덕(聖德)'을 기린다는 것이 외국에 어떻게 받아들여질까.
 쇼와 천황에 대한 향수는 여기에 그치지 않는다. 히로히토 천황의 생일인 4월29일은 노장층의 뇌리에 천장절이란 이름으로 깊이 박혀있는데, 전후 식목일(미도리의 날)로 변경됐다가 지난 7월 '쇼와의 날'로 부활되었다. 쇼와 시대의 문물을 상품으로 하는 '하이칼라' 거리와 상점가가 생겨나고, 전쟁중 일본국민이 겪은 고생을 알리기 위해 만들었다는 쇼와관(館)이 문전성시를 이루고 있다. 1950년대 전후 부흥기를 주제로 한 쇼와박물관이란 것도 불황을 이겨내는 아이디어로 등장해 크게 성공하고 있다. TV에서는 쇼와 시대의 신문소설을 드라마로 만든 연속극이 히트를 했다.

  일본이 이토록 쇼와 신드롬에 빠져든 것은 오랜 불황과도 연관이 있어보인다. 살기가 어려워지면 좋았던 시대가 그리워지는 것이 사람의 마음이다. 역설적으로 일본 국민은 패전 후에 살맛을 느꼈다. 맥아더 사령부에 의해 민주화가 이루어졌고, 열심히 노력한 끝에 경제대국이 되어 어깨를 펴게 되었기에 더욱 그 시대가 그리운 것이다. 위험한 것은 외국인들에게 그것이 쇼와 천황에 대한 그리움으로 비쳐질 수 있다는 점이다. 왜냐하면 쇼와 천황은 이제 더 이상 히로히토란 이름으로 기억되지 않고, 쇼와란 연호로 역사에 남기 때문이다.

2003. 09. 02

워커 힐

광나루 백사장을 굽어보는 강 언덕 솔 숲에 자리잡은 호텔 워커 힐을 말할 때, 많은 사람들은 그 빼어난 경관과 넓은 터를 떠올릴 것이다. 좀 나이 든 사람들은 한국전쟁 초기 의정부 전선 시찰 길에 교통사고로 순직한 유엔군사령관 W 워커 장군 이름을 딴 것이라는 유래와, 호텔 건설사업이 박정희 군사정권 4대 의혹사건의 하나였다는 정도는 알고 있  다. 그러나 그 의혹의 실체가 무엇이었으며 무슨 필요가 있어서 어떻게 지어진 것인지 구체적으로 아는 사람은 없다. 사업 착수가 너무 황당한 계기에서 비롯된 데다가 군 병력과 장비까지 동원된 건설사업이 극비에 부쳐졌기 때문이다.

엊그제 출판된 손정목씨의 <서울 도시계획 이야기> 속의 워커 힐 건설 일화가 그 의혹의 일부를 풀어주고 있다. 서울시 도시계획국장과 기획관리실장, 서울시립대 교수 등을 지낸 경력에 광복 후 50년 현대사 공부를 필생의 업으로 삼고 있다는 그의 연구에 따르면 워커 힐 건설계획은 즉흥적이었다. 1961년 7월 어느날 김종필 중앙정보부장이 "한국에는 적당한 미군 위락시설이 없어 연간 3만 여명의 미군이 일본으로 휴가를 간다"는 멜로이 유엔군사령관 말을 듣고 즉석에서 결심해 박정희의 재가를 받았다.

며칠 후 박정희와 김종필이 아차산 기슭 옛 이승만 별장에서 휴식하다 경치에 반해 그곳에 미국 위락시설을 만들기로 했다. 김종필은 정보부 제2국장이던 친구 석정선과 임병주 중령에게 워커 힐 건설사업의 책임을 맡겼다. 62년 1월 5일 박정희가 참석한 성대한 기공식이 있었지만, 이 사실은 비밀에 부쳐졌다. 기공식 훨씬 전부터 기초공사에 해당하는 토목공사가 시작됐는데 여기에 각군 공병대 연 2만 4,078명의 병력과 4,158대의 장비가 동원된 사실 역시 비밀이었다. 경비절감을 위해 군 형무소 죄수들까지 동원한 사실도 마찬가지였다.

건설자금 내역은 더 큰 비밀이었다. 2차 대전 직후 도쿄 맥아더사령부 문화정보과장 출신의 미국 언론인 D W 콘데는 그 자금이 부정한 돈이었다고 폭로한 바 있다. 정보부가 압수한 북한 간첩 공작금과 뇌물, 횡령한 예산, 밀수로 번 돈, 군에서 조성한 검은 돈 등으로 충당되었다는 주장이다. 이 사업은 63년 초 정권내부에서 문제가 되었고 64년에야 국민에게 알려져 4대의혹 사건으로 비화한다. 그러나 철저한 증거인멸로 진상은 아직 오리무중이다. 유서 쓰듯 책을 썼다는 저자에게서 야만의 시대를 산 치욕을 조금 위안 받은 기분이다.

2003. 08. 21

노인 '수출'

토요일 아침이 되자 노인의 얼굴에 생기가 돈다. 아들과 손자를 위해 제과점에 들러 맛있는 케이크도 사고 장난감도 새 것으로 바꾸어 놓았다. 약속된 시간에 나타난 아들과 손자는 낯 모르는 사람이지만, 오랜만에 '아버지' '할아버지' 소리를 들으며 함께 식사를 하는 것만으로도 행복하다. 계약된 시간이 되어 헤어질 때는 약속된 요금을 내면서도 "차 조심하라"는 당부도  잊지 않는다. 10여년 전 일본 잡지에서 읽은 혼자 사는 노인의 가족노릇 아르바이트 기사 내용이다.

혼자 사는 일본 노인들은 이제 돈을 주고 가짜 아들 손자를 보기도 어렵게 될지 모른다. 시오카와 마사주로(鹽川正十郞) 재무장관은 지난 6일 고령사회 문제 해결을 위해 필리핀에 '노인수출'을 타진했다고 한다. 마닐라에서 열린 아세안+한중일 재무장관 회의에서 그는 "필리핀의 양로시설이 일본 노인들을 받아주면 일본 정부가 비용을 부담하고, 필리핀은 실업문제 해결에 도움이 될 테니 일석이조 아니냐"고 했다. 노인문제가 얼마나 다급하면 그런 제안을 했을까 싶다.

그것이 일본만의 문제일까. 최근 십수년 동안 한국에도 독거노인이 크게 늘었다. 1985년 당시 65세 이상 노인은 175만여명, 이 가운데 혼자 사는 사람은 6.6%였다. 2000년에는 노인인구가 337만여명으로 배가 되었고, 이중 16.1%는 혼자 살고 있다. 지금은 생산가능 인구 8.6명이 노인 1명을 부양하는 꼴이지만 2020년에는 4.7명, 2030년에는 2.8명당 1명씩 부양해야 한다. 노인은 폭발적으로 늘어나고 무의탁 노인도 같은 비율로 늘지만, 노동력 인구(15~65세)는 현재 22.8%에서 2030년 14.8%로 줄어들게 된다.

　노인인구 비중은 그리스(17.6%) 일본(17.2%) 벨기에(17.0%) 순, 노령화 지수는 이탈리아(126.5%) 일본(116.7%) 그리스(116.5%) 순이다. 한국은 노인 비중이 7%를 넘어섰을 뿐이지만 증가속도가 빨라 2050년이면 노령화 지수 세계 2위인 327.6%를 기록하게 된다. 정부는 국민연금 급여율을 낮추고 보험료는 올리는 방식으로 연금문제를 해결하겠다 하고, 양대 노총은 극력저지 방침으로 맞서고 있다. 돈 낼 사람은 줄고 받을 사람은 늘어나는 데서 오는 연금위기를 해결하는 길은 그 뿐이다. 수출을 논하게 되기 전에 시한폭탄처럼 다가오는 노인문제 해결에 국론을 모아야 할 시점이다.

2003. 08. 11

영웅 재평가

1950년 6월 28일 서울을 점령한 북한 인민군은 웬일인지 3일 동안 진격을 멈추었다. 제대로 싸워보지도 못하고 남으로 쫓겨간 우리 군에게는 전열을 가다듬을 귀중한 찬스였다. 25일 아침 전쟁 발발 보고를 받은 미국 대통령 트루먼은 그날 오후 3시 유엔 안전보장이사회 긴급이사회를 소집해 북한군의 철퇴를 요구하는 결의안을 채택케 했
다. 마침 거부권을 가진 소련 대표가 장기결석 중이어서 27일과 30일 회의에서도 한국군 지원과 유엔군 참전결정을 미국 뜻대로 가결할 수 있었다. 북한군의 진격중단은 이렇게 고마운 '선물'이었다.

이 조치에 따라 도쿄(東京)에 있던 맥아더 장군이 29일 한국에 날아와 한강전선을 시찰하고 주일미군의 투입을 결정했다. 주일 미 24사단 21연대 1대대 병력이 사흘만인 7월1일 부산에 상륙한 것을 시작으로 미군의 참전이 본격화했다. 만일 인민군이 서울을 점령한 속도로 쉬지않고 밀고 내려갔으면 남한은 최악의 상황에 처했을 것이라는 게 당시 한국군 수뇌부의 공통된 견해였다. 정일권 장군은 생전에 "그렇지 않았다면 미군 참전이 때를 놓쳤을 것이고, 따라서 전황을 역전시킨 인천 상륙작전도 어려워졌을지 모른다"고 말한 바 있다.

정전협정 50주년을 기해 미국에서 한국전쟁이 잘못 이해되고 있다는 주장이 제기되었다. UPI 통신에 따르면 트루먼과 맥아더 등 큰 실책을 저지른 미국 수뇌부 사람들이 전쟁영웅으로 평가되는 것은 잘못이라는 비판이다. 트루먼은 한국전쟁을 단순한 치안활동 쯤으로 여겼고, 맥아더는 휘하병력 훈련을 게을리해 초기대응에 실패했다는 것이다. 그러나 우리 입장에서는 선뜻 이해하기 어려운 부분이 있다. 말 그대로 트루먼이 한국전쟁을 치안상황으로 보았다면, 그렇게 서둘러 유엔 안전보장 이사회까지 소집할 이유가 있었을까.

맥아더에 관한 부분은 더욱 그렇다. 미군의 초기대응이 유효하지 못했던 것은 사실이다. 그러나 그가 인천 상륙작전을 기획하지 않았다면 군 수뇌부와 정부가 제주도나 괌, 또는 하와이로 쫓겨가지 않았으리라는 보장이 없다. 미 국방부와 합참은 조수와 지형 등을 고려할 때 인천은 위험하다는 이유로 상륙작전을 극구 반대했다. 그러나 맥아더는 "도살장에 끌려가는 소 같은 병사들을 두고만 볼 것이냐"면서 작전을 감행해 한국을 구해냈다. 휴전협정 50돌을 맞아 영웅을 폄하하는 기사를 읽으며 영웅들의 재평가가 이렇게 덧없을 수 있을까 싶어 가슴이 답답하였다.

2003. 07. 29

출산율

　지난 시절 인구문제만큼 우리 마음을 압박한 것도 없었으리라. 살기는 어려운데 사람은 폭발하듯 늘어 정부는 인구증가 억제에 온갖 아이디어를 쏟아 부었다. 정관시술 같은 가족계획 참여자들에 대한 여러 가지 혜택들은 지금도 웃음을 자아내는 쑥스러운 추억으로 남아있다. 그런데 좀 살만해 진 탓인지, 슬그머니 그 걱정을 놓게 되었다. 그러나 인구문제는 전혀 새로운 각도에서 우리를 압박하기 시작했다. 인구구조가 노인 쪽으로 쏠려가고 있어 노인 봉양에 국력을 크게 잠식 당하게 되지 않을까 하는 걱정이 생겨나고 있다.
　세계 인구의 날(7월11일)을 맞아 통계청이 발표한 인구현황 자료를 보면 2002년 한국여성의 합계 출산율(TFR)은 1.17명이다. 이는 세계에서 가장 낮을 뿐 아니라, 최근 30여년 동안 선진국 인구 통계상 최저수치다. 1995년 이탈리아가 1.19명을 기록한 이래 1.1명 대 기록이 없다. 자녀 둘 낳기 운동이 시작되기 직전인 1970년의 출산율(4.53명)과 비교하면 32년 동안 무려 3.36명이 줄었다. 더 무서운 것은 여성의 사회활동 증가, 결혼기피와 만혼 풍조, 이혼율 증가 등의 요인으로 출산율은 계속 줄어들게 되리라는 전망이다.
　출산율 저하와 수명연장은 인구분포 곡선을 왜곡시킨다. 2000년을 기짐으로 이미 '고령화 사회'에 진입한 한국은 2019년이면 '고령사회'에 들게 되고, 2026년이면 '초고령 사회'로 진입하게 된다. 이것도 세계기록이 될 것이라 한다. 한국이 65세 이상 인구비율 7%가 넘는 고령화 사회에서 14%가 넘는 고령사회로 가는데 걸리는 기간은 19년으로 예측된다. 일본은 24년이 걸렸고, 구미 선진국들은 대부분 60년 이상, 프랑스는 무려 115년이 걸렸다. 계속 늘어나는 평균수명과 떨어지는 출산율 때문에 더 단축될지도 모를 일이다.

'사오정'이니 '오륙도'니 하는 우스갯소리에 가려진 고령자 퇴출의 비극과 고령화 사회문제에 대한 진지한 논의가 없으니 우리 모두가 청맹과니란 말인가. 지금 풍조대로라면 젊은이들도 10년 또는 20년 뒤면 같은 고민을 안게 될 것이다. 좀 여유를 가질 수 있도록 일할 수 있을 때 더 노력하는 것이 자신에게도 유익한 법이다. 일은 적게 하고 월급은 깎지 말라는 노조의 요구를 사측이 수용한 금속산업의 주5일 근무제 합의 소식은 좀 성급하지 않나 하는 느낌을 준다. 생산성 없는 노인 공화국 시대가 온다는 예고에 언뜻 떠오른 단상이다.

2003. 07. 21

광화문

<저 문이 경성의 미를 장식하는 없어서는 안될 요소임을 누구나 알고 있지 않은가. 그 정문이 없어지면 경복궁에서 무슨 위엄이 나올 것인가. 그리고 경복궁을 잃으면 경성의 중심을 잃은 것이나 마찬가지다…자연과의 배치를 깊이 고려하면 그 건축에는 이중의 아름다움이 있다. 자연은 건축을 지키고 건축은 자연을 장식하지 않는가. 우리  는 그 사이에 있는 유기적 관계를 외람되게 깨트려서는 안 된다. 그런데 이 어찌 된 일인가. 이제 천연과 인공의 멋진 조화가 몰이해한 자들 때문에 파괴되려 한다.>

 1924년 일본 월간지 <카이조>(改造) 9월 호에 실린 이 글은 온 몸으로 한국의 문화와 예술을 사랑하였던 야나기 무네요시(柳宗悅)가 쓴 것이다. 일제가 조선총독부 청사 준공을 기하여 광화문을 철거하기로 결정한 데 항의한 이 글의 제목은 '아 광화문이여'이다. "광화문이여 광화문이여, 이제 네 목숨이 경각에 달려 있다." 이렇게 시작된 글은 영어와 한국어로 번역되어 소개됨으로써 국제적인 여론을 불러일으켰다. 그 때문에 일제는 1926년 철거방침을 바꾸어 지금의 국립민속박물관 정문 자리에 옮겨 짓는 것으로 여론과 타협했다.

그렇게 헐린 광화문은 6·25 전쟁 포화에 문루가 파괴되어 홍예기단만 폐허처럼 남았다가, 1968년 박정희 대통령 때 지금의 자리에 복원되었다. 그러나 본래의 모습은 아니었다. 재이전 복원이라고는 하지만 홍예기단의 돌도 새것이 많이 쓰였고, 그 위의 문루는 철근 콘크리트로 지어진 가짜다. 문이 앉은 방향도 동남쪽으로 5.6도 틀어졌고, 문루의 섬돌 격인 월대(月臺)와 돌난간, 서십자각도 복원되지 않았다. 박 대통령이 쓴 한글 현판휘호도 품격에 맞지 않고, 네거리에 섬처럼 홀로 서 있는 동십자각도 옛모습과는 너무 다르다.

그렇게 뒤틀린 모습을 바로잡자는 계획이 발표되었다. 지난 주 국립민속박물관에서 열린 광화문권역 복원정비 공청회에서 문화재청은 경복궁 복원계획의 마지막 사업으로 광화문을 옛모습대로 되살리겠다는 용역연구 결과를 공개했다. 한국의 상징적인 문화재를 복원하겠다는 계획에 이의를 제기할 사람은 없을 것이다. 그러나 문루가 도로쪽으로 14.5m 돌출하고 그 앞에 또 월대를 복원하면 주변지역 교통에 큰 영향을 미치게 된다. 원형을 살리면서 교통에 영향이 적은 최대 공약수를 찾기에 관심 있는 이들의 의견을 널리 수렴해주기 바란다.

2003. 07. 15

총평과 노총

과거 한국 근로자들에게 춘투(春鬪)란 말처럼 가슴 설레게 하는 말이 있었을까. 노동조합 결성 자체가 허용되지 않던 1960~70년대, 봄이면 신문 외신면을 장식하던 일본의 춘투 소식은 한국 근로자들의 선망과 동경 그 자체였다. 머리띠를 맨 수 많은 근로자들이 깃발을 흔들며 시위를 벌이는 모습이 까마득한 거리감을 일깨웠다. 파업으로 지하철과 철도가 모두 섰으니, 공장 가동이 멈추었느니 하는 소식은 믿어지지 않는 일이었다. 오죽 부러웠으면 슌토(春鬪)란 일본어가 춘투란 우리말로 정착이 되었을까.

그럴 만했다. 전국의 근로자들이 일사불란하게 파업과 태업과 농성으로 힘을 합치면, 사용자측도 정부도 무릎을 꿇고 말았다. 74년 춘투로 얻은 평균 임금인상률은 무려 32.9%였다. 이 투쟁을 주도한 단체는 강경노선으로 유명했던 좌파 노조 총평(總評 · 일본노동조합총평의회)이었다. '전전에는 육군, 전후에는 총평'이란 말을 유행시켰을 정도로 위세가 등등했던 이 단체는, 정치를 변화시켜 근로조건을 개선할 수 있다고 믿었다. 그러나 정치투쟁의 수단으로 이용한 과격한 투쟁노선이 스스로 묘혈을 파는 결과가 되었다.

군국주의 시대의 군부 수뇌에 비유되었던 총평의 대표가 춘투를 앞두고 총리와 담판을 벌이는 것도 이상한 일

이 아니었다. 그런 총평이 사양 길에 접어든 계기는 공교롭게도 74년의 임금 대폭인상이었다. 73년 오일쇼크로 경제에 먹구름이 드리워진 상황에서 기업에 무리한 부담을 떠안기자 이기주의가 지나치다는 여론이 형성되었던 것이다. 과격한 정치투쟁도 일본국민이 손사래를 치게 한 큰 원인이었다. 공식적으로 좌파정당을 지지한 정치노선도 그렇고, 국가와 국기 게양을 부정하는 투쟁노선도 그랬다.

국민의 외면은 총평이란 이름으로는 더 이상 노동운동을 할 수 없게 했다. 한 때 80%를 넘던 노조 조직률이 27.6%로 떨어진 87년 총평을 해체하고 부드러운 어감의 연합(連合 · 전일본민간노조연합회)으로 다시 태어나지 않을 수 없었다. 운동노선도 대화와 타협으로 바뀌었다. 한국의 노사운동에서 상급단체에 대한 조직적인 반발이 일어나는 현상은 결코 예사 일이 아니다. 부산 대구지하철 파업 때 조합원들이 조직적으로 이탈한 것도 그렇고, 현대자동차 노조가 전면파업을 철회한 데는 상급단체에 대한 불신의 뜻이 있다. 한국노총과 민주노총은 그것이 무엇을 뜻하는지 알아야 한다.

2003. 07. 01

북·일 빙하기

일본 정치인들에게 북한은 애물단지 같은 나라다. 일본인들의 지독한 북한혐오에 다이얼을 맞추면 강경할수록 인기가 올라간다. 그러나 일본과 국교가 없는 유일한 나라라는 측면에서 보면, 공을 들여야 할 대상이기도 하다. 유별나게 공산주의를 싫어했던 보수 정치인 고(故) 가네마루 신 부총리의 90년 평양 방문, 고이즈미 준이치로 총리의 지난해 9월 17일 평양행도 그런

까닭이라 하겠다. 일본총리로서는 처음이었던 이 방북 정상외교는 기대보다 성과가 커 정치인 고이즈미의 꿈이 실현되는 것 같았다.

그러나 일본인 납치사실을 시인하고 사과한 김정일의 언사가 덫이 되고 말았다. 심증만 가졌던 일이 사실이 된데다, 피랍자 대다수가 죽었다는 통고가 북한 혐오증에 기름을 부은 것이다. 여론은 일시방문으로 귀국한 피랍자들을 돌려보내지 말도록 압력을 가해 일본에 주저앉힘으로써, 또 한번 가족이산의 비극이 연출되었다. 북한을 의식해 한동안 김일성 배지를 달고 다니던 그들은 이제 공개적으로 북한을 비난하기에 이르렀다. 회담 한달 여 뒤에 불거진 핵 문제도 두 나라 관계를 빙하기로 되돌려 놓는데 일조했다.

소신 있게 북한과의 관계개선을 추진하던 고이즈미가 격앙된 여론과 미국의 압력에 굴복한 것일까. 북한 핵 평화해결과 대북 수교회담을 강조하던 그

는 이제 가장 충실한 미국의 추종자가 되었다. 북한 여객선 만경봉호 입항거부로 출발한 대북 봉쇄조치는 화물선으로 확대되어 북한의 목줄을 조이고 있다. 법무성 해상보안청 경찰청 등 모든 항만업무 유관기관이 관계법 규정에 따라 그 배를 타고 오는 사람과 화물과 돈을 철저히 조사하고 감시하겠다는 위협 때문에 북한은 만경봉 원산 출항을 포기하고 말았다.

일본 항만을 드나드는 북한 화물선들에도 같은 일이 벌어지고 있으며, 조총련 관련기관에 대한 조직적인 압박도 시작되었다. 연간 1,000척이 넘는 화물선 짐들을 샅샅이 뒤지겠다는 것은 미사일과 핵 개발에 이용될 계기와 마약류 밀수를 의식한 조치다. 준 외교기관 대접을 하던 조총련 관련 기관 면세 철회와 관련 무역회사 수사 같은 조치도 전례 없던 일이다. 이런 일들 하나하나가 북한의 업보고 보면 야박하다고 탓할 수는 없으리라. 그러나 그 냉기류가 민간으로 번져 죄없는 재일동포 괴롭히기로 변하고 있으니 가슴 아픈 일 아닌가.

2003. 06. 19

南柯一夢

"저희는 괴안국(槐安國) 왕의 명을 받고 대인을 모시러 온 사신입니다." 보잘것없는 농사꾼 한 사람이 어느 날 왕이 보낸 사절을 따라 궁으로 들어간다. 부마가 된 그는 궁 안에서 온갖 영화를 누리다가, 남가(南柯) 태수가 되어 20년을 잘 다스렸다. 그 공으로 재상이 되었는데, 때마침 단라국(檀羅國) 침공을 받아 싸움에 지고, 아내까지 죽어 관직을 사퇴하고 말았다. 얼마 뒤 왕은 천도를 해야 하겠으니 고향으로 돌아가라고 했다. 중국 당나라 덕종(780-804) 때 순우분(淳于棼)이 꾼 꿈 이야기다.

느닷없이 남가일몽이란 고사성어가 생각나는 것은 1년 전 이맘 때 일이 그리워서일까. 월드컵 축구대회를 개최한 것만으로도 우리는 행복해 하였다. 뒤늦게 대회 유치운동에 뛰어들어 성사시킨 일도 그렇고, 어려울 것 같던 대회준비가 차질 없이 끝난 것도 안도할 일이었다. 그런데 첫 게임부터 마치 신들린 것처럼 싸우는 우리 선수들을 보면서 열광하지 않을 수 없었다. 쳐다보지도 못할 강호들과 맞싸워 거두어낸, 기적이라고 밖에는 말할 수 없는 믿지 못할 일들이 우리 모두를 황홀경으로 몰아 넣었다.

그러나 정작 우리 스스로를 놀라게 한 것은 우리 자신의 성숙도였다. 거리를 가득 메운 수백만 인파가 한 목소리

로 '대~한민국'을 합창하고, 익숙하지 않은 엇박자 박수를 따라 칠 수는 있다. 모두 붉은 옷을 입고 황선홍, 안정환 같은 선수들 이름을 외칠 수도 있다. 그러나 그렇게 질서를 잘 지키고 남을 배려할 줄 아는 사람들인 줄은 아무도 몰랐다. 뒷사람에게 방해가 된다고 쏟아지는 비를 맞으면서도 우산을 펴지 않고, 행사 뒤 쓰레기를 줍는 사람들이 우리 자신인 줄을 누가 알았으랴.

그보다 더 값진 것은 약자를 응원한 인류애와 박애주의였다. 어디에 붙어 있는지도 모를 나라 세네갈에 대한 조직적이고 열성적인 응원은 그 나라 사람들을 울렸다. 6·25 때 큰 도움을 받고도 신세를 갚지 못했던 터키에 대한 열광적인 응원은 오래 묵은 감정의 앙금을 말끔히 씻어주었다. 그런데 꼭 1년이 지난 지금은 뭔가. 광화문 거리는 지금 이념과 이해관계의 대결 광장으로 변했고, 극복되었다던 붉은 색 콤플렉스는 되살아 나지 않았는가. 경제도 정치도 제자리걸음이다. 남가일몽이라도 좋다. 다시 한번 행복한 6월을 맞고 싶다.

2003. 06. 02

쌀(3)

"내가 직접 본 일은 없지만, 한국과 미국에서 쌀이 들어온다는 것은 누구나 압니다. 내 생각에는 차라리 한국과 미국에서 쌀을 주지 않았으면 좋겠습니다. 어차피 쌀은 백성들에게 차려지지 (배분되지) 않습니다. 군대나 당의 높은 간부들에게만 일부 돌아갑니다. 백성들은 어차피 먹고살기 바쁜 거고, 그 사람들만 점점 더 부자가 되는데…, 그런 쌀은 안 줘도 된다고 봅니다." 북한 민주화 네트워크란 민간단체가 펴내는 월간지 〈Keys〉 5월호에 게재된 한 탈북 여성의 주장이다.

중국 옌볜에서 노래방에 취업중인 그녀는 원조 받은 쌀은 일단 군대로 들어가는데, 거기서 간부들이 빼돌려 장마당에 내다 팔게 하는 것이라고 말했다. 이 증언의 사실여부는 차치하고, 북한이 원조 받은 쌀을 굶주린 사람들에게 주지 않는다는 의심을 사는 것은 놀랄 일이 아니다. 2000년 10월 정부가 태국산 쌀 30만톤과 중국산 옥수수 20만톤을 차관 형식으로 지원키로 결정할 때, 분배의 투명성 보장을 위해 우리측이나 국제기구 대표의 현장확인을 조건으로 걸었다.

오랫동안 북한을 돕고 있는 세계식량계획(WFP)도 쌀이 전량 민간에 배분된다고 믿을 수 없다는 이유로 지난해부터 지원량을 줄였다. WFP는 쌀 대신 밀과 옥수수로 곡물을 바꾸었다면서, "밀과 옥수수는 쌀처럼 귀한 것이 아니어서 주민들에게 전달될 가능성이 높아질 것"이라고 말했다. 미국도 구호곡이 군과 정계 특권층에 빼돌려지고 있다는 보고에 따라, 올해는 식량지원을 늦추고 있다. 국제기구 관계자들이 감시할 때는 제대로 배급되지만, 요원들이 떠나면 도로 빼앗아 간다는 것이다.

쌀과 비료 지원을 위한 남북 경협회담이 평양에서 열리고 있다. 다른 회담은 까탈을 부리면서도 쌀과 비료를 얻기 위한 회담에는 언제나 적극적인 그들이 이번 회담에서 "남측이 대결방향으로 나가면 헤아릴 수 없는 재난을 당할 것"이라고 위협했다. 남아돌아 처치가 곤란하다니 주지 않을 수 없다고 보는 걸까. 기분이 상한 남측은 10만톤씩 보낸 뒤 우리측이 현지에 가서 분배상황을 확인키로 했던 합의를 지키라고 요구했다. 쌀이 갈 곳으로 가지 않는다면 현장확인이 무슨 소용인가. 무작정 줄 수도 없고, 굶는 동포들을 모른 체 할 수도 없고, 정말 어려운 문제다.

2003. 05. 22

쌀(2)

    남아도는 쌀을 어쩔 것인가. 200만섬을 사료로 가공해 짐승에게 먹이고, 200만섬은 가난한 나라에 무상으로 원조하면 문제는 끝나는가.
    농민들의 땀과 정성의 결정체인 쌀을 그냥 버리는 것도 아니고, 많은 가공비와 운송비를 들여 그렇게 처분하면, 앞으로는 아무 문제가 없어지는가.
    지금 넘쳐나는 쌀은 그렇게 내버린다 치고, 올 가을 추수 이후 창고에 쌓일 여분은 또 어떻게 할 것인가. 또 짐승에게 먹이고 무상원조 하는데 돈을 들일 것인가.
    쌀 문제에 관한 이런 의문들에 아무런 해답도 논의도 없다. 대풍이 들었던 작년 가을 정부는 쌀이 남아 큰일이라고 떠들었지만 그 때 뿐이었다.
    쌀 생산을 줄이고 소비를 늘려 문제를 풀겠다며 여러 가지 대책을 제시했다. 집권당과 정책협의도 하고, 각계각층 전문가로 구성된 농어촌특별대책위원회도 만들었다.
    휴경(休耕)보상제를 도입하고 여러 가지 세제지원을 통해 쌀 식품업을 육성하겠다는 대책도 제시되었다. 형식적인 소비촉진 운동도 있었다.
    그러나 아무것도 된 일이 없다. 쌀 소비 촉진을 위해 쌀 가공 식품업체에 세금을 깎아주겠다던 약속은 슬그머니 철회되었다. 관련법령 개정안을 만들었으나 업자들이 중국산 쌀을 원료로 사용한다는 이유로 백지화해버린 것이다.
    쌀 칼국수를 개발한 업자가 정부미를 사려고 해도 개인에게는 팔지도 않는다. 수입 밀가루에 의존하는 분식장려, 쌀값보다 비싸게 먹히는 혼식장려 등 쌀 소비 저해시책이 버젓이 살아 있으니 쌀 소비 촉진이란 헛구호일 뿐이다.

　우리와 같은 병을 앓고있는 일본은 10여년 전부터 쌀 소비 촉진운동에 정부가 발벗고 나서 쌀 소비량을 늘리기 시작했다. 휴경보상 제도를 정착시키고 식량청 예산의 40%를 쌀 소비 지원과 홍보에 쏟아 부었다. 쌀 가공식품업체에는 정부 비축미를 개발용으로 무상지원 했다.

　손을 쓰지 않으면 우리 국민의 쌀 소비량은 더욱 떨어질 것이다. 올 가을이면 쌀은 또 적정 보유량의 두 배인 1,300만섬을 넘어가게 되고, 쌀 시장이 개방되는 2004년 이후부터는 더 악화된다.

　그런데도 정부는 아무 대책이 없으니 누굴 믿어야 하나.

2002. 07. 25

쌀

 쌀이 화폐처럼 쓰이던 시대가 오래지 않다. 지금 장년층만 해도 도시에 나가 공부할 때 한 달에 쌀 닷 말이나 너 말을 내고 하숙생활을 한 기억이 있을 것이다. 닷 말짜리 하숙이면 밥상에 가끔 계란 후라이가 올라올 정도로 반찬이 좋았고, 주인집 식구들의 대우도 좋았다. 너 말이면 채소밭이라 할 만큼 푸성귀 반찬뿐이었다. 방학이 끝나면 쌀자루를 메고 버스를 타는 일이 부끄럽고 번거로워, 돈 주고 하숙하는 친구를 부러워하는 학생도 많았다.
 수학여행이나 소풍 때도 배낭에 쌀을 짊어지고 다녔다. 밥값 잠자리값을 그 쌀로 계산하였다. 의연금이나 성금을 걷을 때 돈이 없는 사람은 쌀로 대납하기도 했으며, 사친회비(등록금)를 쌀로 내는 학생도 있었다. 동네에 방물장수가 오면 시골 아낙네들은 쌀을 퍼주고 참빗도 사고 고무신도 샀다. 산신제나 단오축제 같은 동네 잔치가 열릴 때면 살림형편에 따라 쌀을 거두어 경비로 썼고, 이웃집에 혼사나 초상이 있을 때 쌀로 부조를 하기도 했다. 쌀 팔아 등록금 내고 대학 다닌 사람들에게 모든 가치와 생각의 기준은 언제나 쌀이었다. 첫 월급을 받았을 때 쌀 세 가마 값이 안 된다고 실망했던 기억을 가진 사람도 많을 것이다. 그 값이 세상살이 초년병들이 약간의 여유를 가질 수 있는 기준이었다.
 쌀 몇 가마에 연탄 몇 백장 들여놓으면 겨울이 아무리 추워도 마음이 훈훈하였다. 돈이 있어도 쌀을 살 수 없던 시대를 산 사람들에게는 쌀보다 귀한 건 없었다. 그러니 화폐기능을 한 것이다.
 쌀이 남아돌아 처치 곤란이라는 뉴스는 우리가 지금 어느 세상에 살고 있는지 헷갈리게 한다. 20여년 전까지 쌀을 수입해 먹고 살던 나라가 이제는 쌀이 남아 200만석을 사료로 써야 할 판이라 한다.

사료로 만들려면 가공비로 5,000억원이 소요되고, 가난한 나라에 거저 주자니 수송비가 많이 들어 고민이란다. 그런데도 굶어 죽어가는 북녘 동포들에게 주자는 논의는 금기사항이 되었다. 더 많이 가진 보수 우익의 반대 때문이다.

짐승에게 먹이느니 한 핏줄 동포에게 주자는 말이 친북한 빨간 딱지가 된 세상이 야속하다.

2002. 07. 17

항생제

어려서 물가에 살아 여름이면 귓병이 떠날 날이 없었다. 자맥질을 할 때마다 귀에 물이 들어간 탓이었다. 대수롭지 않게 여겼더니 그것이 중이염이 되어, 귀에 물이 들어가거나 과로가 쌓이면 염증이 일어났다. 며칠 병원 신세를 지면 깨끗이 나아 크게 신경 쓰지 않았다. 그러나 나이 들어서는 달랐다. 6년여 전 까닭 모르게 중이염이 재발되어 병원에 갔는데, 잘 낫지 않았다. 수술을 하자는 권유에 놀라 병원을 바꾼 끝에 간신히 치료가 되었다. 가장 강력한 항생제 덕분이었다.

뒤에 안 일이지만, 항생제 내성이 너무 커져 웬만한 약으로는 치료가 되지 않아 수술 얘기까지 나왔던 것이다. 그렇게 내성이 강해진 까닭을 궁금해 했더니, 해답은 간단했다. 중이염 발병 얼마 전에 받은 응급수술 때문이었다. 봉합상처를 빨리 낫게 하려고 의료진이 치료약과 함께 항생제를 많이 투여한 것이다. 일상생활에서 갖가지 항생제로 절여지다시피 한 육류와 어류, 가공식품 등을 많이 먹어 오랫동안 체내에 축적된 그 성분도 간접적인 이유가 되었을 것이다.

2000년 의약분업 시작 때 여러 부작용을 걱정하면서도 적극 지지했던 데는 이런 경험을 통한 깨달음도 작용했다. 더 결정적인 요인은 당시 정부가 중점 홍보한 한국인의 항생제 내성 실태였다. 세계보건기구 통계에 따르면 1997년 당시 한국인의 폐렴구균에 대한 페니실린 내성률은 세계 최고인 84%였다. 체내에 항생제 성분이 너무 많이 축적돼 환자의 84%는 웬만한 항생제로는 치료할 수 없다는 얘기였다. 중국이 신종 폐렴 사스(SARS)에 무력한 이유도 항생제 내성과 무관하지 않다고 말할 수 있을까.

의약분업 이후 한국인의 항생제 남용이 많이 줄어 내성률이 크게 낮아졌다는 기사는 그래서 눈에 확 띄는 뉴스였다. 의약분업 이후 한국인의 항생제 사용량에 대한 계량은 들쭉날쭉했다. 그러나 의약품 사용량에 대한 국제통계 자료를 활용한 이 기사가 사실이라면, 의약분업은 옳은 정책이라는 판단의 근거가 될 것이다. 약으로 먹는 것은 제쳐두더라도, 갖가지 음식을 통해 우리가 얼마나 많은 '독'을 섭취하고 있는지에 생각이 미치면, 의약분업 논란에 대한 해답은 분명해진다. 좀 불편하다고 스스로 건강을 해칠 필요는 없지 않은가.

2003. 05. 13

역사의 혼 司馬遷

　인간은 한계상황에 처했을 때 상상 이상의 능력을 발휘할 수 있다고 한다. 절체절명의 위기를 극복하고 기적 같은 성공을 일구어낸 일화와 사례들은 의지의 힘이 얼마나 위대한지 가르쳐 준다. 그 가운데 사마천(司馬遷)이 궁형(宮刑)의 고통을 이기고 <사기>(史記)를 써낸 이야기는 너무 감동적이다. 궁형이란 남성의 성기능을 제거하는 형벌로서, 육체적인 고통보다 정신적으로 인간을 파멸시키는 혹형이다. 자존심을 먹고사는 선비에게는 사형보다 잔혹한 형벌이 아닐 수 없으리라.
　한 무제의 사관이었던 사마천이 궁형을 당한 것은 옳은 말을 서슴지 않는 선비정신 때문이었다. 흉노를 토벌하러 간 이릉(李陵)장군이 중과부적으로 적에게 투항한 일을 간신들이 헐뜯자, 그가 충직한 인물임을 대변하다가 무제의 노여움을 산 것이다. 궁형을 당하고 옥에 갇힌 사마천은 처절하게 울부짖으며 죽음의 유혹에 시달려야 했다. 선비는 죽일 수는 있지만 욕보일 수는 없다 하지 않았는가. 삶과 의로움 둘 중 하나를 택해야 할 때는 삶을 버리고 의로움을 취한다 하지 않던가.

　그러나 사마천은 죽지 않았다. 책 쓰기를 포기할 수 없었다. 그것을 필생의 업으로 여기기도 했지만, 선친의 유언을 저버릴 수가 없었다. 역시 사관이었던 그의 아버지(司馬談)는 자신이 못 이룬 꿈을 아들에게 부탁했던 것이다. 사마천은 젊어서부터 역사를 읽고 듣고 기록해 두었던 내용을 130권의 책으로 써냈다. 상고시대 황제(黃帝)로부터 전한(前漢)까지 2,600년의 통사인 본기(本紀)가 12권, 문화사인 서(書)가 8권, 열국사인 세가(世家)가 30권, 개인전기인 열전(列傳)이 70권, 연표가 10권이다.

육체적인 고통을 이기면서 책을 쓰는 동안 그를 괴롭힌 것은 왜 하늘이 의로운 사람을 돌보지 않느냐는 의문이었다. 아첨과 시기, 거짓말과 음모를 일삼는 사람들이 득세하는 부조리를 개탄하면서, 그는 사실에 충실한 글을 쓰기에 심혈을 쏟았다. 그가 역사의 혼(史魂)이라 불리게 된 것은 있는 것을 있는 그대로 기록한다는 준엄한 역사의식 때문이었다. 사초(史草)가 될 수 있는 글 쓰기를 업으로 하는 사람들이 가슴 깊이 새겨야 할 교훈이다. 천퉁성(陳桐生)의 <사혼 사마천전> 번역 판을 읽는 기쁨은 개방중국 가까이 살며 누리는 행운의 하나다.

2003. 04. 30

메소포타미아

    가장 오랜 인류문명 발상지는 메소포 타미아다. 서 아시아 사막을 동남쪽으로 흐르는 티그리스강과 유프라데스강 사이 섬 같은 땅이다. 두 강이 메마른 대지를 적셔 광활한 오아시스를 이룬 유역에는, 기원전(BC) 7000~6000년 벌써 정주(定住)농경과 목축이 시작되어 채색토기 문화가 일어났다. 단군기원보다 1000년 가까이 앞선 BC 3200년 무렵 그림문자, 60진법, 태양력이 쓰였다. 최초의 도시국가 우르 고분의 건축과 미술·공예 수준은 상상을 초월한다.

    루브르 박물관에 있는 함무라비 법전은 메소포타미아 문명의 수준을 웅변하는 유물이다. BC 1800년 무렵 우르의 통치자 함무라비는 도시국가 연맹을 창설해 통일과 평화염원을 이룬 영웅이다. 그가 만든 법전에는 재산 소유권 규정, 상업 관련법, 혼인 간통 이혼 등 결혼 관련법, 각종 범죄 관련법 등이 소상하게 기록돼 있다. 공개적인 모욕을 형벌조항에 두었을 만큼 세련된 법제였다. 법전은 높이 2.5m 현무암 기둥에 설형(楔形)문자로 새겨져 누구나 읽어볼 수 있었다.

    메소포타미아 통치자들은 높은 신전을 지어 하늘과의 교감을 꾀하였다. 신 바빌로니아 제국 네부카드 네자르 2세가 바빌론에 세운 지구라트 신전유적은 성서에 나오는 바벨 탑 유적으로 알려져 있다. 또 창세기에 나오는 에덴의 동산이 이 지역으로 추정되고 있을 정도로 기독교와 관계가 깊다. 세계 7대불가사의의 하나인 공중정원과 바빌론의 사자상도 이 지역에 있으며, 이슬람 유적을 포함한 1만여 개 유적지가 모여 있어 나라 전체가 마치 고대문명 박물관 같다.

  1991년 걸프전 때 이 지역 문화유물 3천여 점이 손상 당했고, 박물관 아홉 개가 화재피해를 당했다. 이번 전쟁도 예외가 아니다. 벌써 유서 깊은 티크리트시 박물관이 폭격 당해 반 이상 허물어진 사진이 보도되었다. 미군이 바그다드에 진입해 시가전이 벌어지면 고대문명 유적의 메카는 또 얼마나 파괴될 것인가. 미국의 미술사 학자들이 걸프전 때의 과오를 되풀이하지 말도록 국방부에 요청했다지만, 유엔의 뜻도 거역한 나라가 아닌가. 죄없는 이라크 인들에 대한 충격과 공포 못지않게, 문화 유적에 대한 충격과 공포도 크다.

2003. 03. 26

筆耕舍

<그 날이 오면, 그 날이 오며는 / 삼각산이 일어나 더덩실 춤이라도 추고 / 한강물이 뒤집혀 용솟음칠 그 날이 / 이 목숨 끊기기 전에 와 주기만 하량이면 / 나는 밤하늘에 나는 까마귀와 같이 / 종로의 인경을 머리로 드리받아 울리우리다 / 두개골이 깨어져 산산조각이 나도 / 기뻐서 죽사오매 오히려 무슨 한이 남으리까…> 당진군 송악면 필경사(筆耕舍) 뜨락 심훈(沈熏) 시비에 새겨진 '그 날이 오면' 제1연이다. 우리 문학사의 대표적 농촌소설 <상록수> 작가가 시를 쓴 사실도 몰랐지만, 피가 튀는 듯한 항일정신에 새삼 고개가 숙여졌다.

　1901년 서울 출신인 심훈은 3·1운동 때 옥고를 치르고 중국에 유학을 갔다가 귀국해 시 희곡 시나리오 소설 등 모든 문학장르에 정열을 쏟았다. '그날이 오면'을 표제로 한 시집을 출판하려다 일제의 검열로 뜻을 이루지 못하자, 서른두 살 젊은 시인은 당진 큰 집으로 낙향한다. 손수 설계한 초가집을 지어 필경사라는 당호를 걸고 소설창작에 몰두한다. 55일 만에 탈고한 소설 상록수가 1935년 동아일보 장편소설 공모에 당선되어 그는 일약 유명 작가가 되었다.

이 작품은 경성농업학교를 중퇴하고 돌아와 농사개량과 문맹퇴치 운동을 하던 장조카 심재영을 모델로 한 계몽소설이다. 여자 주인공은 때마침 이웃 화성군에서 농촌운동을 하다 과로 끝에 숨진 신학교 출신의 최용신이 모델이었다. 고등학교 때 이 작품을 읽고 이광수의 <흙>을 떠올린 것은 나 혼자만이 아니리라. 피폐한 농촌을 일으켜 세우려는 봉사정신으로 불타던 주인공들이 끝까지 순결을 지키며 계몽운동에 일생을 바치는 이야기는 성스럽기까지 하였다.

주말산행 귀로에 짬을 내어 찾아간 필경사는 짚으로 지붕을 이은 옛모습 그대로여서 더욱 반가웠다. 상록수를 쓰던 낡은 책상과 잉크병 펜대 같은 옛 필기구들도 진기해 보였다. 이 유서 깊은 기념물이 그냥 보전된 것이 아니다. 엊그제 이근배 시인의 글을 보니, 1978년 문학기행 때 필경사는 축사처럼 변해 있었다. 며칠 뒤면 헐려 밭으로 변할 신세였다. 이 사실이 널리 알려져 겨우 철거를 면하였고, 당진군이 관심을 갖게 되어 옆에 상록수문화관까지 생겼다. 우이동 최남선 고가가 헐린 데 이어, 부암동 현진건의 옛집과 원서동 고희동 옛집도 같은 신세다. 그 집들을 헐리게 두고도 서울이라 할 것인가.

2003. 03. 17

수미산

상상의 세계가 있다. 전설의 땅도 있다. 딱 집어 말로 표현할 수 없는 신비와 이상의 세계다. 수미산(須彌山)도 그런 범주에 들 것이다. 큰 사전을 펼쳐보면 '불교의 우주관에서 세계의 중앙에 있다는 산'이라고 정의돼 있다. "이 산을 중심으로 구산팔해(九山八海)가 펼쳐져 있다. 산 꼭대기 33천궁에는 제석천이 상주

하고 있고, 산 아래는 사천왕이 지키고 있으며, 높이는 물 위로 8만4,000 유순(由旬)이고 가로의 길이도 그와 같다고 한다…산의 북쪽은 황금, 동쪽은 은, 남쪽은 유리, 서쪽은 파리(玻璃)로 되어 있고, 일곱 단계의 보석길(七寶階道)이 있으며 …."

불교 뿐 아니라 힌두교 자이나교 뵌포교에서도 이 산은 성산(聖山) 중의 성산으로 추앙받고 있다. 힌두교에서 수메르(Sumeru)라고 부르는 이 산 아래 있는 호수를 성스러운 갠지스 강의 원류로 생각하고 있을 정도다. 마하트마 간디의 신앙이었던 자이나 교도들은 자신들의 신이 세계의 중심인 이 산에서 12년간 나체수행으로 깨달음을 얻었다고 믿는다. 티베트 고원 토착종교인 뵌포 교도들 역시 교조가 이 산 위에서 천상강림(天上降臨) 했다고 믿고 있다. 유해의 일부를 이 산 아래 있는 호수에 뿌려달라는 간디의 유언이

이행되었다는 사실도 흥미롭다.

  그렇다면 이 산은 실제로 존재하는가. 불교에서 수미산이라고 말하는 산은 어디인가. 4개 종교 교도들이 성산으로 섬기는 곳은 티베트 고원 서남부의 카일라스 (Kailash)산이다. 티베트에서는 강 디세(岡底斯), 또는 강 린포체(岡仁波齋)로 표기된다. 중국에서는 곤륜산(崑崙山) 계라사산(鷄羅沙山) 향산(香山)이라고도 불린다. 불교에서는 묘고산(妙高山) 묘광산(妙光山) 안명산(安明山) 선적산(善積山)이라 불렀다는 기록이 있다. 중국과 라사의 티베트 대학에서 오래 티베트를 공부한 김규현 티베트문화연구소장의 저술들로 최근 알려지기 시작했다.

  이 산을 수미산이라고 보는 데는 여러 가지 이유가 있다. 높이는 6,714m에 불과하지만 평균 고도 5,000m 고원에 홀로 우뚝 선 모습이 세계의 중심에 위치한 최고봉으로 볼 수 있고, 산 아래 마나사로바 호수는 아뇩다지 호수로 볼 수 있다. 피라미드를 연상케 하는 사면체 삼각형의 만년설 봉우리도 불경에 묘사된 모습과 흡사하다. 지하철 경복궁역을 지나다 발길을 멈추고 이재화·이남석 사진전 '영혼의 땅 티베트'를 감상하면서 수미산에 넋을 빼앗겼다. 수천년을 두고 인간이 가고자 했던 염원의 땅은 눈을 뜰 수 없을 만큼 찬연한 모습이었다. 구천을 떠돌 대구 지하철 방화참사 희생자들의 원혼을 인도하고 싶은 땅이기도 하다.

2003. 03. 03

가스실+화장로

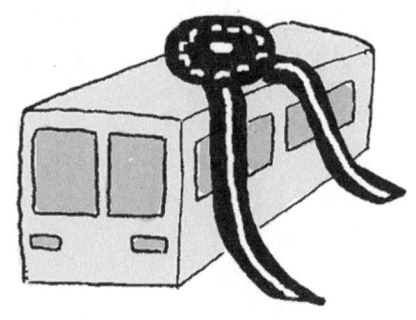

1984년 서울 지하철 2,3,4호선 개통 때 뉴욕 타임스는 서울 지하철을 소개하면서 "한국이 세계 지하철 건설 역사에 유례없는 대기록을 여러 개 세웠다"고 평가했다. 먼저 일시에 총연장 113.5㎞를 건설한 나라가 없었다는 점에 주목했다. 어떻게 그런 대 역사를 한꺼번에 할 수 있느냐는 것이다. 또 건설속도에 대한 놀라움도 컸다. 외국에서는 연간 1.5~3㎞ 건설이 고작인데, 서울은 매년 그 열 배 가까운 15㎞를 건설한 것이다. 건설지상주의 시대의 큰 열매다.

더 놀란 것은 그러고도 건설비용이 외국의 절반도 들지 않았다는 것이다. 2호선 건설비는 ㎞당 184억원, 3,4호선은 253억원 이었다. 같은 시기 워싱턴 지하철은 599억원, 도쿄는 무려 734억원이 들었다. 그 때 서울시는 이것을 크게 자랑했다. 적은 돈으로 빨리 건설한 공로로 많은 공무원과 건설업자들이 훈장을 받았다. 최근에 건설된 대구 지하철은 어떤지 아는 바 없다. 그러나 서울보다 잘 만들지 않았다는 것이 이번 중앙로 역 방화 참사로 증명되었다.

날림공사로 만들어진 선로 위를 달리는 전동차는 더 문제다. 외국에 수출하는 것은 정부가 차세대 일류상품으로 선정해 지원을 할만큼 품질이 우수하지만, 내수용은 화재에 무방비라 한다. 수출용은 전동차 바닥재부터 벽면 내장재와 의자 등이 모두 불연성 자재로 돼 있으며, 통로가 넓고 전동차간의 연결 통로가 없어 화재가 나도 옆 칸으로 불이 번지지 않도록 돼 있다. 그러나 내수용은 난연성(難燃性) 자재라 하지만 불이 붙으면 독가스 분출기 역할을 한다.

비닐이나 플라스틱 소재를 사용한 각종 광고물은 불쏘시개 역할을 했다. 승객의 안전을 책임져야 할 기관사가 '마스컨 키'를 뽑아 가지고 혼자 대피해 열렸던 전동차 문이 닫히는 바람에, 전동차들은 가스실로 변해 버렸다. 20일 아침 신문에 실린 사진에는 독가스를 참아내는 승객들의 고통이 잘 드러나 있다. 가스실은 이내 생 화장로로 변했다. 뼈까지 녹아버려 희생자가 몇인지 추산도 안될 정도다. 싸고 빠른 것을 좋아하는 한국병에 대한 형벌로는 너무 가혹하지 않은가. 이제 제발 '빨리빨리 대충대충 문화' 좀 청산했으면 좋겠다.

2003. 02. 22

유창종 기와展

고려사 의종 11년 4월 조에 "관란정(觀瀾亭) 북쪽에 세운 양이대(養怡臺) 지붕을 청자기와로 덮었다"는 기록이 있다. 아무리 호화로운 궁궐 건축물이라 해도 청자기와로 지붕을 이었다는 것은 과장이 아닐까 생각하기 쉽다. 그러나 그 현물을 볼 수 있다. 국립박물관에서 열리고 있는 유창종(柳昌宗)기증 기와 특별전에 나온 청자기와는 조각기와가 아니다. 온전한 암수막새 기와 몇 점으로 청자 지붕의 한 부분을 재현해 왕실 건축물의 화려함과 뛰어난 예술성을 보여준다.

고려 궁터인 개성 만월대에서 출토된 청자 수막새 기와에는 둥근 테 안에 모란무늬가 정교하게 양각되어 있고, 암막새에는 화려한 당초(唐草·덩굴) 무늬가 새겨졌다. 기와에 저토록 섬세한 그림을 그릴 수 있다니…. 은은한 빛깔과 옥 같은 표면이 고려시대 미술품 전시실에 진열돼 있는 국보급 청자항아리에 비해 조금도 손색이 없다. 송악 능선과 조화를 이루듯 날렵하게 치솟은 처마 위에 비색의 청자기와를 얹은 건축물을 상상하면, 고려문화의 향기가 풍기는 듯 하다.

전시회에는 고구려 신라 백제의 와당과 전돌류도 많이 나와 있다. 중국에서 전래된 기와문화가 3국에 서로 영향을 미치며 토착화하는 과정과, 일본에 미친 영향을 한 눈에 볼 수 있다. 무엇보다 반가운 것은 '잃어버린 왕국' 발해의 와당에서 한국 문화의 전형을 발견할 수 있다는 점이다. '保德' '福' '光' 같은 명문이 새겨진 막새들과 유약을 발라 구운 전돌에는 불교문화의 향이 배어 있다. 당(唐) 시대의 화려한 인물문양 전돌은 건축문화의 극치를 보는 것 같다.

이 전시회는 '기와검사' 유창종 서울지검장이 지난해 9월 국립박물관에 기증한 1,840점 가운데 600여점을 선보이고 있다. 유 검사장은 87년 일본인 이우치 이사오(井內功)씨가 국립박물관에 자신의 소장품을 기증한 사실에 자극받아 25년간 수집한 '혈육' 같은 보물들을 모두 내놓았다고 한다. 우리의 소중한 문화유산은 있을 곳에 있어야 한다는 생각이었다. 전시회장을 나서며 가까이 있는 이우치 전시실을 둘러보았다. 전시장 면적과 전시품의 질과 수량에서 비교가 안 되는 것을 확인하고는 휴- 하고 긴 호흡을 하였다.

2003. 01. 23

거꾸로 가는 시계

1948년 11월 태평양전쟁 책임을 묻는 극동 국제군사재판(도쿄재판)에서 사형선고를 받은 전범들은 죽어서 묘를 갖지 못했다. 화장해 태평양에 뿌림으로써 전후처리를 깨끗이 매듭짓는다는 것이 연합군사령부 방침이었다. 그해 12월 23일 형이 집행된 도조 히데키(東条英機) 등 A급 전범 일곱 명도 예외가 아니었다. 23일 첫 새벽 도쿄 스가모 형무소 교수대에서 처형된 일곱 전범의 시체는 삼엄한 경계와 칠흑 같은 어둠 속에 요코하마 구보야마 화장장으로 옮겨졌다.

아침 일찍 한 그릇의 뼈로 변한 일곱 명의 유골은 곧 수송기에 실려나가 태평양 상공에서 바다에 뿌려졌다. 유족 누구도 한 조각 뼈를 얻지 못했다고 보도되었다. 그러나 맥아더 군정이 끝난 53년 5월 유골 일부가 이즈(伊豆)의 산속에 묻혀있으며, 일부는 도조 미망인에게 넘어간 사실이 밝혀졌다. 고이소 구니아키(小磯國昭) 피고 변호인 산몬지(三文字正平)변호사가 화장장 인부들을 시켜 빼돌려 숨겨두었다가, 이즈온천 부근 흥아(興亞) 관음상 밑에 안장한 것이다.

그로부터 2년 뒤인 55년 4월 후생성은 이 유골을 발굴해 정식으로 유족들에게 인도했다. 전범 출신이 총리와 국회의장 자리에 앉은 시대였던 것이다.

60년 8월에는 우익 인사들이 전범 마쓰이 이시네(松井石根) 대장 고향인 아이치(愛知)현 미가와(三河) 국립공원 경내에 분골을 안치하고, '순국7사묘'(殉國七士廟)를 만들어 성역화를 서둘렀다. 이때까지만 해도 일곱 전범의 처형을 슬퍼하는 것은 일본 국민의 정서와 상당한 거리가 있어, '순국7사비' 제막식은 몰래 치러야 했다.

그러나 야스쿠니(靖國) 신사에 일곱 전범의 혼령이 합사된 뒤로는 분위기가 역전되고 만다. 79년 4월 우익 인사들에 의해 그들의 위패가 모셔지자 전몰자유족회 같은 우익 세력에 영합해야 할 정치인들이 다투어 참배를 시작했다. 엊그제 기습적으로 이 신사를 참배한 고이즈미(小泉純一郎) 총리는 연속 3회 참배한 첫 총리가 되었다. 매년 한번씩 참배하겠다는 공약을 지킨 것이라 한다. 그러나 그는 국립묘지 같은 대안을 마련해 걱정을 덜어주겠다던 이웃나라 정상들과의 약속은 깨버렸다. 일본의 시계는 언제까지 거꾸로 갈 것인가.

2003. 01. 17

생태도시

세계에서 가장 현명한 도시, 환경적으로서 가장 성공한 도시, 아름답고 쾌적한 도시, 꿈의 도시, 희망의 도시, 미래의 도시…. 브라질 남부 파라나주 주도인 쿠리티바 시에 쏟아지고 있는 찬사들이다. 1990년대 이후 유엔 환경계획 (UNEP)등 환경관련 국제기구 들과 각국 언론은 빈민과 오염과 범죄로 들끓던 쿠리티바의 변신에 놀라 이런 최상급 찬사를 퍼붓고 있다. 말로만 끝나는 것이 아니라, UNEP가 주는 '환경과 재생' 상을 비롯해 갖가지 도시경영 우수상을 독차지했다.

쿠리티바가 세계의 부러움을 사는 생태도시로 다시 태어난 것은 도시 교통체제를 버스중심으로 개편하고, 나무를 심고, 쓰레기를 줄인 세 가지 노력의 결실이다. 1950년대 인구 20만명을 밑돌던 쿠리티바도 산업화 과정에서 생겨난 빈민들의 유입으로 인구가 100만명을 넘자 전형적인 도시병에 걸렸다. 이 병을 고친 사람은 34세의 건축가 시장이었다. 저비용 고효율 경영을 모토로 한 그는 '시내버스의 지하철화' 정책부터 시행하였다. 버스 소통 최우선이 모든 교통행정의 1번 항목을 차지했다.

그 다음은 쓰레기 줄이기 시책. 신문지 페트병 같은 재활용품을 가져오는 주민이나 학생들에게 도시 근교의 잉여농산물이나 과자를 4대 1의 비율로 바꾸어주었다. 음식물 쓰레기도 5봉지면 야채나 과일 한 바구니가 된다. 재활용 쓰레기 처리는 빈민과 장애자들 몫으로 돌려 저소득층 생계문제를 해결하고 있다. 음식물 쓰레기는 사료나 유기질 비료 원료로 활용한다. 학교와 유치원에서는 어린이들에게 이 천연비료를 직접 사용해 야채를 길러보게 하는 환경교육도 시킨다.

다음은 숲 가꾸기. 땅이 있으면 어디건 나무와 꽃을 심었다. 허가 없이 나무를 베면 60만원의 벌금을 물리고, 정원에 수목을 잘 가꾼 주택에는 가옥세를 면제해 주어 숲의 소중함을 체감케 하고 있다. 도시면적의 18%가 공원과 숲으로 변한 것이 우연이 아니었다. 충청지역에 조성될 행정수도는 쿠리티바를 모델로 한 생태도시로 꾸밀 계획이 추진되고 있다고 한다. 고층 아파트 숲으로 둘러싸인 도시인들에게는 샘물같이 청량한 뉴스다. 새 도시만 그렇게 가꿀 것이 아니라, 서울 부산 같은 대도시를 그렇게 바꿀 생각은 없는지 묻고 싶다.

2003. 01. 11

인사청탁

1997년 말 LG그룹은 오랜 관행을 배격하는 새로운 실험을 시작했다. 인사 청탁자 명단공개 제도였다. 누구든 청탁자가 있으면 즉각 보고하라는 구본무 회장 지시가 있은 뒤, 설마설마 하던 분위기가 급전되는데 걸린 시간은 길지 않았다. 한 계열사 전무가 그룹 인사팀 관계자에게 친척 아들의 채용을 청탁했다가 회장에게 보고됐다는 사실이 알려진 것이다. 그 후 LG그룹에서는 오랜 전통으로 굳어진 임직원 자녀 추천제도까지 자취를 감추었을 정도다.

외환위기 직후 취업난이 가중돼 인사청탁이 심해지자, 신규채용과 임직원 인사에서 옥석을 가리기 어렵다고 걱정한 구 회장은 "앞으로 인사청탁을 하는 임직원  이 있으면 직접 보고하라"는 지시를 내렸다. 그룹 인사팀은 청탁을 받을 때마다 청탁자 이름과 피청탁자와의 관계 등을 구체적으로 물어, 이를 근거로 한 보고서를 회장실로 올렸다. 이 보고서는 각 계열사에도 공개됐다. 6개월 정도 지난 뒤 인사팀은 "이제 풍토가 바뀌었다"고 공언하기에 이르렀다.

이 사례는 정부 각 부처와 자치단체에 모범적인 참고사례로 채택되었다. 서울시는 즉시 이 제도를 본받아 인사 청탁자 명단공개 방침을 천명했다. 경찰청은 명단공개 정도가 아니라, 불이익을 주겠다고 한 발 더 나아갔다. 고위간부 인사에 청탁이 너무 많아 인사권 행사가 어려울 지경이라고 했다. 이런 소동을 바라보던 행정자치부는 그 정도에 그치지 않고 특정학교와 지역 출신자 편중인사 사례를 대통령에게 보고해 인사권자를 문책하겠다고 엄포를 쏘았다.

그러나 그런 방침이 지켜진 일은 없다. 이준 국방부 장관은 지난 8월 취임 1개월을 보내면서 그 동안 10여건의 인사청탁을 받았다고 밝히면서 청탁자는 진급대상에서 제외하겠다고 말했다. 이명박 서울시장도 청탁자를 인사기록 카드에 적어넣겠다고 엄포를 놓았다. 그 뒤 몇 개월동안 그런 조치가 보도된 일도 없었다. 노무현 대통령 당선자는 어제 인사 청탁자는 패가망신을 시키겠다고 말했다. 명단공개나 불이익 처분의 징벌효과가 약한 것은 아니다. 문제는 얼마나 철저히 방침과 약속을 지키느냐 하는 것이다.

2002. 12. 28

난개발의 한가운데

경부고속도로를 이용한 주말 나들이의 차중 화제는 난개발 현상에 쏠리기 마련이다. 평화로운 전원 분위기이던 서울 근교의 산야가 온통 고층 아파트 숲으로 변해버린 모습이 자연히 그런 화제를 촉발한다. 신도시를 만든다면서 어떻게 저렇게 촘촘히 짓게 해주었을까. 이런 개탄이 계기가 되어, 얼마 전 용인시 직원 등 50여명이 난개발 허가와 관련된 비리 혐의로 구속 또는 불구속 입건된 사건으로 화제가 옮아갔다. 결론은 수도권 정책의 단견으로 낙착되었다.

 나들이 귀로에 '난개발의 한가운데'에 산다는 일행의 아파트를 방문하게 되었다. 용인 수지 아파트의 첫 인상은 65평이라는 주거공간의 면적에 대한 놀라움이었다. 현관에서 거실까지의 거리가 호텔 복도를 연상시킬 정도였다. 두 자녀를 출가시켰고, 미구에 막내까지 에우면 부부만 남을 텐데 왜 이렇게 넓은 주택이 필요할까…. 정년이 얼마 안 남은 대학 교수라지만, 출퇴근이 쉽지 않고 연료비 부담도 만만치 않을 텐데, 왜 그런 불편을 자초할까 싶기도 했다.

 더 놀란 것은 그의 집을 나설 때였다. 밤이 꽤 늦었건만 밑에서 바라본 고층 아파트는 불이 안 켜진 창이 더 많았다. 전세도 안 나가고 팔리지도 않아

비어 있는 집들이라 했다. 전매수익을 노려 분양을 받았지만 공급과잉으로 전세도 매매도 값이 떨어졌으니 어쩔 것인가. 혹심한 교통난에 학교도 주민 편의시설도 없어 살기가 이만저만 불편한 게 아니라는 얘기였다. 서울 나들이 때 출퇴근 시간을 피하지 않으면 길에서 허비하는 시간이 더 많다고 했다.

그런 신도시가 무수하게 생겨났고, 지금 진행 중이거나 착공 예정인 택지개발사업 지구가 경기도에만 145곳 5,900만평 규모다. 올해 연말 우리나라 주택 보급률은 100%를 넘어설 것이라 한다. 동당 한 가구로 계산되는 다세대·다가구 주택을 포함하면 106% 쯤 되리라는 게 한국은행 추계다. 그런데도 정부는 또 수도권에 700만평의 택지를 공급하겠다 한다. 수도권 과밀 문제가 발등의 불이 된 가운데 유력 대통령 후보간에 행정수도 건설 공방이 뜨겁다. 서울 아파트 값 걱정과 과밀해소, 어느 것이 중요한지 결정할 순간이다.

2002. 12. 17

북한 인구

　북한은 모든 것이 베일에 싸여 있지만 특히 인구통계가 오리무중이다. 근년 인구 센서스가 없기도 했지만 갖가지 사회지표까지 비밀에 부치기 때문이다. 그래서 북한 인구에 관한 자료는 나라와 기관마다 다르다. 정확한 조사자료를 근거로 한 것이 아니라, 각각 다른 데이터를 근거로 추산하기 때문이다. 그러나 한 기관이 같은 자료를 이용해 꾸준히 추산한 자료를 비교해 보면 변화를 관측할 수 있다. 지난 10년간 인구가 줄거나 정체상태라는 사실이다.
　세계 인구통계에 가장 권위 있는 유엔인구활동기금(UNFPA)이 최근 발표한 2002년 북한 인구는 2,260만여명이다. 이 기구는 2001년 북한 인구를 2,240만여명, 2000년은 2,400만여명으로 발표한 바 있다.
　작년보다는 20만명 늘었으나 재작년보다는 140만명 줄었다는 얘기다. 북한 인구센서스 자료를 바탕으로 국제기구 보고자료 국제회의 발표자료 등을 근거로 추산한 통계청 자료에도 1996년 2,355만 여명에서 1999년에는 2,208만여명으로 줄었다.
　북한이 공식 인구센서스를 한 것은 1993년 12월이었다. UNFPA 기술원조를 받아 실시한 이 조사에서 북한 총인구는 2,121만 3,378명이었다.
　여기에는 인민군 인구는 포함되지 않았는데, 인민군 병력을 최대 125만명으로 잡을 경우 총인구는 2002년 UNFPA 자료와 비슷한 2,246만여명 수준이다. 0.7%로 보고된 인구증가율을 감안하면 10년 동안 150만명 이상 늘어야 마땅한 일이다. 10년간 아사자(餓死者)가 그만큼 발생했다는 추산의 근거이기도 하다.

근거는 또 있다. 국제적십자연맹(IFRC)이 엊그제 홈 페이지에 발표한 북한지역 보건실태보고서에 따르면 평균수명이 1993년 72.2세에서 2000년에는 66.8세로 낮아졌다.

UNFPA 자료에 따르면 올해 평균수명은 62.5세로 또 떨어져 세계평균치(63.9세)보다 낮다. 유아사망률도 1000명당 48명으로 10년전의 3배가 되었으며, 결핵 환자수는 7배나 늘었다. 10년 기근의 참상이다. 개성공단 연내 착공 소식을 접하면서, 북한의 자력갱생 노력지원을 공언하는 대통령 후보를 기다려 본다.

2002. 12. 10

의정부와 오키나와

태평양 전쟁 막바지 미군의 공격을 피해 해안동굴에 숨어들었던 오키나와 주민들은 굶주림과 갈증을 견디지 못하고 굴에서 나온다. 바닷물을 마셔 보았지만, 마실수록 목이 말랐다. 이 광경을 본 상륙 미군들이 우호적인 표정을 지으며 물을 주었다. 그러나 주민들은 귀축미영(鬼畜美英)이 독을 탔을 것이라고 의심한다. 그 심리를 낌새챈 미군이 물을 마셔 보이며 다시 권하자, 일제히 달려나가 앞 다투어 물을 받아 마셨다. 물론 그들이 주는 음식도 의심 없이 먹었다.

그로부터 27년 동안 미국 영토로 편입되었던 오키나와 주민은 미국에 대해 은원(恩怨)이 혼재한 복잡한 감정을 품게 된다. 다시 일본 영토가 된 뒤에도 주둔미군의 횡포와 범죄에 날카롭게 반응한 것은, 전쟁 중 유일한 미군의 일본영토 상륙전 때 너무 많은 피해를 당한 때문이었다. 1995년 미군 병사들의 여중생 납치 성폭행 사건이 발생하자 폭죽같은 저항이 일어났다. 놀란 미국은 클린턴 대통령의 직접 사과로 반미불길을 잡았다. 주둔군지위협정 운용방침도 바꾸었다.

최근 오키나와에서 일어난 유사 사건에 대처하는 미국의 태도는 고분고분하다. 미군 해병대 소령이 오키나와 거주 필리핀 여성에게 성폭행을 하려다 미수에 그친 이번 사건은 사안의 무게로 보아 큰 뉴스거리는 아니었다. 그러나 신고를 받은 미군 수사당국은 곧 조사에 착수했고, 본인의 부인에도 불구하고 일본경찰은 체포장을 발부했다. 주둔군사령관은 즉시 오키나와 현청을 방문해 유감의 뜻을 전했으며, 사건처리도 양국 외교·국방 합동위원회가 협의하는 모양새다.

 6월 한국에서 일어난 의정부 여중생 사망사건과는 너무 대조적이다. 오키나와에 비해 우리에게 미국은 근본적으로 다른 나라다. 그 전쟁의 승리로 우리는 35년 일본의 압제에서 벗어났다. 5년 뒤 한국전쟁 때는 미국의 신속한 참전 덕분에 자유 민주주의국가 체제를 지킬 수 있었다. 고마움 뿐 원망이란 있을 수도 없다. 그런데 똑같은 주둔군 병사의 사건을 다루는 미국의 태도가 왜 그리 차별적인지 한국인들은 이해할 수가 없다. 사건을 옳게 처리해 달라는 요구와 반미는 다르다는 걸 미국은 왜 모를까.

2002. 12. 06

카우보이 나라

카우보이는 16세기 중엽 미국 서부 평원지대에서 처음 소가 대량 사육되면서 생겨난 직업이다. 많은 소를 돌보고 관리하려면 말 타기와 올가미 던지기 같은 기술은 기본이고, 등짝에 소유자 낙인을 찍는 일 같은 험한 일을 하려면 완력도 뛰어나야 한다. 소를 훔치거나 목장을 통째로 빼앗으려는 무뢰한들에 대항해 귀신 같은 사격솜씨와 담력을 보여준 서부영화들의 영향으로, 카우보이는 '멋진 사나이'의 대명사 같지만, 실제로는 거칠고 무례한 남자들이다.

카우보이 본고장인 텍사스가 정치적기반이며 지금도 그곳에 목장을 갖고 있는 부시 미국 대통령이 최근 카우보이식 어법 때문에 구설수에 올랐다. 9·11 테러 배후로 지목된 빈 라덴을 '죽여서든 살려서든' 잡아만 오라고 말했다는 것이다. 더욱 놀라운 것은 자신은 신문사설을 읽지 않으며, 전문가라는 사람들이 방송에 나와 하는 말을 소음이라고 생각한다는 말이다. 내가 무슨 말을 할 때는 이유를 말할 필요가 없지만, 다른 사람이 나에게 말할 때는 그래서는 안 된다고도 했다.

워싱턴 포스트지 밥 우드워

드 부국장과의 인터뷰는 텍사스에 있는 자신의 목장에서 있었다. 카우보이 후예임을 자랑하듯, 청바지에 짧은 소매 셔츠, 목이 긴 카우보이 부츠를 신고 4시간 동안 질문에 답하면서 그는 자신의 성격에 대해 불 같다, 성급하다, 배짱이 있다고 표현, 터프가이의 면모를 과시했다. 오죽 불안했으면 부인 로라 여사가 끼어들어 "제발 카우보이 식의 거친 표현을 삼가라"고 충고했을까. 힘이 있으니 주저할 게 무어냐는 태도가 불안했을까.

여중생 둘을 치어 죽인 미군 궤도차량 관제병에게 무죄선고를 내린 미8군 군사법정 판결을 보고 불현듯 부시의 말이 떠올랐다. 동료 미군들로만 배심원단을 구성해 무죄평결을 내리고도, 여론에 귀를 막는 것이 '민권 공화국'의 재판인가. 그렇다면 군 검찰의 기소니, 재판 공개니 하는 요식행위를 갖출 필요가 무언가. 힘이 있으니 미국이 하는 일에는 이유를 말하지 않아도 된다는 것인가. 그러고도 미8군 사령관은 "한국정부가 재판에 반발하는 과격시위를 묵인할 것으로 생각하지 않는다"고 압력을 넣고 있다.

2002. 11. 22

문학관 시대

해외여행을 할 때 간혹 유명작가나 시인 음악가 학자들의 생가를 둘러볼 때가 있다. 특정 인물에 대한 특별한 관심 때문이 아니라, 단체관광의 한 코스로 들어 있어 싫어도 따라가는 수밖에 없다. 그러나 둘러보고 나면 남는 것이 있게 마련이다. 유명한 작품의 육필 원고나, 유명 작곡가가 쓰던 피아노 안경 지팡이 같은 유품을 대할 때마다 문화를 사랑하는 후세의 자부심과, 그것을 길이 지탱해 주려는 정부와 지방자치단체 문화애호 정책이 부러워지곤 한다.

모르는 새 우리도 문학관 시대에 들어서고 있다. 작가 박경리 선생이 원주 교외에 토지문화관을 만든 것은 근래의 일이다. 3,000여평 너른 터에 지은 800평 규모의 건물에는 집필실 세미나실 회의실 같은 문화활동 공간과 숙박시설까지 있어, 주말마다 문학인 초청강연회 등 여러 가지 행사가 열린다. 지난 10월 초에는 칠곡군 왜관읍에 구상문학관이 문을 열었다. 두 시설 모두 작가의 고향이 아닌 곳에 생긴 것과, 생존문인의 문학관이라는 게 공통점이다.

작고문인 기념관으로는 8월에 문을 연 춘천 김유정문학촌과, 평창 이효석문학관이 눈길을 끈다. 춘천시 신동면 증리 실레마을에 생긴 김유

정문학촌은 고인의 생가 복원으로 그치지 않고, 디딜방아간 외양간 같은 부속건물과 전시관까지 지어져 '문학촌'이란 이름이 붙었다. 이효석문학관은 평창군 봉평면 창봉리에 남아 있는 생가를 중심으로, 메밀자료관 학예연구실 문학교실 등을 지어 고인의 육필 원고, 학적부와 사진, 추서받은 훈장 등을 전시하고 있다.

　강원도에서는 인제 박인환 생가복원과 철원 이태준문학터전 건립계획도 추진되고 있어, 향토 문학인들의 가슴을 설레게 한다. 14일에는 전주시가 <혼불>의 작가 최명희문학관을 건립한다는 뉴스가 뒤를 이었다. 전주시 완산구 풍남동 생가 터에 건립할 이 시설 역시, 생가복원 자료실 세미나실 같은 내용으로 계획되고 있다. 원형대로 복원한 생가에 육필 원고나 유품류를 전시하는 것은 뜻도 깊고 누구나 바라는 일이기도 하다. 그러나 지자체가 개입해 '관광성'에 치우치면 문학 애호가들의 마음은 떠나고 만다는 걸 알아야 한다.

2002. 11. 15

"마땅히 책임질 일"

"고검장님 결정은 언제나 옳았지만 이번 결정만은 승복하기 어렵습니다." 이명재(李明載) 전 검찰총장이 지난해 5월 서울 고검장직을 사임할 때 후배 검사들이 그에게 보낸 편지의 한 구절이다. 검찰이 정치바람에 휩쓸려 온갖 풍상을 겪고 있을 때였다. 서울지검 특수부 젊은 검사들은 존경하는 선배의 퇴임을 막으려다 뜻을 이루지 못하자, 편지 글

을 통해 섭섭함을 이렇게 피력했다. 그러나 그는 "서민을 위해 백마 탄 기사가 되라"는 당부를 남기고 법복을 벗었다.

그의 퇴진을 법조계에서는 '아름다운 퇴장'이라고 말했다. 사법시험 후배나 동기생이 상사가 되었을 때 자리를 물러나는 것은 검찰의 오랜 관행이다. 그러나 이 고검장의 경우는 달랐다. 그 때 새로 검찰총장이 된 사람은 시험 선배였기 때문에 문제될 것이 없었다. 그러나 그는 고집을 꺾지 않았다. 조직의 원로가 되면 적당한 때 물러나 후배들에게 길을 열어주는 것이 도리라고 평소 생각해 왔으며, 이제 그 결심을 실행하는 것 뿐이라는 게 퇴임의 변이었다.

그렇게 물러난 그는 8개월 만에 검찰총수가 되어 돌아온다. 재야에서 검찰

총장을 발탁한 흔치 않은 사례였다. 그만큼 실추된 검찰의 명예회복이 급한 때였다. 그렇게 친정에 돌아온 그는 곧 '수도승'이라는 별명을 얻었다. 자기관리가 그만큼 엄격하다는 얘기였다. 우선 골프부터 그만두었고, 외부 인사 접촉을 피했다. 특히 퇴근 후 모임 참석을 끊었고, 특별한 행사가 없으면 점심식사 장소는 언제나 구내 식당이었다. 집무실에 불필요한 사물을 두지도 않았다.

그러면서 원칙에 충실한 집무자세로 검찰의 신뢰 회복에 힘썼다. 대통령의 두 아들을 구속한 일, 전임 검찰총장과 현직 고검장을 기소한 일은 검찰이 달라진 모습의 한 단면이었다. 그런 그가 부하 한 사람의 과욕 때문에 사표를 썼다. 미적거리다 떠밀려 물러나지 않고, "마땅히 책임질 일"이라며 훌훌하게 물러갔다. 검찰이 고문 끝에 사람을 죽인 초유의 사태에 어이없어 하면서도 근래 처음 보는 자진사퇴가 아쉬운 것은, 신망 있는 검사 한 사람을 잃은 허전함 때문이다. 그의 이번 결정도 승복하지 말아야 할까.

2002. 11. 06

김두한 신드롬

1972년 11월 21일 서울 성북구 정릉동 고 김두한(金斗漢)의 빈소를 찾은 의정부 성신고아원 황금일 원장은 고인의 검약상에 깜짝 놀랐다. 대지 20평 남짓한 초라한 주택도 그렇거니와, 가구며 세간살이 어느 것 하나 백야 김좌진(金佐鎭) 장군의 아들이며 2선 국회의원 출신의 유명인사답지 않게 초라했던 것이다. 독립 유공자 연금증서를 통째로 고아원에 맡겨 운영비에 보태쓰도록 한 처사로 보면 여유 있는 살림인 줄 알았는데, 생각과는 너무 달랐다.

이름보다 협객(俠客)이니 풍운아니 하는 관형사로 더 유명했던 김두한의 인정비화는 통쾌한 싸움 얘기만큼 널리 알려졌다. 부하들에게 용돈을 주거나 술값을 낼 때, 돈을 세어서 준 일이 없다는 그는 남의 딱한 사정을 알고는 모른 체하지 못하는 성미였다. 젊어서 춘정을 못 이겨 친구들과 유곽을 찾아가다 청계천 다리 밑 거지들을 보고 주머니를 털어 모아 그들에게 다 주고 말았다는 얘기가 대표 일화다. 자기 집 쌀독이 비었어도 부하들 굶는 것은 못 보았다.

중병에 걸린 어머니 치료비 때

문에 빚을 지고 만주로 팔려가게 된 여급을 구하려고, 3일간 업주들을 찾아다니며 돈을 모아 구해준 일화는 화류계의 신화로 남았다. 3대 국회의원 당선 3일 만에 대통령을 신랄하게 비판하다 국가원수 모독죄로 구속된 일과, 6대국회 시절 삼성 사카린 밀수사건 처리에 불만을 품고 국회의사당에 오물을 퍼부은 사건은 정치인 김두한의 대쪽같은 소신과 우국충정을 보여준다. 그래서 그의 얘기는 영화 소설 방송극의 단골 소재였다.

그 얘기를 재탕한 TV 드라마 <야인시대>가 선풍을 일으키고 있다. 술집과 사무실, 교실과 길거리의 화제는 온통 김두한 주먹질의 통쾌함이다. 시청률 50%라는 보도가 과장이 아님을 알겠다. 제일 재미있는 것은 싸움과 불구경이라 한다. 그러나 아무리 재미있는 싸움이라 해도 왜 하필 지금인가. 의리를 목숨처럼 여기고 치사하지 않은 진짜 협객 스토리가 난장판 정치에 절망한 사람들을 위로해 주기 때문이다. 김두한에게 진 구마적이 깨끗이 패배를 인정하고 조용히 물러가는 모습도 다시 보여주고 싶은 사람이 많다.

2002. 10. 21

이은혜 (2)

KAL 858기 폭파범 김현희는 1991년 5월14일 안기부 안가에서 일본 경찰청 직원들과 마주 앉았다. 벌써 일곱 번째였다. 일본은 그녀의 일본인화 교육을 맡았던 이은혜란 일본여성 신원을 확인하려는 것이었다. 북한과의 수교회담에서 그 문제가 큰 현안이 된 것이다. 그간의 진술을 토대로 몽타주 사진까지 만들어 배포했으나 소득이 없자, 1970년대 이후 행방불명 된 일본 여성의 사진을 잔뜩 가지고 와 펼쳐 보였다. 그러나 김현희가 알아보는 얼굴은 없었다.

이번에도 틀렸구나 하고 포기하려 할 무렵, 마지막으로 제시된 사진을 보는 순간 그녀는 흠칫 놀랐다. 그리움과 반가움의 눈물이 흘러내렸다. 바로 이은혜 그 사람 얼굴이었다. 동북리 초대소에서 1년 8개월 동안 침식을 같이하면서 일본인 흉내를 배우던 공작원 교육 시절보다 앳된 모습이었지만, 자신을 똑바로 쳐다보는 듯한 시선은 슬픈 사연을 호소하고 있는 것처럼 보였다. 이은혜가 다구치 야에코(田口八重子)와 동일인물이라는 단서가 된 김현희의 고백이다.

이 사실을 근거로 일본 경찰은 이은혜가 1978년 여름 니가타 해변에서 실종된 다구치 야에코라는 사실을 밝혀냈다. 10여년의 우여곡절 끝에 북한은 일본인 납치범행을 시인하고 사과했다. 다구치의 사망 사실도 밝혔다. 그 뒤 일본정부 조사단에 의해 다구치는 1984년 납북된 하라 다다아키란 일본인과 결혼했으며, 남편이 간경변으로 죽은 1986년 교통사고로 사망했다는 사실이 밝혀졌다. 그러나 북한은 다구치와 이은혜가 동일인이라는 사실만은 부인했다.

특수부대의 영웅주의 때문에 그런 일이 일어났으며, 그 직권남용의 책임을 물어 한 명을 사형, 한 명을 장기징역형에 처했다고 북한은 설명했다. 그러면서 이은혜란 존재를 부인하는 것은 무엇 때문일까. 아직 KAL기 폭파범행을 시인하고 싶지 않은 것인가. 끊어진 남북 철도 연결공사에 참여하고, 부산 아시안 게임에 대표단과 응원단을 보내고, 중단된 남북 국방장관 회담을 제의한 것을 보면 북한이 변하는 것 같다. 그러나 외신의 말미에 붙여오는 이런 보도를 보면 북한을 보는 눈은 옛날로 되돌아가고 만다.

2002. 10. 09

이은혜

"이은혜(李恩惠)란 인물은 존재하지도 않는다. 일본은 남조선이 대한항공기 폭파사건을 덮어씌우려고 날조한 가공인물을 들고나와 공화국의 존엄을 손상시키고 있다" 1991년 8월 베이징에서 열린 제4차 북일 수교회담 때 북한측 대표가 기자회견에서 한 말이다. 일본측이 한일 양국 수사기관의 수사결론을 근거로 KAL기 폭파범 김현희의 일본인화 교사 이은혜가 1978년 실종된 일본여성이라는 사실을 제기하며 안부확인을 요구한 데 대한 공식 반응이었다.

91년 5월 한국 국가안전기획부와 일본 경찰은 이은혜의 실체가 다구치 야에코(田口八重子)란 카바레 종업원이었다고 동시 발표했다. "이은혜란 일본인 여성에게서 일본어와 일본인화 교육을 받았다"는 김현희의 진술과 관련 자료를 바탕으로, 일본경찰이 신원을 확인한 것이다. 그 뒤 일본은 끈질기게 이 여성의 안부 확인을 요구했고, 그 때마다 북한은 신경질적인 반응으로 일관했다. 회담장 박차고 일어나기와 삿대질 소동 끝에 회담은 8차로 중단되었다.

김현희는 그 때 기자회견에서 "1년 8개월간 침식을 같이 하며 지낸 공작원 교육 때 그녀에게서 강제로 배를 타고 끌려왔으며, 배에서 멀미를 심하게 했다는 말을 들었다"고 말했다. 두고 온 어린 자식들 생각으로 눈물을 흘리는 것도 보았다고 했다. 95년에 펴낸 고백록 <이은혜, 그리고 다구치 야에코>에서는 "이은혜란 이름은 김일성에게 은혜를 입었다고 북한측이 지어준 것이라고 들었다. 교육이 끝난 뒤 그녀는 장기공작원 교육기관으로 옮겨갔다"

고 밝혔다.

　이은혜가 죽었다는 소식에 일본열도가 들끓고 있다. 사상 첫 북일 정상회담에서 김정일 북한 국방위원장은 예상을 깨고 일본인 납치사실을 시인했다. 피랍자 가운데 이은혜를 포함한 8명이 죽고 5명만 살아 있다는 소식이 전해지자, 일본에서는 "이러고도 수교를 해야 하느냐"는 목소리가 커지고 있다. 유족들은 아직 50세가 못된 사람들이 왜 그리 많이 죽었는지 납득하지 못하고 있다. 우리도 대남공작에 이용하려고 그랬다는 이유를 납득하기 어렵기는 마찬가지다. 인륜을 어겨가며 그 많은 '김현희'를 길러 무얼 얻었는가.

2002. 09. 20

청와대 이전

북악산은 서울 도성의 주산이다. 뒤로 산을 지고 앞으로 강에 면한 이른바 배산임수(背山臨水)의 풍수설을 들먹이지 않더라도 산의 모양새 만으로도 한 도읍지의 랜드 마크가 될 만하다. 높이는 해발 342m 밖에 안되지만, 피지 않은 꽃봉오리 같은 바위 봉우리 때문에 백악(白岳) 또는 면악(面岳)이라고도 했다. 고려 숙종이 서울을 남경으로 정하고 이궁을 지으려고 윤관을 보내 명당을 찾으니, 삼각산 면악의 남쪽 땅, 곧 지금의 청와대 자리였다.

조선 조에 들어와서는 그 남쪽에 경복궁을 지은 뒤 궁궐 북쪽에 왕이 군대를 사열하는 시설을 만들어 경무대(景武臺)라 하였다. 경복궁 북문인 신무문 밖, 지금의 청와대 자리다. 왕궁과 도성을 한눈에 내려다 볼 수 있는 이 터는 일제 강점기 중반인 1927년 조선총독이 관저를 지어 군림하기 시작하면서

대대로 권력자의 거처가 되었다. 광복 후 처음 정권을 잡은 이승만 대통령이 그 시설을 물려받아 입주한 뒤로는 신생 한국의 권력 1번지가 되었다.

그 곳에 입주했던 사람들은 뒤가 좋지 않았다고 한다. 조선 총독들도 그랬지만 역대 대통령들은 더욱 그러했다. 풍수지리상으로는 명당일지 모르나 시정과 너무 떨어진 구중궁궐 같은 분위기 때문에 세상 일에 어두워지

는 것이 사실이다. 본관과 비서실 거리가 너무 멀어 차를 타고 다닐 정도다. 그래서 김대중 대통령도 처음 청와대 입주를 꺼렸으나 경호상의 문제와 대안 부재로 뜻을 꺾었다. 국무회의를 정부 중앙청사에서 주재하는 것으로 만족해야 했다.

　유력한 대통령 후보들이 집권하면 청와대를 집무실로 쓰지 않겠다는 구상을 천명하고 있어 행정자치부가 대안 마련에 고심하고 있다고 한다. 유력한 대안으로 검토되고 있는 안이 정부 중앙청사 옆에 새로 짓는 별관에 대통령 집무실을 두는 것이라는 소식인데, 그 때문에 예정대로 청사 배치를 하지 못하고 있다는 것이다. 그러나 세종로 1번지에서 77번지로 옮겨 앉는 것은 청와대 이전의 의미가 없다. 경호 문제로 오히려 시민들에게 불편을 줄 뿐이다. 옮기려면 정부 과천 청사 같은 곳으로 멀찌감치 옮겨가야 한다.

2002. 09. 28

6 · 25 행불자

<쌍방은 적십자 인도주의 사업의 일환으로 지난 전쟁시기 소식을 알 수 없게 된 자들에 대한 생사, 주소확인 문제를 협의·해결한다> 8일 금강산에서 발표된 남북 적십자회담 합의문 6개 조항 가운데 가장 눈길을 끄는 것이 이 문장이다. 전쟁시기 행방불명자란 우리 측으로서는 국군 포로, 월북자, 또는 납북자 등으로 이해되고 있다. 우리가 이 문제를 제기할 때마다 "공화국에는 납북자나 국군 포로는 없다"던 종전 태도로 볼 때 어안이 벙벙할 정도의 변화라 하겠다.

2000년 12월 서울의 제2차 이산가족 상봉행사 때 국군포로 출신과 납북 어부 출신 북한 주민이 각각 동생과 아들을 만났다. 이산 동기를 따지지 말자는 우리 측 주장을 북한이 받아들인 형식이었는데, 조건은 신원을 미리 공개하지 않는다는 것이었다. 3차 행사 때도 북측은 포로출신 2명과 피랍 KAL기 스튜어디스 출신의 가족상봉을 허용했다. 그러면서도 북측은 이들을 의거 입북자들이라고 주장했다. 1차 적십자 회담 때 이 문제가 제기되자 자리를 박차고 나간 전례도 있다.

국군포로 조창호 소위가 70객이 되어 돌아온 사건 이전까지 우리 정부는 이 문제에 아무 관심이 없었다. 포로와 납북자 가족들이 실종사실 확인을 요청해도 증빙자료가 없다는 이유로 거들떠보지도 않았다. 탈북자 대열에 포로 출신이 끼어들어 일부 포로들의 안부가 확인된 뒤에야 비로소 관심을 갖기에 이르렀다. 그 사이 민간에서는 1956년 적십자사가 실종자 가족들의 신고를 근거로 실향사민(失鄕私民) 등록자 7,034명의 명단과, 1953년 공보처가 작성한 납북자 8만2,959명 명단이 공개되었다.

이 속에는 정인보(학자) 이광수(작가) 현상윤(교육자) 안재홍(정치인) 백관수(정치인) 조소앙(정치인) 손진태(학자) 김기림(작가) 등 유명인이 다수 포함돼 있다. 이 가운데 앞의 다섯 사람은 평양 근교에 있는 특설묘지에 묻혀 있다는 소식이 최근 평양방송 보도로 전해졌을 뿐, 대다수 납북자와 포로의 안부는 깜깜하다. 정부는 아직 납북자와 포로 문제에 관해 제도적인 접근을 하지 못하고 있다. 안부 확인을 교환하자는 북한의 '선물'을 받아 들고서도 어떻게 해야 할지 몰라 눈치를 살피는 모습이 너무 무책임해 보인다.

2002. 09. 10

기후재앙

푸른 바탕에 붉은 점들이 박혀 있다. 물 속에 붉은 구슬들이 흩뿌려진 것 같기도 하고, 하늘을 떠다니는 붉은 풍선들 같기도 하다. 사진으로 보기에는 아름답지만 이 붉은 점들은 산불이다. 미국 항공우주국은 지난주 테라 위성이 촬영한 사진들 가운데, 지구의 허파로 불리는 열대우림 지역 산불 사진들을 공개했다. 특히 중동부 시베리아 레나강 유역 삼림 화재는 여러 점들이 이어져 띠나 고리모양을 하고 있다. 그 규모의 방대함을 짐작할 만하다.

문제는 이 불들이 방화에 의한 것이라는 점이다. 더러는 자연발화도 있지만, 대부분은 화전이나 목초지를 얻기 위한 방화이거나, 개발을 쉽게 하려고 벌목을 한 뒤에 불을 놓은 것이다. 이런 불로 인해 아마존 지역에서는 지난 10년간 서울 면적의 26배에 달하는 산림이 사라졌으며, 아시아에서 제일 넓은 보르네오와 수마트라 우림 지역에서는 걸핏하면 휴교령이 내려지고 항공기 운항까지 중단된다. 매연으로 인한 호흡기 장애가 전염병 피해보다 크다.

산림뿐이 아니다. 방목형 목축업의 증가로 중국 미국 멕시코 아프리카 등지에서는 빠른 속도로 광활한 초지가 사막으로 변해가고 있다. 베이징(北京) 북부 교외지역까지 사막화한 중국에서는 천도론(遷都論)이 나올 정도고, 멕시코에서는 사막화로 삶의 터전을 잃은 사람들이 속속 고향을 등지고 있다. 유럽에서도 숲을 올리브 농장으로 개간하는 스페인 이탈리아 포르투갈 그리스 같은 곳은 벌써 사막화 피해가 심각하다. 잘 사는 나라도 예외가 아니다.

26일 남아프리카 요하네스버그에서 개막된 세계 환경정상회의에서 유엔환경계획(UNEP)은 아시아 서남부의 하늘을 뒤덮고 있는 갈색구름의 위력을 보고했다. '죽음의 구름'으로 불리는 3km 두께의 이 오염된 공기층이 햇볕을 막는 차양막 역할을 해 기상이변을 일으키고 있다 한다. 올여름 지구촌 곳곳을 폭우와 가뭄으로 할퀴고 있는 기상이변도 이 구름층과 엘니뇨 현상 때문이라 한다. 환경파괴로 인한 기후재앙은 벌써 시작됐는데, 이제야 대책을 논하고 있으니 답답한 일이다. 그나마 성과가 있어야 할 텐데….

2002. 08. 31

"그린벨트가 좋아"

밴쿠버는 캐나다 서해안에 있는 항구도시다. 위도가 50도에 가깝지만 바로 앞에 3만 2,000㎢ 넓이의 밴쿠버 섬이 해풍을 가로막아 한겨울도 평균기온 3℃의 온난한 날씨다. 북미대륙의 풍부한 임산물을 원료로 한 제재업 도시로 출발했지만, 풍광이 아름다워 휴양도시로서의 면모도 손색이 없다.

해안산지가 빙하에 침식된 피오르드와 강이 어우러지고, 서북쪽을 병풍처럼 감싼 높이 2,000m 안팎의 산 봉우리들은 여름에도 눈을 이고 있다.

몇 해 전 이 도시에 갔을 때 북서쪽 주택가와 스탠리 공원을 연결하는 유명한 해상교량 라이온즈 게이트 브리지가 온종일 교통체증에 시달리는 것을 보고 놀랐다. 오래 전에 건설된 편도 1차선 교량이기 때문이다. 왜 다리를 확장하지 않느냐는 질문에 관광 가이드는 주민들 반대 때문이라 했다. 만년설이 덮여있는 해안 연봉의 완만한 산자락에 있는 주택가 주민들은, 다리가 넓어지면 그만큼 차량통행이 늘어날 것이 두려워 불편을 참고 산다는 것이었다.

서울 강남구 못골마을 등 그린벨트 해제 대상지역 주민들이 그린벨트 해제를 반대하고 나섰다는 소식도 놀랍다. 지난 30여년 동안 그린벨트를 풀

어달라는 소리는 귀에 못이 박힐 정도지만, 그대로 두어 달라는 청원은 처음이다. 그 이유가 더 놀랍다. 그린벨트가 풀려 주거전용지역이 되면 다세대·다가구 주택이 밀집한 3류 주택지가 되리라는 것이다. 그보다는 그린벨트로 남고 '취락지구' 지정을 받아 쾌적한 전원주택지로 가꾸고 싶은 욕망이다.

취락지구란 신축은 안되지만 기존주택을 3층에 90평까지 증·개축할 수 있고, 근린생활 시설도 지을 수 있어 생활환경이 좋아진다. 종전에는 20가구 이상의 그린벨트 내 자연취락을 대상으로 했지만, 근래 10가구 이상으로 기준이 완화돼 관심을 끌기 시작했다. 13평짜리 연탄난방 아파트가 6억5,000만원을 호가하는 재건축 광풍 속에서, 개발이익보다 환경을 택한 주민들의 결정에 박수를 치고싶다. 숲과 물과 공기가 살아있는 쾌적한 생활환경이 제일 큰 재산이라는 인식이 더 빨리 확산되었으면 좋겠다.

2002. 08. 23

교과서 검정제도

"신 용비어천가를 부르게 만든 진상을 밝히고 책임자를 문책하라."

고교 2,3학년 용 한국 근현대사 교과서의 편향성을 질타한 야당 대변인 논평의 한 구절이다. 군사독재 시절에도 학생들에게 정권홍보를 한 일이 없었는데 이럴 수가 있느냐는 말도 있다.

전 정권에 대해서는 과실을 부각시킨 반면, 외환위기 극복, 남북관계 해빙 같은 현 정권의 치적만 나열한 교과서를 두고 한 말들이다. '한국판 역사왜곡' '국기문란 사건' 이라는 표현도 나왔다.

독재시대에도 없던 일이라는 지적은 사실과 다르다. 이승만 정권 시절 대통령 생일날 전국의 학생들을 대상으로 대통령 만수무강 기원 백일장대회 같은 행사가 열린 것을 노장년 층은 다 기억하고 있다.

박정희 대통령 시절에는 쿠데타를 군사혁명이라고 미화한 교과서가 한 두 가지가 아니었다. 심지어 새마을 운동, 혼분식 장려 같은 시책 홍보에 교육행정 망이 총 동원 되었다. 도시락 밥에 잡곡이 섞이지 않았다고 도덕점수가 깎이고 벌을 받았다.

5·18 쿠데타로 집권한 전두환 정권도 역사 교과서에 정의사회 구현과 민주 복지국가를 만들기 위해 노력하고 있다고 미화했다.

  군사정권의 바통을 이어받은 노태우 정권은 민주화 추구, 서울올림픽을 통한 국위선양, 북방정책과 동구권 교류 등을 치적으로 자랑하였다.

  김영삼 정권도 깨끗한 정부, 튼튼한 경제, 건강한 사회, 통일된 조국을 국정지표로 설정해 공직자 재산등록, 금융실명제, 지방자치제 전면실시 등 많은 업적을 남겼다고 자랑하였다.

  정부가 교과서 개발 위탁기관을 정해 연구진과 집필진을 선정하고, 그것으로도 모자라 내용을 심의해 합격여부를 결정하는 국정교과서 제도로는 이런 정치적 오염을 막을 수 없다.

  검인정 교과서를 많이 늘렸다고는 하지만 현행 검정교과서는 국정과 크게 다를 바 없다. 검정위원 선정권이 정부에 있으니 직영과 위탁경영 정도의 차이일까.

  규정에는 시도 교육청과 교육과정평가원이 추천한 사람들로 검정위원회를 구성한다고 돼 있지만, 위원 선정권은 교육부 장관에게 있다. 이런 제도를 그대로 두고 무엇을 기대할 것인가.

2002. 08. 02

청백리 교훈

　병자호란 때 척화론으로 유명했던 청백리 김상헌(金尙憲·1570~1652)이 원로 대접을 받을 때 한 재상의 상담을 받았다. "안사람이 뇌물을 받는다는 비방이 있어 잘 살펴보았으나 흔적이 보이지 않으니 어쩌면 좋겠습니까." 김상헌은 대뜸 부인의 부탁을 들어준 일이 있느냐고 물었다. 재상은 간혹 들어주지만 그게 무슨 상관이겠느냐 했다. "그러면 앞으로는 어떤 말도 들어주지 마시오." 이렇게 타일러 보낸 뒤로는 아무 잡음이 들리지 않았다고 한다.
　"그 노인네 저 혼자 청백리 노릇 하면 되었지, 왜 우리 영감까지 본받게 하여 남의 가정을 이렇게 어렵게 만드는지 몰라." 더 이상 베갯머리 송사가 통하지 않게 된 원인이 김상헌의 충고 때문이었음을 알게 된 재상 부인은 청백리를 이렇게 원망했다. 속 좁은 아녀자는 뇌물 받는 재미를 빼앗긴 것이 억울하기도 했을 것이다.
　조선 중기의 설화집 동패(東稗)에 실려 있는 이 얘기는 권력자 부인의 탐욕이 부정 부패의 큰 원인임을 상기시켜 준다.
　경기감사 홍 섬(洪 暹)이 이조판서 안 현(安 玹)에게 꿩 두 마리를 보냈더니 판서가 물리쳤다. "반찬이 하도 험하기에 보내드렸는데 물리치시니 황공합니다." 뒤에 만난 자리에서 야속하다 했더니 안 판서는 "그런 일이 있었던가요" 하면서 괘념치 말라고 했다. 그 정도를 뇌물로 본 칼 같은 이도(吏道)가 무섭다. 우리 역사에 청백리가 많지만 청사에 이름을 남긴 재상과 판서 방백의 일화를 들먹인 것은, 요즘 세상의 손가락질을 받는 부부가 안타까워서다.
　허가가 반려된 건축물 허가를 받아내기에 혈안이 된 업자에게서 1억원을 받은 퇴직 지사의 부인이 엊그제 구속되었다. 신군부 실세이던 형부의 위세를 이용해 자신의 영달을 꾀했던 그 여자는 남편이 지사가 되고부터는 '부지사' 노릇으로 유명했다. 업자에게 남편을 만나게 해준 것뿐이라면 1억원과 수천만원짜리 공짜 가구는 너무 비싸다. 허가가 적법했다는 남편의 주장도 궁색하다. 지사가 허가 건의 처리방향을 적어주었다는 것이 부하직원의 진술이다. 뇌물죄로 '큰 집' 갔다온 지 얼마 안 되는 부부에게 청백리 교훈은 공염불인가.

2002. 07. 08

멀어진 형제국

자유당 정권 시절 가장 가까운 우방이던 대만과 멀어진 것은 가슴 아픈 일이다. 자유중국이란 국호로 부르던 시절에는 대만이란 호칭이 결례로 생각될 만큼 친밀한 관계였는데, 중국이 문호를 열고부터 사정이 달라졌다.

중국과 수교한 이후 그 쪽 비위를 맞추기 위해 대만과 단교한 것까지는 불가피한 외교 현실이었다 하자. 그러나 상대의 감정을 무시한 절교방법은 너무 무례했다. 그것을 빚으로 품지않고 실리만 찾다 이젠 원한을 사고 있다.

지난 달 대만 영자지 타이페이 타임스에 실린 사설은 충격이었다. 친구가 대만의 지인에게서 팩스로 받아 보내준 사설에는 욕설에 가까운 천수이볜 총통의 불평이 실려있었다.

"햇볕정책 한다고 중국에 아첨을 떠는 김대중 대통령이 불쾌하다. 한국은 대만에게 많은 것을 바라면서도 선의를 보여주지 않는다"

한국에 호의를 갖고 있던 총통의 발언은 매우 이례적이라는 설명과 함께, 그것은 한국이 총통 부인의 입국을 거부 때문인 것 같다고 분석하고 있다.

사설의 논조는 더 과격하다. 한국이 수 많은 약속을 깼고, 국제기구 투표에서 반 대만 표를 던지거나 기권한 일 등을 들어 한국의 배신사례를 열거했다.

107

서울-타이페이 직항로 복원 문제에 관해서는 '그런 촌스러운 요구'이니 '식민지나 식객 취급'이니 하는 표현을 써가며 상호주의와 동등성 원칙을 강조했다.

연간 6,000만 달러인 대 한국 무역적자가 일본에 이어 두 번째라는 사실까지 언급하며 이런 사실들이 분노의 원인이라고 결론지었다.

천 총통은 5월 9일 대만 일간지 자유시보(自由時報)와 자매지 타이페이타임스 간부들과 만난 자리에서 이런 말을 했다.

그곳에 우리 특파원도 없고, 외교적인 관심도가 낮아 우리는 아직 그 사실도 몰랐다. 한 때 형제국이라는 표현도 부족할 만큼 절친했던 두 나라 관계가 왜 이렇게 됐는지 답답하다.

한국과 중국은 요즘 탈북자 문제로 첨예하게 대립하고 있다.

중국 공안들의 우리 외교관 폭행사건을 둘러싸고 자꾸 꼬이는 양국 갈등을 보면서 다시 읽어 본 사설이다. 형제국의 원망을 들어 가며 얻은 것이 겨우 이건가.

2002. 06. 19

월드컵과 북한

 한국 축구가 폴란드를 꺾은 날 세계 언론은 한국 팀의 선전을 놀라워 했다. 그 중에서도 베트남 인도네시아 중국 일본 등 아시아 국가들의 반응이 인상 깊었다.
 아시아의 체면을 세워주었다는 것이 반응의 주조였다. 사우디아라비아가 사상 최다 골로 지고, 세계 최대국가 중국이 맥없이 무너졌으며, 공동 주최국 일본도 비겼는데, 한국만이 유럽의 강호를 통쾌하게 물리치자 아시아인들의 축구 열등감이 고삐 풀린 것이다. 역시 팔은 안으로 굽는 법인가.
 그러나 1966년 영국 월드컵 때 북한의 8강 진출에 비하면 예선 첫 승리는 별 일 아니다.
 영국 미들스부르 스타디움에서 열린 3번째 경기에서 북한은 우승후보 이탈리아를 1대 0으로 꺾었다. 월드컵 2연속 우승 전력을 가진 이탈리아가 평균신장 165cm의 작고 초라한 무명 팀에게 몇 점 차로 이기느냐에 관심이 쏠린 경기였다.
 외출도 없이 3년간 계속된 군사훈련 같은 집체훈련에서 단신의 약점을 커버하는 '사다리 전법'을 익힌 땀의 결실이었다.
 8강 첫 경기에서도 북한은 유럽의 강호 포르투갈과 맞붙어 이 대회 최고의 명승부를 겨루었다는 평가를 받았다.
 경기 시작 23초 만에 전광석화 같은 골을 뽑아낸 북한은 맹렬한 기세로 포르투갈 진영을 몰아붙여 전반 21분 22분 두 골을 보태 3대 0으로 앞서갔다.
 그러나 체력이 떨어진 북한은 이 대회 득점왕 에우제비오에게 네 골을 허용한 끝에, 3대 5로 분루를 삼켜야 했다. 5만 관중은 고개를 떨구고 퇴장하는 패자에게 더 큰 박수를 보냈다.

 60억 지구인들이 한일 월드컵에 열광하는 동안 북한은 아리랑 축전을 열어, 동네 축제 날 문 걸어 닫고 억지 생일상을 차렸다.

 아무리 폐쇄 사회라지만 지구의 축제를 모를 수는 없는 일 아닌가. 편집된 녹화방송이라고는 하지만 하루 지나 상암 경기장 개막식 경기를 방송해준 것은 북한 주민의 뜨거운 축구열기를 의식한 때문이리라.

 좋았던 시절을 회상할 기회마저 봉쇄할 수는 없는 일이다. 중단된 남북 축구 교환경기를 12년 만에 재개키로 결정한 것도 축구에 대한 관심을 옛날로 묶어두는 효과를 거둘 수 있을 것이다.

2002. 06. 08

난지도

서울 사람들에게 난지도는 여름방학의 추억이 묻어있는 이름이었다.
 너른 백사장에서 수영을 즐기고, 나무 그늘 아래서 참외 수박으로 허기진 배를 채우던 기억을 가진 사람이 많다. 방학이 끝나면 난지도 캠핑이 화제의 주류였다. 물고기가 뛰는 개천은 천렵의 명소이기도 했다. 난과 지초(芝草)라는 이름에서 오는 이미지처럼 갈대 숲이 아름다운 철새 낙원이었다.
 소설 <난지도>에서 작가 정연희는 예쁘게 가꾼 시골여인 같은 모습이라고 묘사했다. 난지도가 버려진 땅이 된 것은 서울이 거대한 괴물도시로 바뀌고부터였다.
 1978년부터 93년까지 이곳에 버려진 쓰레기는 8.5톤 트럭 1,300만대 분량이다. 그렇게 쌓인 쓰레기 더미의 높이가 98m, 면적이 100만 평이 넘었다.
 인간의 탐욕과 허영의 배설물이 산이 될 수 있다는 상징이며, 인공으로 산을 만든 전례 없는 이변이다. 냄새 나는 저 거대한 공해의 산을 어쩔 것인가.
 난지도 처리방안은 서울시민 뿐 아니라 현대 한국인 모두의 숙제였다.
 그 곳에 월드컵 경기장을 짓기로 했을 때 많은 사람들이 걱정했다. 쓰레기 매립장을 올림픽 주경기장 터로 활용한 시드니의 사례가 있지만 난지도는 달랐다.
 흉물스런 쓰레기 산 아래 21세기 첫 월드컵 축구 개막식 경기장을 짓는다는 발상을 만용으로 보는 사람이 많았다. 그러나 100만평이 넘는 생태공원으로 변모한 난지도에 가본 사람들은 그것이 기우였음을 알 수 있다. 쓰레기를 덮은 1m 표토 위에 자연이 살아나고 있는 경이를 맛볼 수 있다. 바람에 날려온 나무와 풀 씨들이 싹터 뿌리 내린 곳에는 제법 녹음이 짙다. 버드나무 아카시 나무들은 벌써 까치집이 생길 만큼 자랐다. 초목이 살아난 곳에는 새와 벌레와 파충류들이 몰려들어 작은 생태계를 이루었다. 인간이 간섭하지 않으면 자연은 그렇게 정직하다는 것을 한 눈에 보여준다. 내일이면 그곳에 60억 지구인들의 이목이 쏠린다. 그러나 잊어서는 안될 것이 하나 있다. 화려한 공간의 지하에서는 지금도 고통의 신음 같은 메탄가스와 후회의 눈물 같은 침출수가 끊임 없이 솟아나고 있다는 사실이 그것이다.

2002. 05. 30

경희궁의 환생

경희궁처럼 오욕으로 점철된 땅이 또 있을까. 일제시대 많은 문화유적이 훼철(毁撤) 되었지만, 이 궁궐만큼 흔적도 없이 사라진 것도 없으리라. 대한제국 시대까지 7만평 궐내에 있던 98개의 전각은 일제 강점기에 헐리기 시작했다. 1910년 일본인 학교(경성중학교)를 짓는다고 궁궐 서쪽 전각들을 헐었고, 1925년 동쪽에 전매국 관사를 지을 때 나머지가 헐렸다. 경복궁 안의 총독부 건축, 창경궁 동물원화 등과 함께 자행된 한국문화 격하 전략이었다.

대궐 정문인 홍화문은 이토 히로부미 진혼사찰(박문사) 정문을 만든다고 헐어갔다. 정전 숭정전은 동국대 구내로 이전되었고, 흥정당은 광운사로, 황학정은 사직단 뒤편으로 옮겨가야 했다. 조선 후기 240여년 나라의 심장부였던 서궐은 20여년 동안 그렇게 사라져 버렸다. 광복 후에는 경성중학 자리에 서울중고교가 들어서 경희궁은 이름만 남았고, 일제 전매국 관사 터에는 주택과 빌딩이 들어서 그곳이 궁터인지 아무도 모르는 세월이 반세기였다.

그 오욕의 땅이 한 세기 만에 가까스로 옛 모습을 되찾았다. 10년 넘게 계속된 경희궁 1단계 복원과 공원화 사업이 끝나 21일 서울 시민들에게 공개된다. 옛 궁터의 반도 못 되는 면적이지만 숭정전 자정전 태령전 등 중요 전각과, 문루 회랑이 복원된 모습은 서울 중심부의 면모를 일신시켰다. 1988년에 이전 복원된 홍화문이 제 자리를 찾지 못하고, 궁궐 담벽이 복원되지 않아 옛 맛을 살리지 못한 것이 아쉽지만, 궁궐의 부활은 반가운 일이다. 경희궁 복원의 으뜸 공로자는 염보현(廉普鉉) 전 서울시장이다. 서울고가 강남으로 이전하자 서울시는 1978년 그 땅을 현대그룹에 팔았다.

현대는 그 곳에 20층 짜리 사옥을 지을 계획이었는데, 80년대 부임한 염시장이 공원녹지 확충을 위해 그 땅을 다시 사들였다. 그 일로 그는 문화시장이란 호칭을 듣게 된다. 그런 결정이 없었다면 경희궁은 영원히 우리 역사에서 사라져 버렸을 것이다. 한 사람의 생각이 이렇게 큰 일을 할 수 있다는 모범 사례로서도 경희궁 복원은 큰 의미가 있다. 공직자의 결정은 너무 중요하다.

2002. 05. 21

한국의 폼페이

폼페이는 경이의 유적이다. 나폴리 만 잔잔한 바닷가에 자리잡은 이 고대 휴양도시 유적은 2,000년 전 유럽인들이 어떻게 살았는지를 생생하게 보여준다. 마차바퀴에 패인 화강암 포장도로를 보면 휴가를 즐기기 위해 막 도착하는 귀족 마차가 연상된다. 호화로운 욕조와 사우나 시설이 있는 목욕탕, 음란한 벽화로 장식된 홍등가, 돌기둥이 줄지어 선 사원, 사발 속 같은 원형 경기장 등을 보면 그 시대의 삶이 오늘과 크게 다를 것 없음을 알게 된다.

올 봄 서울 풍납토성을 발굴한 문화재 연구소 팀들이 그 곳을 '한국의 폼페이'라고 말했다. 다가구 주택 건축허가가 난 곳에 대한 지층조사를 위해 땅을 2m 쯤 파보았더니 용도를 알 수 없는 석축과 석렬(石列)이 드러났다. 초기백제 기와와 토기 조각도 많이 나왔다. 백제 전기 수도였던 하남 위례성 유적으로 확실시 되는 이곳에서는 1997년 아파트와 연립주택 기초공사 중 같은 유물들이 쏟아져 나와 역사의 수수께끼 위례성 유적으로 추정되고 있다.

이로써 실종되었던 백제 전기 500년의 역사가 햇볕아래 드러났다. 문화재 당국은 유물이 쏟아져 나온 곳 5,000여 평을 사적지로 지정했으나 그것으로 충분한 조치는 아니다. 길이 3,500m에 이르는 풍납토성 내부 면적은 22만여 평인데, 대부분 학교 병원 아파트 등이 들어섰고, 남은 땅에도 여기저기서 건물 신축공사가 진행중이다.

이번에 유물이 나온 곳에도 다가구 주택 공사가 한창이다. 위례성 터는 멀지 않아 건축물에 파묻힐 운명이다. 이미 사유지가 되어버린 땅을 무작정 사적지로 지정할 수도 없고, 2,000년 전 한국인들의 생활상이 살아있는 한국의 폼페이를 영원히 땅 속에 묻어 둘 수도 없다는 데 고민이 있다.

며칠 뒤 열릴 문화재위원회에 이번 유물 발굴지의 사적지정 문제가 상정된다고 하나, 부분적인 지정으로 문제가 해결되는 것은 아니다. 22만평 전역을 지정해 폼페이처럼 두고두고 발굴하는 것이 이상적이지만, 천문학적인 보상예산과 민원을 어떻게 할 것인가. 머리 아픈 정치와 경제를 잠시 잊고, 이런 문제에도 관심이 좀 쏠렸으면 좋겠다.

2002. 05. 11

시간의 정원

한강 옛 양화나루 모래밭에 작은 봉우리가 있었다. 신선들이 내려와 놀았다는 전설이 있을 정도로 작지만 아름다운 선유봉이었다. 그러나 이 봉우리는 1950년대 섬으로 변하고 말았다. 서울시가 한강 둑을 보강하는 공사를 하면서 이곳에서 많은 토석을 채취해 봉우리가 사라지고 이름도 선유도로 바뀌었다. 제2한강교(양화대교) 건설 때 징검다리 역할을 했던 이 섬은 오래 버려져 있다가 79년 선유 수원지로 바뀌었다. 팔당에서 끌어온 물을 정수해 서울 서남부 지역에 수돗물을 공급하기 시작한 것이다.

그 섬이 이번에는 공원으로 변신했다. 지난 해 수원지를 폐쇄한 서울시가 160억원의 예산을 들여 4월 말 선유도 공원을 조성한 것이다. 한강시민공원과 섬을 연결하는 무지개 다리를 놓고, 3만 3,000여평 섬 전체를 공원으로 꾸몄다. 규모에 비해 예산이 적은 것은 국내 첫 '재활용 생태공원'을 지향했기 때문이다. 기존 시설물의 일부를 이용한 설계와 시공은 용도폐기 구조물의 재활용 시범사례로 홍보될 충분한 가치가 있다. 콘크리트를 잘게 부순 골재, 폐 송수관을 이용한 미끄럼틀 등이 눈길을 끈다.

'시간의 정원'은 이 공원의 대표적인 시설이다. 가로 세로 41m, 깊이 5m 규모의 침전지 두개를 활용한 이 공간에는 정지된 시간의 흔적이 잘 나타나 있다. 콘크리트 벽 일부를 활용한 이 공간은 이 곳이 한 때 수원지였음을 증거해주는 상징시설이다. 보기 흉한 콘크리트 벽이 생명체와 어울려 이런 조화를 이룰 수도 있구나 싶다. 구조물의 칙칙한 색깔, 거친 표면, 가지런하지 않은 선이 갖가지 수생식물과 대나무 꽃나무 등 조경식물 들과 어우러진 모습이 주변 경관과도 묘한 조화를 이루는 듯 하다.
  공원에서 바라보는 서울의 모습은 거대한 시간의 정원이다. 도시의 남북을 병풍처럼 두른 북한산과 관악산의 톱니 같은 연봉, 유장하게 흐르는 한강 물과 시민공원의 너른 풀밭은 옛모습과 그리 다를 데가 없다. 그러나 한강 양안의 고속화 도로를 달리는 자동차 물결과 숨이 막히는 고층 아파트 숲, 촘촘히 걸려 있는 한강다리 같은 구조물들은 서울이 이렇게 빠르게 변해도 되는 것인가 하는 걱정을 안겨준다. 앞으로 몇 십년 후 선유도와 서울은 또 어떻게 변할까. 시간의 정원처럼 세월이 정지해 주기를 바라는 것은 나이 탓 만은 아닐 것이다. 며칠 전 선유도 공원을 거닐며 곱씹은 생각이다.

2002. 05. 02

매헌 윤봉길

　1932년 4월 중국 상하이(上海) 백범 김 구 선생 거처에 헌헌장부 한 사람이 찾아 든다. 나라 찾는 일에 무언가 할 일이 없겠느냐는 것이었다. 얼마 전 이 봉창 의사의 일본 천황 저격 미수사건을 안타깝게 여긴 청년은 그런 거사 계획이 있으면 나를 써달라고 했다. 백범이 4월29일 홍커우(虹口)공원에서 열릴 천장절 행사 단상에 폭탄을 던질 거사계획을 말하자, 그는 "내가 할랍니다. 이제 마음이 편합니다" 했다. 스물 다섯 청년 윤 봉길의사 였다.
　충남 예산 출신인 그는 스물 세살 때 "살아서 돌아오지 않겠다"는 유서를 써놓고 중국으로 건너간다. 만주 다롄(大連) 칭다오(靑島) 등지를 거쳐 상하이에 도착한 그는 말총모자 공장 직공, 채소장사 등으로 떠돌다 나라와 민족을 위해 큰 일을 하겠다고 임시정부를 찾아 갔다. 천황 생일 축하행사 참석자는 물통과 도시락(벤또)을 지참하라는 포고를 보고 백범은 도시락 폭탄 준비에 착수했고, 윤 의사는 말쑥한 양복차림으로 날마다 현지답사를 다녔다.
　거사 전날 백범은 윤 의사와 둘이 선서식을 가진 뒤 기념으로 손목시계를 사주었다. 그리고 오늘 밤 하고싶은 것을 맘껏 하라고 큰 돈을 쥐어 주었다.
　다음 날 아침식사를 함께 하고 헤어질 때 윤 의사는 시계를 풀어 백범에게 주었다. "제것은 6원짜리고 선생님 것은 2원짜리니 바꿉시다. 앞으로 한 시간 뒤면 시계는 쓸모가 없으니까요." 목숨을 내놓는 일을 하러 가면서 그는 그렇게 태연했다. 갖고 있던 돈을 모두 내 놓고 가는 것도 잊지 않았다.
　엊그제 신문에 난 윤 의사 최후 사진을 보며 마지막 순간까지 민족혼에 불타는 모습에 충격적인 감동을 받았다. 총살 집행 직전과 직후의 순간을 비교하면, 이마에 총을 맞은 직후 윤 의사는 고개를 빳빳하게 치켜 든 모습이다. 피격 순간 고개가 밑으로 꺾이는 것이 이치인데, 반대의 모습을 하고 있으니 의식적으로 고개를 쳐든 것인가. 아무리 의지가 굳어도 어떻게 그런 일이 가능할까. 민간인은 교수형이라는 관례를 깨고 총살을 하면서, 일제는 거적 위에 무릎 꿇려 총을 쏘았지만 윤 의사의 범 같은 기개만은 꺾지 못하였다.

2002. 04. 13

글 감옥

200자 원고지에 기사를 쓰던 시절 3년 동안 쓴 원고를 모아본 일이 있다. 해외 근무 시절이어서 팩시밀리로 보낸 원고가 자연히 책상 위에 쌓였다.

그렇게 3년 동안 모인 원고더미의 높이는 50cm 정도였다. 하루에도 몇 건씩 썼고, 더러 다른 매체에도 썼는데, 일의 외형이 요것 밖에 안되나 싶었다. 작가 조정래씨가 쓴 소설 <태백산맥> 원고더미가 작가의 키보다 훨씬 큰 것을 사진으로 본 적이 있다. 탈고 후 한복을 입고 서서 원고더미와 키를 재는 사진이었다.

<아리랑> 원고가 또 그만큼 될 것이다. 그리고 이번에 끝낸 <한강>의 원고를 더하면 키의 몇 배나 될까. 근세 100년간의 민족사를 3편의 대하소설에 담은 집필생활 20년을 그는 '글 감옥'이란 말로 표현했다. 작품 구상과 취재, 그리고 4만 5,000장의 원고를 쓰는 동안 겪은 육체적·정신적 고통이 감옥생활과 다를 바 없다는 말이다. 한강 마지막 장을 덮으며 읽은 후기 '한강을 마치며'가 작품 자체보다 더 감동적인 것은 글 감옥 고백이 너무 절실하기 때문이다.

매일 30여장씩 글 쓰는 작업을 그는 중노동이라고 말했다. 근로자들에게 직업병이 있듯, 그도 여러 가지 병을 앓았다. 누적된 과로로 인한 기침병으로 누울 수가 없어 2개월동안 소파에 앉은 채로 잠을 잤다. 신경 과소비가 원인인 위궤양은 15년간 그를 괴롭힌 지병이었고, 너무 오래 앉아 글을 쓰느라 둔부에 종기가 생겨 앉지 못하는 고생도 했다. 탈장은 10권 출간 후 수술을 받아야 할 정도였다. 오래 앓아 누웠던 극심한 몸살과 오른 팔 마비도 육신을 너무 학대한 대가였다.

그런 육체적 고통도 정신적인 고통에 비하면 아무것도 아니라 하니, 어느 정도였을지 짐작이 간다.

우익단체와 특정 정치인 유가족의 고발로 경찰과 검찰에 오래 불려 다닌 것은 너무 유명한 사건이 아닌가. 그러고도 그는 또 글 감옥에 갈 각오인 것 같다. 대하소설 3편을 쓴 20년을 자신의 중반기 문학이라고 말하는 그는 벌써 후반기 문학을 구상하고 있다. 환갑 나이에 문학청년 시대의 열정을 입에 담으며 "앞으로 한 열 권쯤 써 볼 생각"이라니, 대체 그 의욕의 발원지는 어딘가. 글 감옥이 아니라 글 낙원인가.

2002. 04. 05

살아있는 성벽?

"여기 조국과 함께 가는 억센 군대를 보라…살아 있는 성벽을 보라." 30연년 전 군대 시절 아침마다 태권도 점호 때 부르던 수동방위사령부(수방사) 노래 가사의 일부다. 남산의 칼 바람이 살을 에는 혹한기에도 알몸에 태권도복 차림으로 일과를 시작했다. 수도 방위의 '살아있는 성벽'이 되려면 그 정도 수련은 유치원 과정이다. 남에게 지는 것을 가장 큰 수치로 여겼던 그 부대 장병들은 용맹성과 강인함을 늘 자랑삼았다.

그러나 그들은 견고한 성벽이 아니었다. 1979년 12·12사태 때 그 것이 증명되었다. 권력에 눈먼 정치 군인들이 쿠데타를 일으키자, 그들은 맥없이 반란군에게 성문을 열어주었다. 제대로 버텨보지도 못하고 사령관이 체포당하게 함으로써 결과적으로 쿠데타에 공을 세운 꼴이 되었다. 국권을 수호하고 수도시민의 목숨과 재산을 보호하라고 큰 특권과 혜택을 주었더니, 총 한방 쏴보지 못하고 당한 것이다. 한번의 위기에 써먹으려는 것이 군대가 아닌가.

그런 수방사가 이번에는 민간인에게 당했다.

지난 2월 25일 새벽 그 부대 초병들이 괴한 2명의 칼에 찔리고 소지했던 K2 소총을 빼앗겼다. 범인들은 그 총으로 은행을 털어 흥건히 먹고 마시다 한달 만에 경찰에 붙잡혔다. 그들은 고참 초병이 잠들고 신참 혼자 근무하는 시간을 틈타 범행을 저질렀다고 말했다. 범행의 치밀성과 대담성을 돋보이게 하는 보도지만, 아마추어 대학생에게 참패한 프로의 위신은 영원히 회복할 길이 없게 되었다.

더욱 복장을 칠 일은 범행에 쓰인 총탄이 해병대 최전방부대에서 도난 당한 것이라는 사실이다. 하수구 구멍을 통해 영내에 침입해 절단기로 탄약고 문을 부수고 실탄을 훔친 범행수법 역시 탄복할만 하다. 반대로 수방사 사건으로 전군에 경계령이 내려진 때 귀신도 잡는다는 해병의 경계가 그렇게 허술했고, 실탄 도난사실을 은폐한 데 배반감을 느끼게 된다. 이번 일이 국가안보와 관련된 상황이었으면 어떤 사태가 벌어졌을까. 한국군의 용맹성을 상징하는 두 정예부대의 실수는 한번으로 끝나야 한다. 두 번 실수는 신뢰에 대한 반역이다.

2002. 03. 26

두만강과 유민

 언제부턴가 두만강은 유민(流民)의 상징이 되었다. 한반도 북쪽에 극심한 가뭄이 들었던 1869년부터 관북지방 주민들이 강을 건너, 북간도 일대를 개간하고 고단한 삶의 뿌리를 내렸다. 이민족의 압제를 극복한 그들은 1882년부터는 청조의 묵인 아래 합법적으로 농사를 짓게 되었다. 일제 강점기에는 수탈정책으로 삶의 터전을 잃은 유민들이 남부여대하여 이 강을 건넜다. 북간도는 이 땅에서 밀려난 사람들을 품어 준 어머니 같은 땅이다.
 동에서 서로 흐르던 유민의 물결이 역류한 때도 있었다. 1960년대 전반기 3년간 계속된 가뭄으로 대기근이 들자, 북간도 조선족 수만 명이 두만강 건너 북한의 일가친척과 친지들에게 생계를 의존했다. 양식을 얻어가려는 밀입국 행렬이 길었던 것은 오늘날 두만강변 북한유민 풍경과 다를 바 없다. 다른 것이 있다면 그 때는 몇 년 후 없어진 유민행렬이 지금은 10년 넘게 계속된다는 것이다. 은혜를 갚기에도 지쳤다는 말이 나올 만 하지 않은가.
 두만강 양안 주민의 삶이 역전된 것은 사유재산 인정에 관한 사회주의 정책의 차이 때문이다. 두만강에 가보면 그 차이가 한 눈에 들어온다. 무릎까지만 바지를 걷으면 건너갈 만한 물줄기를 따라 차를 달려보면 중국 쪽 농지에는 새벽부터 일하는 농부들 모습이 보인다. 그러나 강 건너 농경지에는 사람 구경하기가 어렵다. 개인의 영농권이 인정되기 전인 70년대 후반까지는 중국에서도 모내기 철이 40일이 넘었지만, 요즘은 일주일이면 끝난다.
 아무리 열심히 농사를 지어도 나라에 수확을 다 뺏기고 배급으로 사는 국유농장 시스템 아래서는 소출이 떨어지게 마련이다. 생산성을 높이는 길이 사유재산권 인정 뿐임을 왜 모르는가. 굶주림에 지쳐 두만강을 건넌 탈북 유민 수가 3만여 명이라고도 하고, 10만 또는 20만 명이라는 주장도 있다. 첩보전 작전을 방불케하는 탈북자 25명의 주중 스페인 대사관 망명은 그들 중 극히 일부의 행운이다. 개혁개방 정책 5,6년이면 해결된다는 식량 문제를 북한 당국이 언제까지 대외의존으로 풀어가려는지 답답하기만 하다.

2002. 03. 16

소백산의 우주

지난 주말 봄 마중을 겸해 택한 산행지가 소백산이었다. 철도 파업 여파로 열차표 예매가 안돼, 내키지 않았지만 자동차를 몰고 나섰다. 완전 개통된 중앙고속도로도 달려보고 싶던 차였다. 죽령고개 휴게소에 차를 세워두고 산행에 나선 것이 오전 11시. 길가의 버들개지를 보고 서울에서 남동쪽으로 200여㎞ 떨어진 곳의 날씨가 이렇게 다를 수 있을까 의심하였다. 외투를 벗어 배낭에 걸머지고 두어 시간 오르니 소백산 천문대가 나왔다.

등산객들에게 개방된 천문대 문을 들어서자 복도에 붙은 관측사진들이 눈길을 끌었다. 검은 바탕으로 인화된 밤 하늘을 수 놓은 그 많은 별에 놀랐다. 천체 망원경으로 잡은 밤하늘은 별 무리 때문에 마치 검정 보자기에 밀가루를 흩뿌려 놓은 것 같았다. 별 보기가 어려운 도시생활에 절어버린 사람들에게 별 밭을 흘러가는 혜성과 유성의 모습은 환상의 세계였다. 별의 색깔도 흰색 푸른색 붉은색 등 여러 가지라는 것을 처음 알았다. 천문대 직원의 설명을 들으면서 더욱 입이 벌어졌다.

그 사진들은 렌즈 직경 2m도 못 되는 망원경으로 찍은 것이어서 그 정도지만, 더 큰 망원경으로 보면 별이 너무 많아 사진이 온통 흰색이라 했다. 더 놀라운 것은 그 많은 별과 별의 거리가 4.3광년이라는 것이다. 1광년이란 빛의 속도로 1년을 달려가는 거리다. 초속 30만㎞ 속도로 1년을 달리면 9조 4,678억 7,782만㎞. 이 거리의 4.3배라면 천문학적이란 말 빼고는 표현할 길이 없다. 별의 수는 우리 은하계에만 2천억 개 정도라 한다. 은하의 크기는 지름이 10만 광년, 중심 두께가 3,000광년이라니 광대무변(廣大無邊)이란 말도 부족하다.

그런 은하계가 또 무수히 많다고 한다. 해발 1,400m 봉우리를 올랐다고 흐뭇해 한 것이 얼마나 가소로운가.

허공에 떠다니는 먼지 한 점만도 못한 공간에서, 수유(須臾)란 말로 표현할 수 밖에 없는 짧은 인생을 살면서 시기하고 다투는 일이 너무 허무하지 않은가. 정치자금이며, 인사청탁이며, 선거운동도 다 그런 눈으로 볼수는 없을까.

2002. 03. 07

早春 유감

출근길에 멀리 노들길 버드나무 가지 끝에 푸른 기운이 감도는 것을 보고 눈을 의심하였다. 아직은 겨울의 끝 자락이 우리 주변에 남아있는데, 벌써 봄인가. 바바리 코트가 좀 무겁다고 느끼면서 사무실에 도착하니 화신이 실린 신문이 배달되었다. 서귀포 중문단지에 핀 벚꽃 아래서 관광객들이 활짝 웃는 사진이었다. 사진설명에는 예년보다 한 달 일찍 피었다고 했다. 그렇다면 서울의 꽃 소식도 그만큼 가깝다는 얘긴가 해서, 봄마중을 가고 싶었다.

봄이 빠른 이유는 충분하다. 추운 겨울이 오리라던 장기예보와는 달리 올 겨울은 너무 따뜻했다. 연초에 잠깐 영하 10도를 오르내린 것을 제외하면 겨울다운 추위가 없었다. 기상청 관측자료에 따르면 올 겨울 전국 평균기온은 섭씨 1.2도였다. 지난 30년 동안의 평균 평년 값에 비해 무려 1도나 높았다 한다. 세계기상기구(WMO)에 따르면 올해 지구의 평균기온이 관측사상 두 번 째로 높은 14.42도라 하니, 이상난동 현상은 세계공통인 모양이다.

그래서 그런가. 엘니뇨 현상이 다시 엄습하리라는 예측이 발표돼 우리를 긴장시킨다. 미국 국립 해양기후국(NOAA)과 유럽 중기예보센터(ECMWF)는 올 봄부터 남태평양 해수온도 상승으로 엘니뇨 현상이 일어날 것이라 예측하고 있다. 가뭄과 홍수 같은 기상재해가 닥쳐오리라는 불길한 소식이다.

우리 기상청도 중국대륙에서 날아오는 황사시즌이 빨라지고, 회수도 늘어나리라는 예측을 내놓고 있다. 봄을 기다리는 마음에 그늘을 드리우는 우울한 소식들이다. 그 뿐인가. 올해는 춘투도 빨라져 벌써부터 사람들 얼굴에 수심이 어렸다. 노총과 민주노총 양대 노동단체가 25일 26일을 총파업 D-데이로 잡고 정부에 압력을 가하고 있다. 철도 민영화 반대기치를 든 철도노조를 지원하는 형식이어서 국민의 호응은 차갑기만 하다. 만년적자에 허덕이는 철도가 살길은 민영화 뿐인데….

월드컵 기간 중에는 노동운동을 자숙하겠다더니, 봄이 오기 전에 싸움을 끝내자는 것인가. 이런 봄을 기다리지는 않았다. 봄이 무서워지는 때도 있나.

2002. 02. 25

都羅山

임진강 하류 장단(長湍)만큼 역사의 변전이 심한 땅도 없을 것이다. 고구려 때 장천성(長淺城)군으로 불린 이 땅은 통일신라 시대에는 장단으로 개칭되었다. 고려 때 단주(湍州)로 승격되었다가 멀지 않아 장단이란 이름을 되찾았다. 조선시대에는 임강현과 합쳐 장림(長臨)군이 되었으나, 세종 때 또 장단으로 환원됐다. 큰 인물이 배출되었다고, 또는 중궁 묘 셋이 있다 해서 격이 높아지기도 했지만, 한 때는 개성부에 속하는 치욕을 당하기도 했다.

광복 이후에도 역사의 물살은 거세었다. 1945년 지방행정구역 개편 때 개풍군 일부 지역을 병합해 이름이 장풍(長豊)군으로 바뀌었다. 6·25 이후 행정구역이 남북으로 갈리자 북쪽 지역은 금천군에 편입돼 황해북도에 소속되고, 남쪽은 파주군에 편입돼 장단면이란 이름만 남게 되었다. 장단의 중심지는 도라(都羅)산 아래 도라산리였다. 높이는 156m에 불과하지만, 이 산은 임진강 하구 넓은 벌 한가운데 있어 옛날부터 군사적 요충지로 꼽혔다. 이 산 이름의 유래에도 역사의 이끼가 덮여 있다. 신라의 마지막 태자 마의가 고려에 투항하는 경순왕을 만류하며 이곳까지 따라 나섰다가 뜻을 이루지 못한 데서 연유한 이름이라는 설이 있다. 고려에 귀부한 경순왕이 이 산에 올라 신라의 도읍지 쪽을 바라보며 울었다고 해서 붙은 이름이란 설도 있다. 어느 설이든 신라의 비운과 얽힌 것은 분명하고, 도라의 '라'가 신라의 그것임도 틀림없다. 고려 신라의 경계가 이 부근이었음도 단순한 우연일까.

휴전 이후 50년 동안 잊혀졌던 장단이 오늘 세계 언론의 초점으로 등장한다. 경의선 복원공사로 남측 최북단 역이 된 도라산 역에서 부시 미국 대통령과 김 대중 대통령의 역사적인 메시지가 발표되는 것이다.

남북 화해시대의 상징으로 경의선 복원을 서둘러 온 정부는 개성 턱밑의 이 곳을 화해 이벤트의 현장으로 부각시키기 위해 부시를 이곳으로 초청하였다. 지난 설날 처음 실향민을 태우고 갔던 도라산 관광열차는 이제 일반에도 개방돼 이곳은 분단현장의 새 명소가 되리라. 그에 걸맞은 두 정상의 평화 메시지가 기다려 진다.

2002. 02. 20

재일 한국인 朴尙得

모르는 사람에게서 전화가 왔다. 조선대학에 근무하는 교수인데 황 현(黃玹) 선생의 <매천야록>(梅泉野錄)을 일어로 번역한 책이 나왔으니, 본국 신문에 소개해 줄 수 있겠느냐 했다. 도쿄에 있는 조선대학은 조총련계 교육 기관으로 일본에서는 우리 민족 유일의 대학이다. 그런 곳에 몸 담은 사람이 한국 신문에 나기를 바라는 것이 흥미로워 언제든지 환영이라 했다.

다음 날 초로의 신사가 사무실로 찾아왔다. 1990년 도쿄 근무시절의 일이다. 박상득(朴尙得)이란 명함을 내민 그는 가방에서 두꺼운 책 한 권을 꺼내 놓았다. 민중의 편에서 시대사를 바라본 매천 선생의 역사관을 일본에 알리고 싶어 10년 걸려 번역을 했고, 뜻을 같이 하는 사람들이 돈을 모아 자비 출판한 것이라 했다. 한국신문에 소개되면 신변에 좋지 않은 일이 있을지 모르는데 괜찮겠느냐 했더니 "학문에는 이념이 없다"는 말로 대신했다. 정년도 얼마 남지 않았다고 말하는 얼굴에 각오한 듯한 표정이 어렸다.

1927년 경남 창원에서 태어난 그는 일곱 살 때 가족을 따라 일본에 건너가 도쿄(東京)대학 문학부를 졸업했다. 그 뒤 조총련 산하 중·고교 교사로 시작해 조선대학 교수가 되었다. 그 기사가 나간 뒤 그는 종파분자로 낙인 찍혀 사상총화를 당했다. 이를 계기로 조총련과의 결별을 결심한 그는 1997년 처음으로 한국을 찾아왔다. 고향마을을 둘러보고 선영에 엎드려 눈물도 흘렸다. 사망한 부모의 호적정리를 위해 국적까지 한국으로 바꾸었다.

까맣게 잊었던 그에게서 지난 달 전화가 왔다. 13년 만이었다. 백발의 노인으로 변한 그는 가방에서 책 한 권을 꺼냈다. 연개소문을 주인공으로 한 유현종의 대하소설 <조선 삼국지> 일어 번역본이었다. 지금은 <환단고기>를 번역 중이라 했다.

그러면서 동학농민혁명 유적지에 가보니 아직 혁명군 가담자들의 명예회복이 되지 않고, 고부군의 이름도 없어졌더라며 부끄러운 일이라 했다. 며칠 전에는 이를 시정하는 데 앞장서 달라는 호소문이 배달되었다. 그것도 모른 내가 더 부끄러웠다.

2002. 02. 10

卍海의 자손

<…집을 떠난 뒤로는 승속이 격원(隔遠)하여 집의 소식까지도 알지못하고, 다만 전편(專便)으로 내가 출가할 때 회임중이던 아내가 생남(生男)했다는 말을 들었을 뿐이다.… 이를 공개하기는 이번이 처음이다> 만해 한용운(卍海 韓龍雲) 선생이 남긴 '남 모르는 나의 아들' 이란 짧은 글의 일부다. 불문에 몸 담았던 그는 그 뒤로 가족과 같이 살지를 않았고, 그 일을 입에 담은 일도 없어서 그에게 아들이 있다는 사실은 별로 알려지지 않았다.

그러나 그에게 딸이 있다는 것은 알만한 사람은 다 안다. 만주 시베리아 일본 등지를 방랑하며 국권을 되찾을 궁리에 몰두하고, 3·1독립운동을 주관하다 옥고를 치르고, 틈틈이 문필생활에 정력을 쏟던 만해는 만년에 서울 성북동 심우장(尋牛莊)에 고단한 육신을 의지했다. 쉰 넷에 만난 동향 출신 반려자와의 사이에 얻은 딸(韓英淑)은 지사가 일제말기를 견디게 한 힘이요, 이유였다. 그 딸은 지금 심우장을 가슴에 담고 만년을 살고 있다.

1879년 충남 홍성군 결성면에서 가난한 무부(武夫)의 아들로 태어난 만해는 과거공부 하기를 바라는 부친의 기대를 저버리고 반항아 기질을 엿보이기 시작한다. 열 세 살에 두 살 연상의 처녀와 조혼을 하지만, 가사에는 관심이 없었다.

기울어 가는 국운과 세상의 부조리에 절망한 나머지 말술을 마시는 탕자의 길을 걷기도 하였다. 그런 고민을 해결하는 방도를 찾기 위해 서울 길에 올랐다가, 그보다 공부가 급하다는 자각에서 백담사로 발길을 돌렸다.

존재조차 몰랐던 만해의 아들이 북한에서 다섯 자녀를 둔 사실이 보도되어 만해 연구자들을 놀라게 했다. 1904년 본부인과의 사이에서 태어난 아들에게 나라를 보위하라는 뜻에서 보국(保國)이란 이름을 주었다니 만해의 나라사랑을 짐작하겠다.

6·25 때 공주군 인민위원장을 지낸 그는 1·4후퇴 때 월북해 김일성 주석에게서 환갑상을 받는 대접을 받았다 한다. 지사의 자손들이 남북에 갈려 있는 분단현실이 새삼 가슴을 찌른다. 그들이 한번 만나본다면 속세의 연에 무심했던 그의 영혼에 위안이 될까.

2002. 01. 21

수몰되는 나라

해수면이 높아져 한 바다의 환초들이 사라진다는 것은 오래 전부터 들어온 얘기다. 그러나 국토포기를 선언한 나라가 있다는 것은 놀라운 뉴스다. 남태평양 날짜 변경선 부근 산호군도 국가 투발루는 지난해 11월 솟아오르는 해수면과의 전쟁에서 졌음을 인정하면서 국토포기를 공식 선언했다. 100년 후면 국토가 모두 바닷물에 잠기게 되므로, 매년 75명씩을 뉴질랜드로 이주시켜 금세기 안에 9,000명 인구 모두를 철수시킨다는 계획이다.

영등포구 크기에 불과한 이 나라의 평균 해발고도는 3m에 불과해 여름철인 지금 저지대 농경지들은 황무지로 변했고, 정부 중요 기관들까지 침수피해를 입고 있다. 기상연구소 앞마당이 물에 잠겨 수면에 투영된 경치가 아름다워 보이지만, 현지 주민들에게는 재앙의 시작에 불과하다. 경향신문이 이 나라에 기자를 보내 만나본 탈라케 총리의 제1성은 인간의 이기심에 대한 개탄이었다. 섬나라의 불행을 외면하는 선진국에 대한 원망이다.

그것은 투발루 한 나라만의 불행이 아니다. 환경정책연구원은 지난 연말 우리나라 동남해안 해수면이 지난 10년간 평균 4.6~4.8㎝ 상승했다고 밝혔다. 미국 항공우주국 위성자료를 분석한 결과다. 한국해양연구소도 근년 인천 부근과 장항-군산, 목포-여수, 충무-울산, 묵호-속초 해안과 제주도 저지대 해안이 특히 취약해 해안선 침식으로 어장이나 양식장들이 피해를 입을지도 모른다고 주의를 환기하면서 호안시설 점검에 각별한 주의를 촉구했었다.

해수면 상승은 자연의 보복이다. 흔히 지구온난화가 초래하는 현상으로 이해되고 있는데, 남극과 북극의 빙산, 히말라야 산맥 같은 극지의 빙하가 녹는 속도가 빨라져 해수면이 높아지고 있다는 설명이다. 지구의 역대 최고 평균기온으로 기록된 상위 10개 가운데 1990년대가 7개였고, 나머지 3개 가 1983년 이후 기록이라는 분석으로 보아도 지구가 얼마나 빨리 더워지고 있는지 알수 있다. 더 편하고 즐겁게 살려는 인간의 욕망이 지구의 파멸을 앞당기고 있다는 섬나라 지도자의 울분이 들리는 것 같다.

2002. 01. 14

朱木의 나이

새해 첫날 점심시간은 대개 세월의 덧없음과 건강을 주제로 한 덕담으로 채워지게 마련이다. 수은주가 -10도 이하로 내려갔던 2일에도 비슷한 화제와 덕담이 지난 뒤 한 동료가 "오늘 아침에 받은 전화 세 통이 모두 부음이었다"고 말했다. 환절기나 혹한기에 부음이 많다는 경험이 확인된 자리였다. 오후에는 오래 신문삽화를 그려온 회사 선배의 부음이 날아오더니, 마감 후 잠시 산책을 다녀 오니 친구의 돌연사(突然死) 소식이 기다리고 있었다.

인정 많고 적극적인 성격으로 친구와 선후배들의 궂은 일을 도맡아 주기로 유명했던 그의 부음은 여러 사람을 당황하게 했다. 건강관리와 신앙생활에 철저한 사람이었기에 더욱 믿어지지 않았다. 새해 첫날 시무식을 겸한 점심식사 때 약간의 술을 마신 그는 몸이 안 좋다며 일찍 퇴근했는데, 원인 모르게 의식을 잃고 아파트 계단에 쓰러져 숨진 상태로 가족에게 발견되었다. 오래 고혈압 약을 먹었고, 심근경색이 있었다는 것은 가족 말고는 몰랐다.

밤 늦은 조문으로 잠이 부족했던 다음 날 아침, 1,400살 주목 기사에 눈길이 멎었다. 산림청이 강원 정선군 사북읍 두위봉 정상에 있는 주목의 생장편을 광학현미경으로 분석해 나이테를 측정해 보니, 1,400년쯤 되었다는 것이다. 삼국시대 중기에 싹이 터 해발 1,460m 산꼭대기에서 비바람을 맞으며 한 해 0.7~1mm씩 나이테를 불렸다. 그렇게 자란 밑둥 둘레가 4.68m, 키가 14.5m. '살아 천년 죽어 천년'이라는 명성에 걸맞은 단단한 목질의 비밀이 그것이다.

나무는 욕심이 없다. 아무리 목이 말라도 극소량의 지하 수분으로 만족하고, 아무리 비가 많이 와도 가뭄에 대비해 물을 비축하지 않는다. 비바람이 거세어도 피하거나 비키지 않고 온 몸으로 맞는다. 추위도 더위도 변함이 없다. 그렇게 천년을 살고, 죽으면 또 천년을 그렇게 서 있다. 그렇게 오래 산을 지키면서 뭇 생명에게 이로움을 주면서도 뽐내지 않는다. 초로(草露)와 같은 인생을 살면서 더 많이 얻으려고 지지고 볶는 인간에게 주목의 나이는 무엇을 말하는가. 언 땅에 친구를 묻으면서 오래 천착한 물음이다.

2002. 01. 07

빙하기의 북일관계

일본은 세계 모든 나라와 외교관계를 맺고 있지만, 가장 가까운 북한과는 아직 미수교 상태다. 겉으로는 북한과의 수교로 전후처리에 매듭을 짓고싶다 했지만, 정작 수교회담의 물꼬를 튼 사람은 북한이었다. 김일성은 1990년 9월 일본을 움직이는 실력자 가네마루 신(金丸信)을 평양에 불러 환심을 샀다. 가네마루는 공산주의를 싫어했지만, 북한에 억류돼 있던 일본인 석방이란 미끼에 이끌려 북한에 갔다가, 눈물을 흘릴 만큼 김일성에게 반했다.

김일성 스타디움을 가득 메운 군중이 연출하는 환영열기에 감동한 것이다. 길이 200m 폭 50m 크기의 관중석 카드섹션이 마치 전광판처럼 움직이는 모습에 넋이 나간 보수정객은 그것을 진정한 환영의지로 보았다. 묘향산 별장에서 열린 북한 노동당, 일본 자민당, 일본 사회당 3당 회담 뒤, 별도로 두 차례 단독회담을 허용한 김일성의 배려가 "울고싶을 만큼 고마웠다"고 토로했다.

그를 수행했던 자민당 의원 방북기 <다가선 먼 나라>에 실려 있는 일화다.

일본 외무성은 3당 공동성명 내용이 불만이었으나 가네마루의 뜻을 거역할 수 없어 북한과의 수교교섭 테이블에 나갔다. 그러나 동상이몽의 회담은 곧 교착상태에 빠졌다. 답답한 가네마루는 전세기 편에 아들을 특사로 보내 김일성에게 친서를 전하게 했다. 김일성은 그 비행기 편에 산 쏘가리를 실어보내는 정성으로 답례했다.

그 뒤로 몇 차례 교섭이 진행되다가 김일성과 가네마루가 죽은 뒤 또 교착상태다. 작년 11월 재개된 회담은 아직 휴회중이다.

북한 배로 보이는 괴선박이 동중국해에서 일본 순시선의 사격을 받고 침몰한 사건을 놓고 북일 관계가 급속히 얼어붙고 있다. 사망선원의 구명동의에 '3B 쓰리비'라 인쇄된 품질표지가 붙어있다.
　이 선박이 북한 당국과 교신한 내용이 방위청 감청레이더에 잡혔고, 해주항을 떠나 남포 가까운 송림에서 특전요원을 태우고 떠난 항적까지 미국 정찰위성에 포착됐다. 그래도 북한은 모략이라고 발끈한다. 북일 관계가 빙하기로 접어들 징조다. 김일성도 가네마루도 없는 두 나라에서 누가 이 천년 두께의 얼음을 녹일 것인가.

2001. 12. 28

나라의 품위

　1950년 한국전쟁 때 터키는 1만 5,000여명의 병력을 보내 우리나라를 도왔다. 미국 다음으로 많은 병력이었고, 전사자만도 1,000명이 넘었다. 50대 이상 장·노년 세대는 '토이기 병사'라는 말이 귀에 익었을 것이다. 그런데 우리는 지금까지 터키에 이 은혜를 갚지 못했다. 반세기가 지나도록 정부가 감사의 뜻을 표한 일이 없다. 유럽이나 중동지역을 무수히 드나든 대통령이나 총리 외무장관 등이 중도에 한번쯤 들러 볼만도 한데….
　1999년 8월 터키 대지진으로 수 만명이 죽고 다치는 참사가 일어났을 때 정부는 7만달러를 재난 복구 지원금 조로 보냈다.
　이 돈을 받아 든 현지 공관장은 얼굴이 뜨거워 터키정부에 전달하지 못했다 한다. 넌지시 알아보니 가난한 방글라데시도 10만달러를 보내 왔더라는 것이다. 이 사실을 부끄러워 한 정신과 의사 이시형 박사등이 중심이 되어 모금한 100만달러가 도착한 뒤에야 정부 지원금과 함께 전달해 겨우 체면을 차렸다.
　우리가 남을 돕기에 인색한 것은 대외원조 액수가 OECD 회원국 중 최저라는 최근의 정부 발표에서도 입증되었다. 지난해 우리나라 대외원조 규모는 2억 1,200만달러로, GNP 비중은 0.047%였다. 덴마크(1.06%) 네덜란드(0.82%) 스웨덴(0.81%) 노르웨이(0.8%)에는 물론, 경제 규모가 우리와 비슷한 스페인 호주보다 적다. 우즈베키스탄에 대외협력 차관사업으로 제공한 교육용 기자재가 계약과 다른 저질품이라고 배상요구를 받기도 했다.
　7만달러면 돈 얻으러 오는 가난한 나라 정상들에게 주는 용돈 수준이다.
　세계에서 가장 가난한 나라보다 적은 돈을 6·25 참전국에 원조금으로 보내고도 부끄러운 줄 몰랐으니 이런 망신이 없다. 당국자들은 예산사정 타령이지만, 그 항목을 늘리자는 목소리는 그 뒤에도 들어본 일이 없다. 정치인들의 선거운동성 지역사업 예산 한 항목만 줄여도 그런 망신은 면했을 것이다. 은혜를 모르는 나라의 국민이 외국에 그런 대접을 받지 말라는 법이 없다. 이제 나라의 품위도 좀 살필 때가 되었다.

2001. 12. 21

현대의 노예

팔레비 정권 시절 테헤란은 '동양의 파리'라 불렸다. 해발 1200~1500m 고지에 자리한 이 고원도시는 서울 도쿄 같은 데서 볼 수 없는 호화판 유흥업소와 진귀한 사치품 가게들이 넘쳐나는 환락의 도시였다. 그러나 회교혁명 이후 그곳은 갑자기 암흑의 도시로 변했다. 남자들은 술을 마실 수가 없고, 여자들은 화장을 할 수가 없었다. 여자들에게 무엇보다 큰 고통은 차도르를 둘러쓰고 다녀야 하는 것이었다. 더위를 피할 수 없는 고통보다, 아름다운 얼굴을 숨겨야 하는 고통은 너무 가혹한 형벌이다.

암실의 커튼처럼 검고 투박한 천을 어깨까지 둘러쓰는 차도르를 착용하지 않다가 비밀경찰에 적발되면 즉시 연행되어 곤욕을 치러야 한다. 물론 화장한 얼굴이 발각되어도 마찬가지다. 남자들도 술 취해 길을 다니다가는 낭패를 당하곤 한다. 그 큰 도시에 술집 한 곳 없는 것은 물론이고, 암시장이 아니고는 소주 한 병 구할 수가 없는 이상한 도시다. 술에 취하고, 특히 이성간의 사랑을 즐기는 것은 이슬람 율법의 가장 큰 타기라고 한다. 이란·이라크 전쟁 직후 취재 갔을 때 보고들은 일들이다.

그 것을 현대 전제정치의 전형으로 여겨왔던 고정관념이 여지없이 깨졌다. 텔레반정권이 패주한 뒤 속속 드러나는 아프간 국민의 생활상은 노예라는 말로도 부족할 지경이다. TV 방송 중단과 함께 언론·출판의 자유가 동결되고, 영화관도 폐쇄돼 국민은 갑자기 캄캄한 어둠의 나락으로 떨어졌다. 모든 남성은 수염을 10㎝ 이상 길러야 하고, 여성은 머리 위에서 발끝까지 늘어뜨리는 부르카 착용이 의무가 되었다.

카불 함락후 턱수염 깎는 면도사가 대목을 만났다는 뉴스가 그간의 사회 분위기를 대변한다. '여성에 대한 전쟁'이란 표현이 말해주듯 여성차별과 억압은 어떤 말로도 표현할 수 없을 정도다. 8세 이상 여아 교육을 금지하는 우민정책은 여자대학 폐쇄라는 전대미문의 폭거를 초래했다.

여성은 모든 직장에서 추방되어 창에 커튼을 치고 살아야 했고, 걸을 때 소리 나는 신발도 신을 수 없었다. 남자친척을 동반하지 않은 여성의 외출이 금지되었다는 대목은 지금이 어느 시대인지를 되돌아보게 한다. "앞으로 아무리 상황이 나빠져도 이보다는 나을 것입니다." 화려한 스카프를 두르고 거리에 나온 카불 여성의 말에서 테러전쟁의 양지를 처음 보게 된다.

2001. 11. 21

촛불회담

저물 녘 장전항을 떠난 금강산 관광선이 공해에 이르러 선수를 남으로 틀자마자 눈에 들어오는 해안풍경은 현란한 불빛이다. 금강산 남쪽자락 쯤으로 어림되는 곳에 휘황한 불빛이 긴 띠를 이루며 산 허리를 감고 넘어간다. 그보다 좀 왼쪽으로 점점이 이어진 불빛들이 거진 대진 화진포 같은 어항인 것으로 보아 산허리를 감고 넘는 그 불빛 행렬은 휴전선 탐조등임에 분명하였다. 거기에 대립해 있어야 할 북쪽 분계선 자리는 먹빛이었다.

몇 달 후 명성산 등산을 다녀오는 길에 임진강변을 달리다 같은 풍경을 목격했다. 저문 강가 철책에는 휘황한 조명등이 열병을 하듯 긴 행렬을 이루었고, 끝 없는 가로등과 행락차량 불빛이 자유로를 현란하게 물들였다. 적막강산 같은 강 건너 북녘 땅과 너무 대조적이었다. 멀지 않은 곳에 개성직할시가 있으련만, 어찌 그리 어둡기만 한지 가슴이 아렸다. 전력 사정이 나쁘다더니, 남쪽과 면한 곳에 전시용 외등 하나 켜지 못할 정도인가.

얼마 전 신문에 실린 한 장의 사진이 그런 의문을 말끔히 씻어주었다. 인공위성이 찍은 동북아시아 야경은 북한만이 깜깜한 밤중인 현실을 일목요연하게 보여주었다. 미국 항공우주국 위성이 장기간 촬영한 수백장의 밤 사진을 컴퓨터 편집한 사진에는 한국과 일본, 중국 동해안과 대만 해안의 불빛이 지도처럼 정확한 해안선을 그리고 있었다. 그러나 북한 땅은 평양과 남포 원산 함흥 청진 정도만 희미한 점으로 나타나 한국이 마치 섬처럼 보였다. 엊그제 신문에서 본 금강산 촛불회담 사진이 일깨워준 잠재 영상들이다.

우리측 홍순영 수석대표와 북측 김성령 단장이 촛불을 밝히고 앉아 환담하는 모습에는 정취가 있었다. 그러나 갑작스런 정전으로 그렇게 됐다는 사진설명을 읽으면 기분은 달라진다. 전력사정이 어떻기에 회담장의 전기가 나갈 수 있을까. 우여곡절 끝에 열린 장관급 회담도 별다른 성과 없이 끝나는 모양이다. 다시 냉전시대처럼 남북관계가 얼어붙지 않을까 걱정이다. 북한이 언제까지 어둠 속에서 그렇게 살 것인지 정말 답답하다.

2001. 11. 12

풍년시름

 중국 동북지방 여행의 첫 느낌은 광활함에 대한 놀라움이다. 만주라는 옛 이름으로 친숙한 두만강 북쪽 평야지대는 벌판이란 표현으로는 아무래도 미진하다. 산이라고 할 수 없는 유순한 구릉 사이로 가늘게 흐르는 강변은 드넓은 논이요, 좀 경사가 진 곳은 끝 없는 옥수수 밭 바다다. 야트막한 산 자락은 콩 팥 조 같은 잡곡류 차지다. 만주국 시대의 도읍지 창춘(長春)에서 조선족 도시 옌볜(延邊)으로 가는 비행기에서 내려다 본 모습이다.
 기후가 온화하고 강수량이 풍부한 열대와 아열대 지방에서 주로 재배되는 벼는 평안도 지방이 북방 한계선으로 인식되어 왔다. 그러나 그것은 우리 조상들에 의해 깨져 버렸다. 가뭄과 관의 수탈을 견디지 못한 북한지방 사람들이 1800년대 두만강을 건너가 농지를 개간한 것이 시작이었다. 그 후 일제의 수탈정책으로 더 많은 유민이 발생하면서 벼 농사 북방 한계선은 계속 북상해 북위 53도 지역인 헤이룽장(黑龍江) 유역까지 편입되었다. 중국 동북3성(吉林·遼寧·黑龍江)의 논 면적은 우리나라의 2.5배가 넘는 264만ha에 이른다. 안남미(인디카)를 주로 재배하는 중부이남 지역 생산량을 합쳐, 중국에서는 한해에 우리나라 총생산량의 25배나 되는 쌀이 생산된다.
 집단농장식 공동재배와 공동분배 제도를 없애고 개인농을 인정한 뒤 생산량이 폭발적으로 늘어나 누적 재고량이 1억톤에 가까울 정도다. 문제는 우리 입맛에 맞는 동북지방의 자포니카 쌀이 남아 돈다는 것이다.
 중국산 자포니카 쌀값은 우리 쌀보다 5·6배 정도 싸다. 우루과이 라운드에 따라 우리는 96년부터 중국 동북지방 쌀을 7만여톤씩 수입하고 있다.
 의무적으로 사들이는 쌀 수입 쿼터는 해마다 늘어 작년에는 9만4천톤이나 됐는데, 이 달 안에 중국이 세계무역기구(WTO)에 가입하면 곧 국내수요의 4%까지 늘어날 전망이다. 올해 우리는 10년만의 대풍이지만 격양가가 울려 퍼질 들판에는 한숨소리만 높다. 중국 쌀마저 한국시장을 넘보고 있어 농민은 사면초가의 형국이다.
 선대의 개척이 후세를 압박하는 것은 무슨 아이러니인가.

2001. 11. 05

경복궁 興禮門

조선왕조의 정궁 경복궁은 국태민안을 상징하는 이름이다. 개성에서 한양으로 천도한 태조는 1395년 새 궁궐 낙성 축하연에서 정도전에게 궁궐 이름을 짓도록 명한다. "이미 술이 취하고 덕으로 배불러 군자는 영원히 크나큰 복(景福)이라 하였으니, 청컨대 새 궁궐을 경복이라 하면 어떻겠습니까(既醉以酒既飽以德君子萬年介爾景福請名新宮曰景福)" 궁궐 이름의 뜻과 유래가 왕조실록에 적혀 있다. 중요 전각과 문루 이름도 정도전이 지었다.

그러나 이름처럼 궁궐은 편안하지 않았다. 경복궁의 수난은 크게 두 번이었다. 임진왜란 때(1592년)의 화재와 국권피탈 후 일제의 의도적 훼철(毁撤)이 그것이다. 첫 수난은 흔히 침략군의 방화에 의한 것으로 오인되고 있으나, 사실은 왜군 입성 전에 선조가 몽진 길에 오르자 성난 백성들이 불을 지른 것이었다.

1868년 대원군이 국력을 소진시켜 가면서 중건한 330여개 건축물들은 50년도 못되어 조선총독부에 의해 헐리고 일그러지기 시작했다. 1915년 총독부 시정 5주년기념 조선물산공진회가 첫 훼철의 빌미였다.

근정전 동편에서 건춘문까지, 북으로는 신무문에 이르는 7만2,000여평을 행사장으로 꾸미면서 전체의 3분의 1에 해당하는 100여동의 건물을 헐어버렸다. 이듬해에는 총독부 청사를 짓기 위해 홍례문과 주변 행각을 철거했고, 그 이듬해엔 창덕궁 내전에 불이 나자 강녕전을 헐어 목재를 복원공사에 썼다. 총독부 청사가 준공된 1925년에는 기어이 광화문마저 헐어버렸다.

그 때 없어진 홍례문 복원공사가 끝나 어제 낙성식이 있었다.

85년 만에 다시 모습을 드러낸 대문과 행각은 단순히 한 문루의 복원이 아니다. 일제 조선 강점의 상징이었던 총독부를 헐고, 경복궁 옛 모습을 되찾은 역사적 의미가 담겨 있다. 가을 빛으로 곱게 물든 주변경관과 어우러진 단아한 모습이 친근하지만, 한가지 아쉬움이 있다. 이 문의 원래 이름은 홍례문(弘禮門)이었는데, 弘이 청나라 건륭제의 이름자라 해서 고종 때 흥례문으로 바뀌었다. 이름까지 되찾은 진정한 복원을 보고 싶다.

2001. 10. 27

神鐘의 소리

10여년 전 일본 NHK 방송이 세계의 유명한 종 소리를 소개하는 특집을 방영했다. 소리가 곱고 장중하기로 유명한 종들을 실제로 쳐 시청자들에게 들려준 프로였는데, 우리나라의 에밀레종(성덕대왕신종) 소리가 단연 으뜸이라는 평을 받았다. 크면서도 장중하고, 맑고 고운 음색이 고르게 길게 울려 퍼지는 신비한 소리에 일본 음향학자들이 크게 놀랐다 한다. 소리가 크면 맑지 못하고, 맑으면 길지 못한 법인데, 에밀레종은 다 갖춘 것이다.

전문가들은 이 신비한 소리의 비밀을 맥(脈)놀이 현상으로 설명한다. 종을 치면 종의 지름, 원주, 길이 방향으로 3가지 진동이 일어나는데, 지름 방향 진동이 가장 크다. 3개 구간 음으로 구성되는 종 소리의 첫 구간 음은 '탕' 하는 큰 소리로 그친다. 제2구간 음은 10초 정도 이어지는 고음이고, 그 후 길게 울리는 제3구간 음이 여운이다.

진동수가 다른 두 파동이 합쳐져 반복적으로 커졌다 작아졌다 하며 길게 울리는 여운이 맥놀이 현상이다. 한국 종의 특징인 명동(鳴洞)도 비밀의 한 요소로 설명된다. 일본 종이나 중국 종과 달리 한국 종은 종구(鐘口) 밑에 파놓은 확(명동)이 종소리의 진동을 상승시키는 작용을 해 긴 여운이 남게 된다는 것이다. 종의 키와 종구의 지름에 따라 다르겠지만, 대개는 종구와 지면과의 거리의 두배보다 약간 깊게 명동을 만드는 것이 효과적이라는 실험 결과가 있다. 에밀레종은 지면에서 45㎝ 떨어져 있는데, 명동의 깊이는 94㎝다.

에밀레종 윗부분에 달려있는 음관(音管)과도 무관하지 않다고 한다. 종 고리 부분에 붙어있는 길이 96㎝ 직경 14㎝ 크기 대통 모양의 관은 다른나라 종에는 없다. 종소리의 잡음을 흡수해 맑고 고운 음을 만들기 위한 것이라는 게 전문가들의 견해지만, 여운과 관계가 있을지 모른다.

물리학도 음향학도 없던 시대에 세계 제일의 종을 만든 선인들의 지혜에 새삼 고개가 숙여진다. 9년만에 다시 울린 에밀레종 소리가 1,300년 후세 사람들에게 그 비밀을 숙제로 던져주었다.

2001. 10. 11

고무신 검사

1949년 4월 감사원 전신인 감찰위원회가 당시 상공부 장관 임영신을 횡령 사기 수회 혐의로 검찰에 고발했다. 검찰은 우선 수회 혐의가 드러난 임장관 여동생을 구속했다. 제헌의회 선거당시 임장관 선거사무장으로 일하면서 뇌물을 받아 선거비용으로 쓴 혐의였다. 임장관은 다음날 여동생의 아이를 안고 경무대에 들어가 "애기엄마를 구속하다니 이럴 수가 있느냐"며 눈물을 흘렸다. 이승만 대통령은 법무장관을 불러 즉시 석방을 지시했다.

법무장관은 감찰총장을 불러 같은 명령을 내렸으나, 검찰총장은 서울 지검장에게 그러지 못했다. 사정을 설명하고 "석방하는 것이 어떻겠느냐"는식으로 타진해 보는 정도였다. 지검장이 난색을 표하자 총장은 다음 날부터 아프다는 핑계로 자리 깔고 누웠다. 구속 후 9일간의 총력수사로 증거를 확보한 지검장이 총장 체면을 보아 석방에 동의하자, 총장은 벌떡 일어났다. 이번에는 임장관을 기소하는 문제로 또 충돌하게 된다.

대통령이 총애하는 '실세장관' 기소 문제는 큰 파문을 일으켰다. 장관 기소가 법무장관 승인사항이란 규정을 들어 법무장관은 기소유예를 지시했다.

그러나 지검장은 기소여부는 검사의 직권이라는 이유로 불복, 8가지 죄목으로 기소를 강행했다. 이 파동으로 검찰총장이 고검장으로 좌천되고 고검장이 총장으로 임명되는 해괴한 인사가 뒤따랐다. 법무장관이 사임하고, 결국 임 장관도 물러났다. 이 용감한 검사 이름은 최대교(崔大敎)였다.

그는 김 구 선생 암살사건 때 검찰총장이 한독당 간부 7명에 대한 구속영장을 자신도 모르게 청구한 데 대한 항의로 사표를 내고 낙향했던 일화로도 유명하다. 한독당 내분과 사건을 연계시키려는 정권의 음모에 대한 항거였다. 고무신 검사, 누룽지 검사, 대꼬챙이 검사 등 많은 별명을 가졌던 그는 현역 변호사로 일하다 92년 홀연히 세상을 떠났다. 오래 묵은 책을 꺼내 읽으며 법조의 큰 어른을 추모하는 이유를 설명할 필요가 있을까. 이럴 때일수록 그리운 이름이 아닌가.

2001. 09. 25

안두희

1917년 3월 평안북도 신의주 한 부잣집에서 건강한 사내아이가 태어난다. 다섯 살 때 병약하던 어머니가 죽어 아이는 계모 슬하에서 자란다. 그래서인지 심성이 비뚤어 진 아이는 공부와는 담을 쌓고 장난이 심했다. 학교 시절에는 싸움질과 사창가 출입으로 부모 속을 썩였다.

상업학교를 나와 금융조합 서기가 되었으나, 기생집을 내 집처럼 드나들던 탕아는 일본유학을 가도 버릇을 고치지 못했고, 중국에 가서도 허랑방탕한 세월을 보냈다.

광복 후 아버지가 남겨준 땅에 농장을 차렸으나 버릇을 고치지는 못했다. 그를 정신 차리게 한 것은 공산주의였다. 땅을 몰수당하고 단신 월남한 탕아는 처음으로 먹고 사는 일이 얼마나 큰 고통인지 알게 된다. 생존을 위해 유명한 반공단체의 극성대원이 된 인연으로 육사를 거쳐 포병장교가 된다.

그러나 그는 정도를 걷지 않고, 특권에 취해 정치군인의 길로 들어선다. 백범 김구 선생 암살범이 된 것도 헛된 욕망에 눈이 멀었던 때문이리라. 군법회의에서 무기징역 선고를 받은 그는 3개월 만에 징역 15년형으로 감형되었다가 이듬해 석방되었다.

6·25 동란의 와중에서 소위로 복귀해 즉시 형 면제 조치를 받았고, 소령까지 진급했다. 예편 후에는 군납업체를 운영하며 한 때 강원도에서 두 번째로 세금을 많이 내는 사업가로 명성을 떨쳤다. 범행 직후 그를 면회한 김창룡 특무대장이 "안 의사 수고했소" 하고 격려했다는 일화가 말해주듯, 정권의 비호 없이는 꿈도 꾸지 못할 일들이다.

그러나 만년은 너무 비참했다. 주거를 자주 옮겨 다녀야 할 만큼 쫓기게 된 것이다. 가족을 미국으로 보내고 몰래 달아나려다 좌절 당한 뒤로 그는 애국시민들의 테러와 린치에 시달리게 된다. 그들에게 붙잡혀 미군 정보기관과의 연루사실을 실토하기도 했던 그는 96년 한 시민이 휘두른 방망이에 맞아 비참한 최후를 맞았다. 그가 미군 CIC 요원이었다는 미국 비밀문서 기록도 놀랄 일은 아니다. 민족 반역자의 최후가 새삼 가련할 뿐이다.

2001. 09. 06

실패학

2000년 6월 일본 과학기술청 산하 21세기 과학기술간담회가 '실패학을 구축하자'는 색다른 보고서를 발표했다. "사고나 제품의 결함이 생겼을 때 원인을 따져보지 않고 덮어버리는 일본기업의 풍조 때문에 실패의 교훈을 살리지 못하고 있다"는 진단 아래, 실패와 사고 시행착오 등의 사례를 수집해 적극 활용해야 한다는 처방이었다.

사회 전체가 실패 데이터 베이스를 충분히 활용해 같은 실수의 반복을 예방하자는 '실패학'의 제안이다.

이를 계기로 '실패학'이 크게 유행하기 시작했다. 대지 3만평 짜리 저택에서 임대 아파트 신세로 전락한 유통그룹 야오한 재팬의 와다 가즈오(和田一夫) 회장은 자신의 실패를 밑천 삼아 실패사례 전문 컨설팅 회사를 차려 대성공을 거두었다. 도쿄대 하타무라 요타로(畑村陽太郎) 교수의 저서 <실패학의 권유>는 베스트셀러가 되었다. 문부과학성에는 실패지식 활용연구회가 설립됐으며, 실패 박물관도 건립중이다. 실패에서 배우려는 노력들이다.

실패 문화가 가장 앞선 나라는 미국이다. 1986년 챌린저 호 폭발사고를 계기로 용감하게 실패를 인정하고 원인을 철저히 분석해 교훈으로 삼자는 운동이 일어났다. 이는 실패 원인을 철저히 밝혀내기 위한 입법운동으로 발전해 사법거래 제도를 탄생시켰다. 실패 당사자에게 법률적 면책을 전제로 실패의 전 과정을 털어 놓게 함으로써 성공의 지침서로 활용하려는 것이다. 물론 의도적이거나 미필적 고의가 있을 경우 징벌적 배상 책임이 따른다.

실패는 성공의 어머니라는 영국 속담이나, 전철(前轍)을 밟지 말라는 중국의 경구는 우리도 즐겨 쓰는 말이다. 그러나 실패에서 배우기를 우리는 너무 외면하고 있다. "YS가 한 일을 반대로만 하면 안될 일이 없다"던 시정의 여론을 벌써 잊었는지, 왜 그의 전철을 그대로 밟고 있는지 안타깝다. 정부 인사에 지역색이 짙다는 비판을 묵살하듯 전문성 없는 인사가 여전하고, 잘 안 되는 일에 야당 탓을 하는 말버릇까지 그 시대를 너무 빼 닮았으니 실패에서 무엇을 배우려는가.

2001. 08. 30

작가와 체험

　오랜만에 읽은 황석영의 <손님>과 <오래된 정원>은 기쁨이었다. <장길산> 이후 처음이니 20년도 넘었다. 그 사이 <무기의 그늘>이 나왔지만 그 땐 바빠서 읽지 못했다. 잊었던 그의 작품을 읽으며 반가웠던 것은 많은 팬들의 우려처럼 그가 문학 이외의 문제에 신경을 빼앗겨 더 이상 소설을 쓰지 못하지 않을까 하는 생각이 기우였음을 확인할 수 있었던 점이다. 우리가 아는 그의 체험이 작품에 그대로 녹아 있음을 발견한 것도 다행이었다. 손님은 1989년 몰래 북한에 들어가 보고 들은 것과 베를린 망명시절, 그리고 미국 체류시절의 취재를 토대로 한 것이다. 아버지가 어려서 살았던 황해도 신천에 안내되어 둘러본 '미제 학살기념 박물관'의 이야기가 작품의 모티브가 되었다. 3만 5,383명의 양민이 '미제'에 의해 살해 당했다는 박물관의 주장에 대해 그는 상식적인 의문을 제기하고 있다. 미군이 진격하기 전에 '우리 내부에서 저질러진 일'이라는 것이 그가 내린 결론이다.
　오래 된 정원은 황석영 답지 않은 사랑 이야기다. 황석영 답지 않다는 것은 세상 일에 관한 고발보다 애틋한 사랑 이야기가 많은 이 작품의 섬세한 심리묘사에서 얻은 느낌이다. 유신독재 시절 민주화 운동으로 수배된 데모 학생과 은신처를 제공한 미술교사가 사랑을 맺는다. 그러나 스스로 걸어 들어간 감옥에서 18년을 썩고나오니 연인은 이 세상 사람이 아니었고, 한 점 혈육은 자신을 아저씨라고 부르는 현실이 기다리고 있더라는 얘기다.
　89년 불법 북한방문 이후 독일과 미국에서 망명생활 같은 나그네 생활을 하다가 처벌을 각오하고 귀국한 것이 93년. 그로부터 5년을 감옥에서 보낸 그는 그 체험들을 '딴 짓'이었다고 말한다. 그 딴 짓에 미쳐 있었던 오랜 세월을 그는 "정말 복 받고 운 좋은 반생이었다"고 토로했다. 딴 짓을 안 했다면 그런 작품이 나올수 없었을 터이니, 그것은 독자에게도 행운이었다. 허가 받은 이번 북행이 그에게 어떤 작품으로 형상화할지 기다려진다.

2001. 08. 21

해방 · 독립 · 광복

심야 TV 뉴스 프로에 출연한 어느 도지사가 조선왕조를 '이조'라고 말하는 것을 보고 놀랐다. 국어학자와 역사학자들의 노력으로 이제는 시정에서도 듣기 어려워진 말이 공영방송을 통해 고위 공직자 입에서 흘러 나오다니….

이씨조선의 준말인 이조는 일본 제국주의가 우리나라를 강점한 이후 우리 역사를 폄하하기 위해 만든 말이다. 명성황후를 '민비'로, 서울을 '경성'으로 고친 것 등이 다 그런 저의였음은 두말 할 나위도 없는 일이다.

국어교육학회 진태하(陳泰夏) 회장이 〈한글+한자문화〉 8월호에 쓴 글이 뇌리에 오래 맴돈다. 1945년 8월 15일 조국광복을 두고 '해방' '독립' '광복' 등 3가지 용어를 혼용하고 있는 것을 개탄한 글이다.

해방은 반드시 목적어가 따르는 타동사이므로 일본이나 미국이 주체가 될 수 밖에 없는 말이다. 그들이 우리를 해방시켰다, 아니면 그들에게서 해방되었다는 뜻이므로 도저히 용납할 수 없는 수치스러운 말인데 여전히 널리쓰인다는 것이다.

독립도 마찬가지다. 우리가 원래부터 일본에 예속돼 있었다면 그런 말이 가능하겠지만, 한 때 국권을 상실했다가 되찾은 일을 독립이라고 말할 수는 없다.

영국에 예속됐던 미국이 독립한 것과는 근본부터 다르다. 가장 정확한 말은 광복이다. 큰 사전에 나와 있는 말 뜻은 "빼앗긴 주권을 도로찾음"이다. 광복절·광복회·광복군 같은 말을 해방절·해방회·해방군이라 할 수 없는 것만 보아도 이 날에 가장 알맞은 말은 광복 뿐이다.

독립기념관 이름을 '광복기념관'으로 바꾸어야 한다는 주장도 그래서 설득력이 있다. 일제시대 일정시대 왜정시대 같은 말을 '항일시대'로 고치고, 그 기간은 36년이 아니라 35년으로 정확히 써야 한다는 주장도 마찬가지다.

우리 민족이 국내외에서 끈질기게 일제 침략에 저항하고 임시정부를 가졌던 역사는 세계사에 유례가 없는 자랑이므로, 그 시기를 항일시대로 불러야 한다는 주장은 새로운 관점이다. 자주성이 없는 말을 쓰면서 상대의 역사왜곡을 말할 자격은 없다.

2001. 08. 13

하남 위례성(2)

서울 강동구 풍납동 토성 안에 백제 전기 500년의 역사가 잠들어 있었다. 백제의 왕도 하남 위례성(河南 慰禮城)을 지척에 두고도 우리는 1500년이 넘도록 그곳이 어딘지 몰라 역사의 수수께끼로 삼아왔다. 국립문화재연구소는 최근 발간한 풍납토성 발굴보고서를 통해 "풍납토성이 백제 초기 왕성일 가능성이 가장 높다"는 결론을 내리고, 이 곳이 인근 몽촌토성 석촌동 고분군 등과 더불어 백제 전기 도성의 핵심지를 구축하고 있었다고 밝혔다.

이 같은 결론은 1997년 10월부터 실시된 풍납토성 아파트 공사장 발굴조사와, 99년 인근 연립주택지에 대한 한신대 발굴조사의 결실이다. 유물에 대한 탄소 연대측정 결과 기원전 1세기부터 기원 4~5세기 것임이 확인되었다. 대부(大夫)라는 관직 이름이 새겨진 토기편은 이곳이 정부 고위관료의 주거지였음을 말해준다. 일반 주택에는 사용하지 못했던 기와편이 쏟아져 나온 것도 이 곳에 관청 종교시설 등 특수건물이 있었다는 증거다.

무엇보다 불탄 주거지 유물들이 역사의 기록과 일치하는 데 주목할 필요가 있다. 3호 주거지에서는 건물 전체가 불에 탄 상태가 완전하게 드러났다.

기둥과 보와 서까래 목탄이 겹겹이 흙 속에 묻혀 있었다. 고구려군 내습으로 황망히 피난간 듯 집안에 인골은 없었고, 가구와 토기류 등이 어지러이 널려 있다가 불탄 흔적으로 남았다. 개로왕 21년(475년) 고구려 장수왕의 3만 병사에 의해 도성이 초토화한 비극의 순간을 말해주는 유물들이다.

이로써 잃어버렸던 백제 500년 역사가 우리 앞에 현실로 등장하였다. 삼국사기에 나오는 백제 건국기록에 관한 의심도 풀리게 되었다. 온조가 기원전 18년 한반도 중부를 장악하고 강력한 국가를 건설했다는 삼국사기 기록을 부정한 일제 식민사관은 백제의 출발을 한강유역의 조그만 부족국가로 보았다.

그 축소사관의 영향으로 우리 국사 교과서에는 지금도 백제가 3세기 중엽에야 겨우 중앙집권적 국가 기틀을 잡았다고 서술하고 있다. 우리 자신의 역사왜곡 수정도 급한 문제가 되었다.

2001. 07. 26

하남 위례성

서기 472년 백제의 개로왕이 북위에 밀서 한장을 보낸다. 같이 손잡고 고구려를 치자는 내용의 이 문서는 어떤 경로에서인지 고구려 왕실에 들어가 망국을 재촉하는 화근이 된다. 3년 뒤 장수왕이 3만 대군을 이끌고 한성을 침략, 백제 왕성을 포위하고 불을 지른다. 고구려 군은 개로왕을 붙잡아 얼굴에 침을 뱉는 욕을 보이고 아차산 아래서 살해한다. 성내의 왕후장상과 백성들도 죽거나 혹은 쫓겨나고, 백제는 웅진으로 남천한다.

삼국사기와 일본서기에 남아있는 기록이다. 그 때 불탄 왕성이 기원전 18년 온조가 도읍한 이래 493년을 이어온 하남 위례성(河南 慰禮城)이다.

북으로 한수를 두르고 동으로 높은 산에 의지하며, 남으로 기름진 평야를 바라보고 서로는 큰 바다로 통하는 천험지리(天險地利)를 취해 도읍을 삼았다는 하남 위례성은 그렇게 무너진 뒤 역사에서 사라지고 만다. 불탄 폐허 위로 홍수가 몰고 온 토사가 1500년을 쌓이고 또 쌓인 것이다.

위례성의 위치는 우리 고대사 최대의 수수께끼였다. 조선시대 정약용은 하남시 춘궁동을 후보지로 추정했으나 최근의 발굴조사에서 훨씬 후대의 유물들만 나왔다. 직산 위례성과 강동구 몽촌토성에서도 결정적 증거가 될 유물은 나오지 않았다. 을축년(1925년) 대홍수 때 씻겨나간 풍납토성에서 청동제 초두가 출토돼 일부 학자들의 주목을 끌었으나, 왕성이 아니라 수비성인 사성(蛇城) 같다는 이병도박사 주장으로 관심권을 벗어났다.

자연과 인간의 힘에 의해 파손될 때만 유적은 입을 여는 것인가. 97년 풍납토성 자리에 아파트 공사가 시작되자 이곳을 하남 위례성으로 주장해온 역사학자 이형구(선문대)교수에 의해 의문을 풀 단서들이 햇빛을 보게 된다.

4m 땅속에서 불탄 건물 흔적들과 함께 귀중한 유물이 쏟아져 나왔다. 아직 결정적인 증거가 나오지는 않고 있지만, 이곳이 가장 유력한 후보지라는 것을 모두가 믿게 되었다. 며칠 전 그곳을 사적지로 지정한 것은 문화 후진국 오명을 씻어줄 낭보였다.

2001. 02. 13

실상사 방식

"먹고싶다는 것은 인간의 가장 강렬한 욕망입니다. 단식은 그 질긴 욕망까지도 이길 수 있다는 뜻이고, 그럼으로써 자신을 극복하고 조절할 수 있다는 뜻입니다…. 남에게 상처를 준 것들, 사람을 황폐하게 만든 것들을 직시하고 자신을 돌아보는 것입니다." 3주일째 참회단식중인 실상사 주지 도법(道法) 스님이 어제 신문기자와 인터뷰에서 한 말이다. 가장 강렬한 욕망을 억누르면서 자신을 극복하려는 수도인의 말 한마디에 눈이 번쩍 뜨인다.

그가 이겨내고 싶어 하는 것은 폭력성이라 했다. 실상사 수경스님의 해인사 청동좌불 불사 비판을 계기로 두 사찰의 대립과 갈등이 감정문제로 번져 일촉즉발의 사태가 되었을 때, 그는 가슴 속에 원망의 마음과 함께 폭력성이 싹텄다고 고백했다. 총림에도 선원에도, 본사에도 말사에도, 언제건 분출할 용암으로 끓고있는 폭력의 씨앗을 뽑아버리는 것이 급선무라고 생각했다. 그래서 먼저 해인사측에 대한 다섯 항목의 사과요구를 거두어 들였다.

거기서 그치지 않고 국민과 종단과 해인사측에 사과하는 참회문을 발표했다. 그리고 즉시 수경스님 등 5명과 함께 3주예정의 '참회 단식기도 정진'에 돌입했다. 해인사도 즉각 반응했다. 같은 날 해인사 선원은 청동좌불 불사 문제로 교계 안팎에 물의를 일으켜 송구스럽다는 내용의 사과문을 발표했다.

며칠 뒤에는 대변인 격인 원철스님이 높이 43m, 좌우 40m 크기의 불상 규모를 줄여 대중의 정서에 맞는 크기로 하겠다고 약속했다.

이 문제가 터졌을 때 많은 국민은 고질병 같은 불교계의 폭력사태 재발을 걱정했다. 영호남 사찰의 대결이 종권 다툼으로 비롯됐던 불상사보다 더 큰 상처를 남기고 말 것으로 보는 사람도 많았다. 그러나 갈등은 한 쪽의 발상전환으로 거짓말처럼 사라졌다. 신문에 실린 도법스님의 인터뷰 사진도 놀라움이었다. 하루 감잎 차 몇 잔과 효소탄 물 두 잔으로 견딘다는 단식생활 2주일을 넘긴 수도자의 표정은 소년처럼 맑았다. 지금 이 사바세계를 어지럽히는 갈등에도 그런 해법이 있는데….

2001. 07. 21

일본교과서 검정

일본 고등학교 현대사회 교과서 집필자의 한 사람인 다카시마 노부유키(高嶋伸欣) 류큐(流球)대 교수가 검정과정에서 당한 박해는 일본에서 유명하다. 30년간 국립대 부속고교 교사로 일하면서 그는 개인간에는 물론, 국가간에도 우열이 구별되어서는 안 된다는 신념으로 93년 '아시아 속의 일본' 챕터를 맡아 집필했다. 후쿠자와 유키치(福澤諭吉)는 한국과 중국을 야만사회로 규정했고, 가쓰 카이슈(勝海舟)는 한국이 일본의 옛 스승이라 했다고 썼다.

그러나 이 교과서는 그대로 출판되지 못했다. 문부성이 검정과정에서 후쿠자와 관련 기술을 문제 삼아 전문삭제를 지시한 것이다. 일본 근대화의 아버지이며 일본 최고액권인 1만엔 짜리 지폐에 초상화가 나오는 인물을 너무 나쁘게 썼다는 것이 문제의 전부였다. 다카시마 교수는 그 단선적인 논리를 납득할 수 없었지만, 불합격은 겁났다. 결국 다른 집필자의 글로 대체해 교과서가 햇빛을 보게 하는 길을 택할 수 밖에 없었다.

엊그제 서울에서 열린 일본 역사교과서 한·중·일 포럼에 참석한 그는 문제가 된 <새 역사 교과서>가 우익진영 음모의 결실이라고 단정했다. 고대 일본 천황에 관한 허황된 신화를 사실로 표기하고, 천황 신격화 시리즈 마지막 편에서 쇼와(昭和) 천황을 명군으로 떠받들고, 전시 한국인들에게까지 암송을 강요한 교육칙어 전문을 게재한 사실 등을 근거로 들었다. 천황의 국가원수화, 자위대의 군대화를 주장하는 세력과 다를 게 없다는 것이다.

그런 부분에 대한 수정요구라면 그들 주장대로 내정간섭이 될 소지가 있을까. 그러나 침략행위와 그로 인한 피해상에 관한 것을 사실대로 써 달라는 요구는 간섭이 아닌 정당한 인권 주장이다. 이 요구에 대해 일본 정부는 역사인식은 검정대상이 아니라는 논리로 끝내 외면하려 한다. 후쿠자와 비판은 근거도 없이 전문삭제를 관철하면서, 이웃나라와 관련된 사실인식의 오만성에 눈을 감아주는 것이 역사인식 존중인가. 결국 같은 패거리였다는 세계의 비판을 감수할 것인가.

2001. 07. 12

조정래와 이현세

"미치고 팔짝 뛰겠더라구요." 5월 말 작가 조정래씨가 소설 <태백산맥> 이적성 수사때 당한 고통을 토로한 말이다. 얼마나 참기 어려웠으면 특강이라는 공식석상에서 그런 말을 할까 싶었다. 태백산맥 1부 출간을 계기로 1991년검찰이 이적성 수사에 착수하자, 이에 고무된 보수세력과 특정인 그룹의 조직적이고 집요한 공격이 시작되었다.

일반인이 읽으면 몰라도 대학생과 노동자가 읽으면 이적 표현물로 처벌하겠다는 이상한 수사결론이 내려진 뒤였다.

반공단체를 필두로 한 보수세력이 연일 그를 빨갱이로 몰아붙이고, 그들의 영향력과 관계가 있어 보이는 사람들의 시위와 항의가 빗발치는 가운데, 군대간 아들이 얻어맞고 병원에 입원했다. 우군으로 믿었던 문인과 언론인 마저 시류에 편승한 마녀 사냥꾼으로 돌변해 버렸다. 95년 기소유예 결정에 보수세력이 크게 반발하자, 수사종결 선언을 번복한 검찰이 97년 이적성 혐의를 인정해 불구속 기소로 사건을 매듭지을 때까지 당한 고통이 어떠했을까.

음란성이 있다는 이유로 1심에서 유죄판결을 받았던 만화 <천국의 신화> 작가 이현세씨가 항소심에서 무죄판결을 받았다. 문제가 됐던 수간 장면은 문명화 이전인 까마득한 옛날 일이라는 소재의 특수성을 감안해야 하고, 역사와 신화에 관심을 가진 15세 이상의 독자가 대충대충 넘기면서 보는 만화적 표현이므로 현실로 받아들이기 어렵다는 점 등을 이유로 들었다. 만화를 현실로 받아들이지 않고 단지 만화로 보는 독자의 분별력을 존중한 지당한 판결이다.

그렇다고 상처 받은 작가의 마음이 치유될 수 있을까. 무엇보다 3년간의 절필이 애석하다. 이현세씨는 97년 7월 음란물 단속을 명분으로 한 검찰 수사로 이 작품이 문제가 되자 붓을 꺾었다.

그래서 100권 시리즈로 계획했던 천국의 신화는 8권에서 끝났다. 소설 태백산맥이 1,000만권 넘게 팔려도 독자가 작가를 빨갱이라 생각하지 않는 것처럼, 천국의 신화가 음란하기는 커녕 예술성이 높다고 느끼면 명작이다.

국가권력이 천재작가의 상상력과 창의력의 날개를 꺾는 나라에 산다는 것이 새삼 부끄럽다.

2001. 06. 16

동강과 시만토 강

　'일본최후의 청류'라는 표현으로 유명한 시만토강(四萬十川) 유역 주민들은 어느날부터 갑자기 늘어난 외지 관광객 덕분에 짭짤한 재미를 보았다. 90년대 중반 NHK-TV에 시고쿠(四國) 지방 고치(高知)현에 있는 이 강의 때묻지 않은 비경이 소개되자 도시 사람들이 몰려든 것이다. 그러나 즐거움도 잠시였다. 오염문제가 발생한 것이다. 강가에 쌓인 쓰레기 더미가 썩어가고, 관광객을 부르는 업소의 난립으로 물이 더러워졌다. 인심도 변했다.
　주민들은 당장의 이익보다 장기적이고 지속적인 이익을 택했다. 오염되지 않은 환경은 그 자체가 큰 재산이며, 그것을 오래 보전하는 것이 후손을 위해서도 이익이라 환경론자들의 주장에 동의한 것이다. 우선 강의 오염을 막는 자율규제를 시작했다. 출입 허용지역과 금지지역을 정해 엄격히 통제했고, 빨래 덜 하기, 세제 안 쓰기 같은 기본적인 환경보전 운동을 전개하면서 관광객들에게는 씻은 쌀 가져오기, 쓰레기 되 가져 가기를 호소해 호응을 얻었다. 자치단체 들도 발벗고 나섰다. 고치현은 96년 '청류 시만토 강 종합플랜 21'을 마련해 개발과 보전의 조화를 꾀했다.
　196㎞ 유역 전체를 대상으로 토목 농림업 상공업 교육 등 여러 분야의 사업에 시만토 강이란 환경재(環境財)를 최우선으로 한다는 원칙을 정했다.
　문제 발생후 해결보다 예방적 관점에서 환경 보전운동을 전개했다. 시만토 헌장이 선포되고 유역조례도 제정되었다. 유역 통일규칙이 수립되었으며, 주민이 참여하는 시만토 서밋도 창설되었다.

순환, 조화, 예방 이 세가지가 시만토 환경운동의 '헌법'이다. 자연의 물질 순환 시스템을 응용한 시만토식 정화기술의 탄생도 우연이 아니다.

기업들은 황폐한 땅을 사들여 숲을 조성하고, 지자체는 환경박물관을 설립해 자연의 소중함을 가르치고 있다.

동강 댐 건설계획이 취소된 이후 동강이 관광객 발길에 짓밟혀 망가져 간다.

당장의 이익에 눈먼 지자체들은 길을 넓히느라 경관을 훼손하고 있다. 환경이 망가지면 관광객 발길이 끊긴다는 것을 왜 모를까. 시만토 운동에서 배울 것은 없는가.

2001. 06. 08

원각사 10층 탑

서울 탑골공원은 원각사 10층 탑에서 연유된 이름이다. 고려 때 흥덕사가 있던 자리에 세조가 1467년 원각사를 지으면서 경천사 탑을 본 떠 아름다운 대리석 탑을 세웠다. 숭유억불(崇儒抑佛)의 나라 조선의 임금이 도읍지 한가운데에 절을 지은 것은 이변이었다. 조카의 왕위를 찬탈한 것도 모자라 잔인하게 죽이고, 형수의 묘를 파헤친 죄업을 씻어볼 심사였는지 모른다. 그러나 세조의 시대가 지나가자 원각사는 급속히 쇠락하고 만다.

연산군은 이 절을 폐사하고 그 자리에 연방원(聯芳院)이라는 기방을 만들었다. 그 뒤로는 탑과 비만 남아 탑골이란 이름의 놀이터가 되었는데, 언제부턴가 탑 상층부 3개층과 지붕돌이 떨어져 바닥에 나뒹굴었다. 고종 때인 1897년에는 총세무사 브라운(영국인)의 권고로 현대식 공원으로 꾸며 황실 공원으로 썼다.

광복후인 1946년 미군 공병대가 크레인으로 떨어진 탑신을 들어올려 옛 모습을 되찾았고, 63년에는 해체복원 공사가 있었다. 이 때 까지도 우리는 이 탑의 가치를 모르고 있었다. 대리석 탑면에 부조된 용 사자 보살 나한 연화문 등의 예술성을 높이 사 62년 국보 2호로 지정한 정도였다. 이 탑의 불교 미술사적 가치가 확인된 것은 92년의 정밀 실측조사에서 우리나라에 하나 뿐인 부처의 열반도가 발견되고부터. 탑의 4층 북면에 열반한 석가가 길게 누워있고, 주위에 울부짖는 제자 10명, 백수의 왕인 사자가 슬퍼하는 모습, 천의를 걸친 보살 등이 양각돼 있다.

열반도는 고려 불화에 한 두점 있었지만 국내에는 작품이 없고, 조선시대 것은 이것이 처음이다. 27×83cm 크기의 석면에 열반의 순간을 압축해 새긴 부조는 조선 미술사의 걸작으로 평가된다. 이 귀중한 문화재가 무신경한 공사로 훼손되고 있다고 한다. 서울시가 탑골공원 성역화 공사를 하면서 석탑 보호각 바로 옆 콘크리트 바닥을 굴착기로 뚫었다. 국보를 보호한다고 유리집을 지어 관리하면서 이런 일이 벌어지다니···. 또 공사는 왜 그리 서두르는가. 6개월 안에 끝내야 할 이유가 무엇인가.

2001. 05. 16

白石의 후 반생

'남의 정지용, 북의 백 석'이라 일컫던 서정시인 백 석(白 石 · 본명 白蘷行)이 근래까지 북에 생존했던 사실이 밝혀져 문단의 화제다. 작가 송 준씨가 최근 공개한 백 석 부인(이윤희 · 생존시 76세) 편지에는 남편이 83세 때인 1995년 1월 양강도 삼수군 협동농장에서 병사했다고 적혀있다. 59년 평양에서 그 곳으로 이주해 간간이 시를 쓰다 62년 활동이 중단된 사실을 근거로 이 무렵 사망한 것으로 믿어 왔으나, 삼십 수년을 더 살았다는 얘기다.

아들을 시켜 중국 동포에게 쓴 편지는 <붉은 편지> 사건으로 숙청당해 핍박 속에 생을 마감한 천재시인의 후 반생을 짐작케 해 준다. 붉은 편지 사건이란 당성이 약한 문인들을 지방 생산현장으로 쫓아낸 북한 문단 숙청사건. '쫓겨 났다' '추방 됐다'는 말이 자주 나오고 "차별과 멸시 속에서 살았다"는 표현이 있는 것으로 보아 만년의 고난을 짐작하기 어렵지 않다. 가족사진에 찍힌 70대 중반의 모습에도 곤고한 표정이 역력하였다. 광복 후 20년 가까이 북한 땅에서의 문학활동에도 고뇌의 흔적이 엿보인다.

오리지널 평안도 사투리를 즐겨 시어로 쓰던 그가 45년 고향 정주에 돌아간 이후 시작활동을 끊은 것도 정치현실과 무관하지 않은듯 하다. 월남하지 않고 북에 눌러앉은 것은 남과 북 어느 쪽 정치현실도 지지할 수 없었기 때문이라는 것이 연구자들의 견해다. 한동안 번역에만 몰두하던 그는 50년대 중반 아동문학가로 변신했다가, 숙청 직후 갑자기 시필(詩筆)을 잡는다.

59년 조선문학에 발표한 작품 <전별>에는 "둘레둘레 둘려 놓인 공동식탁 위에/ 한없이 아름다운 공신주의의 노을이 비낀다"는 표현이 있다.

처녀들에게 도리깨질을 배우고, 달밤에 김매기 연습을 해야 했을 만큼 곤고했던 숙청자에게 공산주의 노을을 찬양할 창작욕구가 우러났을까. 시대를 잘못 만난 천재의 만년이 가슴 아프다. 당신의 시를 좋아하는 남쪽 사람들이 백석전집을 여러 권 펴내고, 한 때의 정인이 남기고 간 백석문학상이 이땅에 좋은 시의 밭이 되었음을 알기나 할까.

2001. 05. 08

야스쿠니 신사

어느 나라나 국립묘지가 있다. 나라를 위해 싸우다 숨진 사람들을 한 곳에 묻고 영령을 받드는 것은 나라의 도리다. 그런데 일본만은 그것이 없다. 굳이 비슷한 것이 있다면 야스쿠니(靖國) 신사다. 도쿄 한가운데 구단이란 곳에 있는 이 신사는 신도의 나라 일본에 있는 8만여 개 신사의 하나에 불과하다. 그러나 메이지 유신 이래 일본의 전몰자 264만여명의 신령을 모시고 있어 정치인들의 공식참배 문제로 언제나 시끄러운 뉴스를 생산한다.

정치인의 이 신사 참배는 정치와 종교의 분리를 규정한 일본헌법 위반이다. 헌법 제20조는 국가 또는 기관의 종교적 활동을 금지하고 있기 때문에 총리나 장관 국회의원 등이 이 곳에 참배할 때마다 공인으로서 인가, 개인 신분으로서 인가를 따지는 것이다. 일본의 패전일인 8월 15일이면 일본 기자들이 언제나 참배자에게 그 질문을 한다. 해외 언론이 이 문제에 관심을 갖는 것도 참배 정치인 수를 일본 우경화의 바로미터로 보기 때문이다. 메이지 천황 지시로 건립된 이 신사는 패전 직전까지 국립묘지 역할을 하는 국영신사로서, 천황숭배와 군국주의 이념 전파의 메카였다.

패전 후 맥아더 군정에 의해 일반신사로 격하되었지만, 보수 우익 인사들의 마음의 고향이기는 마찬가지다. 경내에 '일본육군의 아버지' 오무라 마스지로와 가미가제 돌격대원 동상, 군인칙유 비석 등 군국주의 시대 기념물들과 전쟁박물관이 있고, 도조 히데키 등 태평양 전쟁 전범 14명의 위패도 모셔져 있다.

  1984년 나카소네 야스히로 총리가 총리로서 최초로 공식참배를 하자 일본열도가 들끓었다. 한국과 중국 등 외국 언론이 군국주의 부활이라고 일제히 들고 일어나자 그는 슬그머니 공식참배를 중단했다. 럭비공 같던 모리 요시로 총리도 공식참배 의욕을 실현하지 못했는데, 개혁파라는 전후세대 새 총리가 공식참배 집념을 꺾지 않고 있다. 우리는 일본헌법 위반 여부에는 관심이 없다. 다만 지나간 시대를 그리워하는 듯한 행위가 자칫 과거의 잘못을 정당화하려는 모습으로 비춰지는 데 문제가 있다.

2001. 04. 27

법전 속의 정의

　횡단보도를 건너는 사람을 치어 상처를 입힌 운전자에게 형사처벌 할 수 없다는 판결이 논란을 일으키고 있다. 엊그제 서울지법에서 내려진 횡단보도 사고에 대한 판결 요지는 푸른 신호가 끝나갈 무렵 횡단을 시작한 사람이 중간에 적색으로 신호가 바뀌었을 때 사고를 당했으므로 교통사고 특례법을 적용할 수 없다는 것이다. 적색 신호일 때는 횡단보도도 일반도로로 보아야 하므로 운전자가 보험에 가입했으면 형사책임이 없다는 논리다.
　피해자는 지난해 11월 노원구 공릉동 왕복 8차선 도로의 횡단보도에서 사고를 당해 2개월 상처를 입었다. 깜빡이는 신호를 보고 건너다 중간에 적색으로 바뀌어 손을 들어 주의를 요청하자 차들이 서 주었다. 그러나 가해차는 정지한 앞차를 피해 옆 차선으로 차선을 바꾸어 달리다 사고를 냈다. 그래서 횡단보도 위의 보행인을 보호할 운전자의 주의 의무보다 보행자의 책임을 강조한 차량 위주의 판결이란 비난을 받는 것이다. 이 판결은 횡단보도 가운데 서 있는 보행자를 친 운전자에 대한 공소기각 선고를 인정한 83년 대법원 판례에 부합한다.
　푸른 신호등이 깜빡이는 것은 아직 차도에 들어서지 않은 사람에게는 건너지 말라는 규정도 있으니 피해자의 과실이 있는 것도 사실이다. 그러나 정지신호에 비해 횡단신호가 지나치게 인색한 우리의 교통여건을 감안하지 않은 죽은 판결—법전상의 정의만 추구했다는 시민 단체들의 비판에 대응할 논리가 무엇일지 궁금하다. 일반적으로 횡단보도 보행신호는 7초간 푸른신호 다음, 노폭에 따라 1m당 1초간 푸른 점멸신호를 준다는 것이 경찰의 설명이다.

30m 도로의 경우 푸른 신호와 점멸신호를 합쳐 37분간이라는 것이다. 그러나 웬만한 횡단보도에서는 건강한 성인이 4~5보 걸으면 점멸신호로 바뀌고, 곧 적색신호가 된다. 노약자나 장애인들은 아무리 애써도 중간에 빨간 불을 만난다. 그런 경우의 사고도 형사책임이 없단 말인가. 자동차 중심의 교통체계를 문제삼는 보행자 편의 판사는 없나.

2001. 03. 17

芝溶의 최후

시인 정지용(鄭芝溶)이 지인에게 마지막으로 목격된 것은 1950년 9월이다. 그 때 평양교화소(형무소)에 갇혀있던 납북인사 계광순(桂光淳·작고)이 미군의 평양폭격으로 인한 혼란 통에 탈출해 남긴 회고록(나는 이렇게 살았다)에는 이광수 정지용 같은 문인들과 경기도경 국장 출신인 옥선진 등 납북인사들과 같은 감방에 있었다는 기록이 있다. 그는 뒷날 문학평론가 백 철(白鐵·작고)과 만난 자리에서 그 때 일을 자세히 털어 놓았다.

춘원은 부처처럼 앉아 묵상에 잠기는 일이 많았고, 지용은 가끔 철창 밖을 향해 "나를 내놓아야 의용군에 나가지 않겠느냐"고 호통을 쳤고, 간수는 "너는 늙어서 안돼"하고 대꾸했다는 것이다. 이 얘기는 백 철의 글로 남아 지용이 납북당했다는 결정적 근거로 활용되었다. 평양에 끌려가기 전 인민군 정치보위부에 잡혀갔던 사실은 작가 최정희(崔貞熙·작고)에 의해 확인됐고, 그 후 서대문형무소에 갇혔던 일은 가족이 확인했다.

지용연구가 김학동(金學東·전 서강대 교수)씨는 여러 정황으로 보아 9·28 수복 때 평양으로 이감돼 미군의 평양폭격 때 죽은 것이 틀림없다고 말한다. 가족들도 그렇게 믿고 있다. 그렇다면 시기가 문제다. 계광순은 자신의 탈옥을 9월 23일께로 기록하고 있다.

최근 북한에서 나온 조선대백과사전에는 지용이 1950년 9월 25일 사망한 것으로 돼 있다. 9·28 이전에 지용이 평양에 이감됐고, 그 때 미군 폭격이 있었다는 의문이 남는다.

3차 이산가족 상봉 때 서울에 왔던 지용의 둘째 아들이 의문의 실마리를 풀어줄 것으로 기대됐으나, 궁금증은 더 꼬였다. 그는 10여년 전 북의 박상수 시인이 통일신보에 쓴 기사를 근거로 아버지가 북으로 가던 중 소요산 부근에서 미군 기총사격으로 사망했다는 주장을 되풀이했다.

형은 이 부분에 말을 아꼈다. 동생 앞에서 납북됐다는 말을 할 수가 없었기 때문이다. 아버지 죽음의 진실에 관해서조차 아들들의 입장을 다르게 한 이데올로기란 대체 무언가.

2001. 03. 02

鄭芝溶 가족의 이산

향수(鄕愁)의 시인 정지용(鄭芝溶)은 40년 가까이 월북시인이었다. 지금 국민시인처럼 사랑받는 그의 이름이 출판물에 '정0용'식으로 표기돼 온 것은 우리 현대사의 유별난 레드 콤플렉스가 빚어낸 희화였다. 그의 이름이 되살아 난 것은 유가족과 문단 사람들이 오래 애쓴 결실이다. "자진월북이 아니라 6·25 직후 인민군에게 납북됐으니 이제는 월북자 가족이라는 천형을 면하게 해달라"는 호소가 받아들여진 것이 1988년이었다.

아버지의 행방을 알려달라는 맏아들(구관·求寬·73)의 탄원에 군 당국은 83년 납북으로 추정된다고 통보했다. 인민군에게 붙잡혀 서대문형무소에 끌려갔고, 그 후 평양감옥으로 이감됐다가 폭격으로 사망한 것으로 추정된다는 것이 군 당국의 결론이었다. 가족들도 며칠간 수소문 끝에 시인의 소재지가 서대문형무소임을 확인했었다. 이를 근거로 유족이 해금 청원을 했고, 정부가 이를 받아들였으니 납북사실을 공식 인정한 셈이다.

정지용 시인이 종적을 감춘 것은 인민군 치하이던 1950년 7월 말이었다. 이화여전 교수로 일하다 칩거생활을 하던 녹번리(서울 녹번동) 초당에 4~5

명의 후배 문인이 들이 닥친다. 숨어 지내면 오해를 받게 되니 인민군 정치보위부에 자수하는 것이 좋지 않겠느냐고 권유하러 온 것이다. 잠깐 다녀오겠다며 그들을 따라 나간 시인은 돌아오지 않았다. 당시 배재중 학생이던 둘째 아들(구인·求寅·67)도 아버지를 찾아 헤매다 돌아오지 못한다.

9·28 수복 때 북에 끌려간 시인은 유엔군의 폭격을 피해 평양형무소 죄수를 분산수용하는 혼란 속에 탈출한 계광순(桂光淳·전 국회의원·90년 작고)씨에게 목격된 것이 최후였다. 아버지를 찾다가 북으로 간 둘째 아들이 26일 3차 이산가족 상봉 때 형과 여동생을 만난다. 그는 찾는 사람 란 첫 칸에 아버지 이름을 적었다.

같은 하늘 아래서 처참히 죽었을 아버지가 남쪽에 살아 있기를 바라는 생이별의 비극이다. 북한은 민족시인의 최후를 확인하는데 협조할 의무가 있다.

2001. 02. 22

回節江

어제 아침 신문에 실린 외신사진 한 장이 눈길을 끌었다. 수만 명의 힌두교도들이 인도 북부 알라하바드 시 갠지즈 강에 마련된 부교를 건너는 장면이다. 과거의 죄를 강물에 씻기 위한 행렬이라는 사진 설명에 더욱 마음이 끌렸다. 다리 위를 가득 메운 그 많은 사람들은 대체 무슨  죄를 지었기에 저렇게 강가를 찾아가는가. 그것이 힌두교 축제 의식의 하나임을 모르지 않지만, 죄를 씻으러 떼 지어 몰려가는 모습이 충격으로 와 닿는다.

우리나라에도 죄를 씻기 위해 강물에 목욕하는 행렬이 있었다. 병자호란으로 청나라에 잡혀갔다 돌아온 환향녀(還鄕女)들을 오랑캐에 더럽혀진 몸이라고 배척하는 사람이 늘어나자, 목을 매는 여자들 시신이 길가에 늘비하였다. 환향녀가 '화냥년'으로 음전되어 멸시와 천대의 대명사가 되자 인조 임금은 전국에 회절강(回節江)을 지정하고, 그 곳에서 몸과 마음을 씻은 환향녀는 과거를 묻지 말고 모두 받아들여 주라는 교지를 내린다.

서울과 경기도 일원은 한강, 강원도는 소양강, 충청도는 금강, 황해도는 예성강, 평안도는 대동강이 회절강으로 고시되었다. 강물에 몸을 씻는다고 더럽혀진 몸이 깨끗해진다고 믿을 사람이 있으랴만, 만일 회절강에 목욕재계한 환향녀를 받아들이지 않으면 국법으로 다스리겠다는 임금의 강한 경고 때문에 사대부 집에서도 울며 겨자 먹기로 따를 수 밖에 없었다. 청나라에 잡혀갔던 사람이 60만명이 넘었으니 환향녀 소동이 어떠했을까.

인도에서는 연중행사인 갠지즈강 목욕행렬 사진을 보고 우리 역사의 회절강까지 떠올린 것은 잘못을 뉘우치는 데 인색한 우리의 모습이 부끄러워서다. 자기 자신과 가족, 그리고 자신이 속한 일터와 출신지의 이익을 지키기에 온갖 어거지를 쓰면서도, 상대편이 나빠서 나라가 이 꼴이라는 저 어지러운 '네탓 축제'를 보라. 특히 설날 민심을 전하는 정치인들의 말에는 내 잘못은 없고 온통 상대 탓이다. 내 죄를 씻어내는 현대의 회절강을 정해 우리 모두 한번씩 풍덩….

2001. 01. 27

돌아온 고래

3년 전 동해안을 지나다가 운 좋게 고래 구경을 했다. 삼척 해안도로를 달리다 점심을 먹으려고 작은 포구마을에 들어갔는데, 부두에 엄청나게 큰 생선이 한 줄로 누워 있는 것이 보였다. 신기한 생각에 가까이 가 보니 어른 키보다 큰 돌고래였다. 경매가 막 끝났는지, 고래 등에는 일련번호가 적힌 쪽지가 붙어 있었다. 가까운 곳에서 점심식사를 마치고 나와보니 고래는 간데 온데 없었다. 우리 근해에서 고래가 잡힌다는 것이 신기했다.

그 후 동해안에서 가끔 고래에 관한 뉴스가 날아왔다. 정치망에 걸린 밍크고래 새끼를 건져올린 어부가 횡재를 했다느니, 천수를 다 하고 죽은 고래 시체가 백사장에 밀려와 가난한 어촌에 고래고기 잔치가 벌어졌다느니 하는 얘기들이었다. 그런 일은 좀처럼 만나기 어려운 행운이겠지만, 씨가 말라 간다던 고래가 돌아오는 징조가 아닌가 해서 더 관심을 모았다. 그러더니 지난해부터는 고래 떼로 인한 피해 기사가 눈에 띄기 시작했다.

동해안 오징어잡이 어민들은 애써 불을 밝혀 오징어를 모아놓으면 고래 떼가 나타나 오징어를 잡아먹어 피해가 크다고 하소연하고 있다. 최근 KBS 다큐멘터리 프로에 수백마리의 고래 떼가 동해를 헤엄치는 장관이 방영되었다. 국립수산진흥원은 지난해 여러 차례 현장조사를 통해 현재 우리나라 동·남해에 밍크고래를 중심으로 31종 11만여마리의 고래가 서식하고 있다고 밝힌 바 있다. 포경금지에 관한 국제협약 15년의 결실이다.

동해에는 까만 옛날부터 고래가 많았다. 선사시대 유적인 울산 반구대 암각화(국보285호) 296점 가운데 고래류가 58점으로 가장 많다는 최근 조사 결과를 보아도 동해남부 해안이 그때부터 고래잡이 명소였음을 알 수 있다. 그렇다고 성급하게 포경금지 해제 운운하는 것은 눈 앞의 이익에만 눈 먼 발상이다. 고래 보호에 모범을 보여야 포경해금 때 어획쿼터를 늘릴 수 있다. 고래관광선 운항, 고래축제 같은 일부 지자체 수익사업도 이웃나라 동향을 참고해 결정할 일이다.

2001. 01. 18

대관령

밤 11시 서울역에서 목단강(牧丹江)행 열차의 맨 앞칸에 타고 밤새 경원선을 달린다. 캄캄한 새벽, 원산 교외 안변역에서 함경선과 동해북부선이 갈려 뒤칸은 북쪽, 앞칸은 남으로 달린다. 동틀 녘 통천 장전을 지나 아침 8시 양양에 닿는다. 다시 목탄버스로 갈아타고 먼지 나는 자갈길을 하루 종일 달려 강릉에 닿으면 저녁 5시. 재경강릉시민회가 발행한 <강릉 사람들>이란 책자에서 읽은 1940년대 초 서울 유학생의 귀성 추억담이다.

어떤 이는 겨울방학을 맞아 강릉행 시외버스를 탔다가 당한 고초를 털어놓았다. 종로 3가를 떠난 버스는 가는 눈발 속에 안흥 문재, 대화 전재, 진부 속사리재를 무사히 넘어 곧 강릉이겠다 했다. 그러나 대관령에서 동티가 나고 말았다. 눈이 너무 많이 쌓여 버스가 갈 수 없는 상황이었다. 앞이 안 보이는 함박눈 속에 날은 저물고, 달리 방법이 없어 대관령 아흔 아홉 구비를 걸어서 강릉에 도착하니 두 귀가 동상으로 부어 올랐다.

그렇게 귀성했다가 방학이 끝나도 학교에 돌아

162 역사는 하늘보다 무섭다

가지 못하는 때가 있었다. 큰 눈이 내리면 한달 씩 대관령이 막혀 3월 새 학기에 등교한 기억도 있다.

  대관령 정상에서 버스가 고장이라도 나는 날이면, 조수나 운전사가 강릉까지 부속품을 사러 간 사이, 길가에 모닥불을 피우고 무한정 기다리는 일도 많았다.

  아예 배편으로 포항이나 부산까지 가서, 경부선 열차를 이용하는 사람들도 있었다. 영동선 태백선이 생기기 전의 일들이다.

  20년만의 폭설로 영동고속도로 대관령 구간이 이틀간 두절돼 헬기가 구호품을 실어 나르는 소동을 보면서, 그 동안 너무 편하게 살았구나 하는 생각이 들었다. 꼼짝달싹 못하게 된 도로에서 추위와 허기를 못견뎌 도보로 강릉에 돌아간 사람도 많았다. 강릉은 그렇게 멀고 험한 곳이다. 그러나 내년부터는 그 고생도 추억이 되고 말 것이다.

  대관령 고개 아래 4,000m 길이의 터널을 뚫는 공사가 올 연말에 완공된다. 대관령의 마지막 추억을 오래 간직 시키려는 눈이었나.

2001. 01. 10

통행방식과 원칙

사람들은 왼쪽 길/ 차나 짐은 바른 길/ 이쪽 저쪽 잘 보고/ 길을 건너갑시다. 중·장년 세대는 어린 시절 학교에서 이런 노래를 부르며 질서교육을 받았다. 무심히 복도 바닥의 노란 선을 넘어섰다가 적발되어 처벌을 받은 추억도 있다. 사람은 좌측, 차는 우측통행이란 의식은 알게 모르게 한국인의 뇌리에 스며 들었다. 차도 사람도 많지 않던 시절, 왜 그래야 하는지 이유도 모르고, 그저 배운 대로 살아가면서 질서에 길들여 졌다.

 최근 이런 상식이 통하지 않는 일이 생겼다. 얼마 전부터 국제기준에 따른다는 이유로 교통당국이 횡단보도 표지를 바꾸면서 오른 쪽에 화살표를 해놓은 것이다. 95년 행정쇄신위원회 건의로 서울 강남지역에서 시범운영을 해보니 효과가 있어 전국에 확대했다는 것이 경찰청의 설명이다. 차량 정지선과 보행자의 거리가 그만큼 멀어져 사고예방에 도움이 된다는 것이다. 그러나 횡단보도만을 예외로 하자는 논의는 기억에 없다.

 우리가 까맣게 모르고 있는 또 하나의 예외가 있다. 차량은 우측통행이 원칙이지만 기차만은 반대로 좌측통행 체계다. 철도 단독노선에서는 큰 문제가 없지만 우측통행 체계인 지하철과 연결되는 구간에서 혼란이 일어난다. 이 문제를 해결하기 위해 지하철과 국철이 연결돼 있는 서울지하철 1호선만은 좌측통행 체계로 건설되었고, 나머지 지하철은 모두 우측통행 체계다. 건설 후 국철과 연결된 곳에서는 국철구간에서 통행체계가 바뀐다.

기차가 좌측통행인 것은 구한말 우리 철도가 일본인들 손으로 건설되었기 때문에 불가피한 예외라 할 수 있다. 그러나 사람의 통행방식은 편의에 따라 바꿀 일이 아니다. 꼭 바꿔야 한다면 국민적 논의에 부쳐 그 결론에 따라야 한다. 통행방식 하나에도 이렇게 많은 예외와 특례가 용인되는 것이 우리 정치와 사회상의 혼란과는 연관이 없을까. 좀 불편하고 손해 보더라도 원칙만은 확실히 지켜 누구도 넘볼 수 없는 전통을 세우는 것이 21세기 모든 한국인의 과제가 아닐까.

2001. 01. 03

<u>역사는 하늘보다 무섭다</u>

제2부 역사는 하늘보다 무섭다

우상실종의 시대

'문민정부'란 말로 표현되던 김영삼 정권 후반기 "부산 영도다리 밑에 잘린 손가락들이 둥둥 떠 다닌다더라"는 우스갯 소리가 있었다. YS를 대통령으로 뽑은 것을 후회하는 부산 사람들이 표를 찍은 오른쪽 엄지 손가락을 잘라 바다에 버렸다는 것이었다. 군사정권의 오랜 파쇼정치에 염증을 느끼던 끝에 탄생한 문민정부에의 기대가 실망으로 변한 것이다. 거듭되는 실정과 아들의 국정농단이 현대 한국의 정치적 우상 하나를 무너뜨렸다.

김대중 대통령이 처음 선거혁명을 이룩한 지 3년째 되던 18일, 광주에서는 17개 시민단체가 김대중 정권의 무능과 부패를 지탄하는 시국성명을 발표했다. 시민들은 "청천벽력이었던 IMF 한파도 김대중 정권에 대한 기대와 희망으로 감수할 수 있었고, 차차 웃목도 따뜻해 질 것이라는 '선생님'의 말씀을 믿고 인고의 세월을 보냈다"고 회상한 뒤, 그러나 임기를 2년 남긴 지금 또 하나의 무능정권이라는 혹평을 받고 있다고 안타까워 했다.

109조원에 달하는 공적자금을 퍼붓고도 금융 구조조정의 성과를 내지 못했고, 고급 옷로비 사건을 비롯해 최근의 불법대출 의혹에 이르기까지 비리 사건에 연루되었음직한 권력자들에 대한 철저한 수사를 하지 않았으며, 의사 파업에는 끌려 다니기만 하다가 사회적 약자인 롯데호텔 노동자 파업에는 테러진압에 사용되는 섬광탄과 경찰특공대까지 투입했고, 부패방지법안에 정치자금을 예외로 한 것 등을 무능 부패의 사례로 들었다.

그동안 입이 있어도 말을 못하고 벙어리 냉가슴 앓듯이 지켜보기만 했다는 그들은 그 침묵이 정권에 대한 지지가 아니었음을 분명히 했다. 정의가 강물처럼 흐르는 세상을 만들겠다던 대통령의 철학이 부끄럽게 됐다는 말에 한없는 실망감이 묻어난다. 이로써 최후의 우상으로 남았던 DJ마저 한국인의 가슴에서 사라지는 것인가. 어차피 현대는 우상 실종의 시대다. 광주 시민들의 요구처럼, 개혁을 제도화할 시스템을 들여세우면 우상이 없어도 외롭지 않을 것이다.

2000. 12. 23

天災와 민심

과학이 발달하지 못했던 시대에는 모든 것이 하늘의 뜻으로 통했다. 풍년이 들어도 하늘의 뜻이요, 천재지변도 하늘이 노한 탓이라 믿었다. 건조한 봄철 중국 동북부 사막에서 날아오는 황사로 막대한 피해가 있을 때 임금과 위정자들은 정치를 잘 하라는 하늘의 뜻으로 받아들여 자성하고 근신하였다. 황사로 보이는 자연의 이변은 신라나 고구려 때부터 흙비(土雨) 흙눈(赤雪) 흙안개(黃霧) 피비(黃雨) 같은 표현으로 기록되었다.

고려 현종 때는 나흘동안 온 누리를 뒤덮은 흙안개 때문에 역질이 창궐해 맥없이 죽어가는 백성이 속출했다. 괴승 신돈(辛旽)이 국정을 농단하던 공민왕 때는 눈을 뜨고 다니기 어려울 정도로 심한 황사가 무려 일주일동안 계속되었다는 기록이 있다. 조선 인조 때는 피비가 내려 풀잎까지 붉게 물들었다고 했다. 이런 이변이 있을 때 마다 정치가 잘못된 때문이라는 쑥덕거림이 항간에 시끄러워 위정자들은 옥문을 열거나 제도를 개혁했다.

가뭄으로 농사를 망치게 될 때도 예외가 아니었다. 가뭄이란 3~4년에 한번씩은 오게 마련인 주기적인 자연재해련만, 그 때

마다 왕과 위정자들은 옷깃을 여미고 하늘에 촉각을 곤두세웠다. 가뭄이 심해지면 임금이 몸소 하늘에 제사를 집전하였다. 이때 왕은 먹고 마시는 일을 폐하고, 초가로 거처를 옮겨 일반 민중과 고통을 같이 나누기도 하였다. 하늘의 노여움을 사게 된 것을 사죄하고 민심을 수습하려는 제스처였다.

　그런 천재를 위정자 잘못으로 생각하던 시대는 지나갔지만, 사람의 잘못으로 인한 국정혼란에 대한 민심은 옛날과 다를 바 없다. 권력자 주변의 일을 내집 일처럼 자세히 알게 된 시대에는 더욱 그렇다. 민심을 천심으로 알겠다는 다짐이 귓가에 생생할수록 실망이 큰 법이다. 민심을 의식해 가신 한 사람과 여당 대표를 물리쳤지만, 이제 됐다 할 사람이 얼마나 될까. 사람이 아니라 시스템을 개혁하지 않는 한 고개 끄덕일 사람이 많지 않다는 것을 알아야 한다.

2000. 12. 19

뇌물과 대가성

대가성이 없으면 뇌물 죄를 인정할 수 없다는 판결이 시중의 화제다. 서울지법 서부지원은 최근 분양아파트 세금에 관한 법안 개정을 도와달라는 부탁을 받고, 주택건설사업협회 회장으로부터 2억원의 뇌물을 받은 혐의로 기소된 한 야당 중진 의원에게 무죄를 선고했다. 법원은 이 의원이 2억원을 받은 것은 사실이지만, 소개알선의 대가라기보다는 그를 평소 친형처럼 따르던 사람이 15대 총선 때 정치자금으로 제공했다는 것이 판결 이유였다.

이 판결에 앞서 청구그룹 회장에게서 2억원을 받은 혐의로 기소됐던 국회의원이 뇌물제공자가 돈을 주었다는 시간에 국내에 있지 않았다는 이유로 무죄가 선고됐다. 한보그룹 정태수 회장에게서 5,000만원을 받은 잘 나가던 국회의원, 진급과 인사와 관련해 8,000만원을 받은 혐의의 전직 해병대 사령관에게도 비슷한 판결이 내려졌다. 며칠 전에는 토지브로커에게서 5,000만원을 받은 혐의로 구속된 군수에게도 무죄선고가 내려졌다.

법원측은 검찰의 기소에 무리한 데가 있고, 피고인들이 기소사실을 부인하고 있는데다, 명백한 증거가 없어 그렇게 판결할 수밖에 없다고 말한다. 100명의 범인을 놓치더라도 한 사람의 억울한 죄인을 만들어서는 안 된다는 형법정신을 엄정히 적용한 판결이다. 그러나 국민의 법 감정은 그렇지 않다. 도로교통법이나 폭력행위처벌법 등은 조그만 잘못도 어김없이 처벌하면서, 왜 돈 받은 것이 분명한 높은 사람들만 봐주느냐는 것이 시중 여론이다.

대가성이란 무엇인가. 어떤 이권과 관련해 자신이 유리하게 해달라는 조건이다. 구체적으로 적시하지 않아도 거래 당사자들의 신분이 은연 중 그런 요구와 무언의 수락을 의심하게 한다. 형님 동생 하는 사이는 이권을 둘러싼 복잡한 인간관계에서 얼마든지 있을 수 있는 사적 관계다. 돈 준 사람은 주택사업자 권익의 대변자였고, 그 정치인은 주택관련 법령의 개정에 영향력을 미칠 자리에 있었다. 정치자금이라 해도 대가를 바라지 않고 돈을 줄 업자가 있을까.

2000. 11. 28

잃어버린 10년

'수몰주민 못 살리면 동강은 피강 된다' '동강주민 죽은 뒤에 동강보존 의미 없다' 강원도 동강유역 주민들이 들고 올라온 피켓 내용이 섬뜩하다. 아무리 생존권을 보장해 달라고 외쳐도 메아리가 없자, 동강 주민 400여명이 시위차 상경했다. 8일 종묘 앞 공원에서 시위를 한 주민들은 그날 밤부터 명동성당에 텐트를 치고 거적잠에 컵 라면으로 식사를 때우며 생계대책을 호소하고 있다. 그러나 이 절박한 절규에 귀 기울여주는 사람이 많지 않아 주민들은 원정데모를 후회하고 있다.

지난 6월 동강 댐 백지화 발표에 이어 10월 건설예정지 고시가 해제됐을 때, 우리는 천혜의 자연경관이 수몰을 면하게 됐다고 좋아했다. 반대운동을 전개해 온 환경단체들이 환경문화 대상을 받게 됐다는 소식에도 박수를 쳤다.

이제 모든 문제가 다 해결되어 비오리 가족과 쉬리 떼가 마음 놓고 헤엄치는 비경이 언제나 그 곳에 있게 된 것만을 반가워 했다. 동강 사람들이 서러워 하는 것이 바로 그것이다. 비오리도 쉬리도 물론 중요하지만, 그곳에 사는 사람들의 절박한 생존문제도 잊혀져서는 안 된다는 말이다.

정선 영월 평창 등 동강유역 주민 500여 가구는 지금 150억원 가까운 빚을 안고 있다. 산자락에 몇 뙈기 씩 밭을 일궈 대대로 농사를 짓고 있는 그들의 고난은 91년 동강댐 건설계획이 발표되면서부터 시작되었다. 저리 농자금 등 영농지원이 일절 끊겨버린 것이다. 이자가 비싼 일반자금을 쓰면서부터 빚이 늘기 시작했고, 보상금을 많이 받을 수 있다고 해서 앞 다투어 빚을 내 밭에 곡식 대신 유실수를 심었다. 부재 지주들 땅에 까지 농작물 대신 과

수 묘목이 빽빽이 들어섰으니 수입이 있을 리 없었다.

그래도 댐 공사가 시작되면 보상금을 받아 대물림 가난에서 벗어날 수 있으리라는 희망을 품고 기다렸다. 언제부턴가 환경운동가와 기자들이 들락거리면서 반대운동이 시작되더니, 곧 백지화 결정이 났다. 주민들은 지난 10년을 '잃어버린 세월'이라고 말하고 있다.

그들은 천금 같은 세월을 허송한 피해를 누구에게 보상 받아야 하느냐고 묻는다. 그리고 빚 독촉에 시달리다 못해 자살을 택한 다섯 주민의 유가족은 누가 책임져야 하느냐고 애타게 묻지만, 아무도 관심을 가져주지 않는 세태가 더 야속하다.

2000. 11. 13

별자리와 고대문명

신라역사과학관에 세계에서 두번째로 오래된 천문도인 천상열차분야지도(天象列次分野之圖) 복사품이 전시돼 있다. 1395년 권 근(權 近)이 고구려 천문도를 본떠 만든 석각천문도를 1995년 복원한 것이다. 가로 123cm×세로 210cm 크기의 이 천문도에는 북두칠성 등 290개의 별자리에 1,469개의 별이 새겨져 있고, 적도와 북극 원, 은하수까지 정교하게 그려져 있다. 하단부에는 평양성이 함락될 때 강물에 빠진 고구려 천문도 탁본을 토대로 일부 달라진 별자리를 수정보완해 만들었다는 기록이 있다.

그렇다면 고구려는 어떻게 이런 정확한 천문도를 만들 수 있었을까. 학자들은 "대동강에 빠졌다는 천문도 원본을 찾지 못해 짐작하기 어렵지만, 고구려 고분의 별자리 그림을 보면 고구려 천문학의 수준을 짐작할 수 있다"고 말한다. 고구려 벽화고분 95기 가운데 22기의 천장에 별자리가 그려져 있다. 무용총의 경우 벽면에 고인의 영생을 상징하는 사신도와 일월, 천장에 여름밤 남쪽하늘에서 관측되는 남두육성을 비롯한 26수의 별자리가 그려져 있는데, 이는 고구려인의 독특한 천문사상을 나타낸다고 한다.

최근 일본에서 공개된 기토라 고분 천문도가 고구려인의 작품이 아닌가 하는 의견이 제기된 일이 있다. 7세기 고분 천장에 그려진 천문도의 동쌈성 서쌈성 별 자리가 천상열차분야지도와 똑같고, 관측지점이 평양과 같은 북위 39~40도로 밝혀진 점이 그 근거다. 평양천문대에서 관측한 것으로 추정하는 또 하나의 근거는 세계 최고인 중국 순우천문도(順祐天文圖・1247년)에 없는 별자리가 있다는 점이다. 이 고분에 고구려 고분벽화의 특징인 사신도가 그려졌다는 점도 근거의 하나로 제시되고 있다.

그렇다면 이렇게 발달된 고구려 천문학의 뿌리는 어딘가. 일단의 학자들은 지금 고인돌에서 나온 돌판에 새겨진 별자리 그림에서 이 문제를 풀려 하고 있다. 서울교대 이용복 교수 등은 78년 대청댐 수몰지역인 청원군 문의면 아득이 마을 고인돌에서 나온 돌판에 새겨진 65개의 구멍이 북두칠성 주변 별자리임을 확인, 20일 천문학회 학술발표회에서 보고할 예정이다. 대구시 동내동과 각산동 민가 마당에 있는 고인돌에서도 북두칠성 별자리가 확인됐다. 전설 속의 나라로 인식되고 있는 고조선 문명의 실체를 밝혀줄 연구결과가 기다려진다.

2000. 10. 19

한국어의 명칭

일본이 2003년부터 대학 입시센터 시험에 한국어를 제2 외국어 과목에 포함시키겠다고 한다. 지난 주 일본 아타미(熱海)에서 열린 한일 정상회담 때, 일본정부가 대입센터 시험 과목에 한국어를 채택하기로 한 데 대해 김대중 대통령이 고마움을 표했다. 모리 요시로(森喜郎) 총리는 "한국의 일본문화 개방정책으로 한국에 관한 관심이 높아졌다"면서 이 방침을 밝혔다. 국민교류 활성화를 위해 가급적 빨리 한국어를 채택하려 한다는 설명이었다.

지난 봄 나카소네 히로후미(中曾根弘文) 일본 문부상 방한 때 문용린 당시 교육부 장관이 이 문제를 공식 요청했고, 일본측은 검토 의사를 밝혔었다. 그동안 외무성은 적극적 이었던 데 비해 문부성은 실무적인 문제점을 들어 미온적인 태도를 취했다 한다. 외국어 교육이란 필요에 따른 선택의 문제이지, 상호주의 원칙에 따른 외교적 거래의 대상이 아니다. 채택해 달라고 조를 일도 아니다. 나라의 힘이 커지면 배우지 말라고 해도 배우는 것이 외국어다.

이 시점에서 우리가 관심을 가져야 할 것은 일본이 택할 한국어 교과목의 공식명칭이다. 당연히 '한국어'가 되어야 마땅 하지만, 일본은 그렇게 하지 않고 있다. 84년 NHK TV가 한국어 강좌를 개설하면서 우여곡절 끝에 '한글강좌'라는 명칭을 채택한 것이 일본 국내 사정의 복잡성을 대변한다. 전통적인 의식 속에는 한반도를 조선이라 하고싶지만, 남북관계라는 특수성 때문에 '조선어'라 하지 못하고, 언어관습에 맞지 않는 '한국어'를 택하기도 어려웠던 것이다.

일본 고교의 한국어 명칭 혼란이 이 사정을 잘 말해 준다. 일본에서 우리말을 제2 외국어로 가르치고 있는 고교는 170여개교로 추산되는데, 교과목 이름은 한글어, 한국어, 조선어, 한국·조선어, 조선·한국어, 코리아어 등 6가지가 쓰인다. 이중 한글어가 42%로 가장 많고, 한국어(25%) 조선어(20%)가 그 다음, 나머지는 소수다. 정부는 이런 현실을 잘 파악해 미리 명칭문제를 확실히 못박아 둘 필요가 있다. 일본이 국교를 맺고 교류하고 있는 나라는 한글도, 조선도 아니다. 한국은 고유명사다.

2000. 09. 26

카인의 후예

추석연휴 중 무료함을 달래려고 우연히 서가에서 뽑아든 책이 황순원 선생의 <카인의 후예>였다. 학창 때 읽었지만 너무 감동이 진해 다시 읽고 싶은 작품이었다. 두번째 읽고 나서, 구약 창세기의 인물 카인처럼 친족을 죽인 사건이 나오지 않는데 왜 작품의 표제가 카인의 후예인지, 구체적으로 누구를 악인의 상징으로 설정한 것인지, 이해할 수 없었던 젊은날의 독후감이 떠올랐다. 마지막 장을 덮은 날 순원선생 부음이 전해진 것도 우연이었을까.

일본 군국주의 압제의 사슬에서 벗어난 기쁨도 한 순간, 소련군이 진주하고부터 북한에 몰아닥친 변혁의 회오리는 기득권 계층에겐 너무 거세었다. 소련을 등에 업은 새 권력이 토지개혁이란 이름으로 지주들의 재산과 목숨을 마구 빼앗은 폭력은 나약한 지성인(주인공 박 훈)에겐 불가항력이었다. 마름의 딸인 오작녀와의 인연 때문에 파멸을 일시 유예받은 훈이 마름의 악행에 절망한 끝에 월남전야 그에게 칼부림한 것만을 카인에 비유하지는 않았으리라.

지주에게 충직했던 허물을 벗어 던지려고 훈을 해치려던 마름이 아들의 반발에 부딪쳐 아들에게 낫을 휘두른 행위는 카인에 비유되어 마땅하다. 그렇다면 악인은 마름 한사람 뿐인가. 그를 피수탈 계층의 대변자로 조작해 이용하다가 가치가 없어지자 헌신짝처럼 내던진 당시 북한 지배층도 손가락질 받아 마땅하다. 경위야 어떻든 농민들의 피땀으로 재산을 축적한 지주들도 자유롭지 못하다 한다면, 사익에 눈먼 사람들 모두를 카인의 후예라 지칭한들 반박할 수 있을까.

그렇게 남북으로 갈린 두 계층 사이에 50여년만에 화해 분위기가 자라고 있다. 남쪽 대통령의 방북을 계기로 인민군 대장이 남쪽 지도층에게 주는 송이 선물을 들고 오고, 경의선 복원공사 삽질도 시작되었다. 그 화해의 기류를 거스르려는 움직임도 꿈틀대고 있다. 특히 정치적 반대자 세력은 김정일 북한 국방위원장의 답방을 반대하는 서명운동까지 펴고 있으니 한심한 일이다. 어제 문학인들의 애도 속에 천안땅에 묻힌 작가가 왜 우리 모두를 카인의 후예라 했는지 이제야 알 것 같다.

2000. 09. 19

매미소리와 공해

올 여름에는 유난히 매미소리가 청량하다. 도시의 공원과 아파트 단지 녹지대, 도심지 가로수에 매미가 낮게 앉아 기를 쓰고 울어대는 모습을 목격하기 어렵지 않다. 집 주위나 길거리를 거닐며 가까이서 우는 매미소리를 들으면 마치 심산유곡이나 고향집에 온 것같은 착각에 빠지게 된다. 그 착각은 우리를 까마득한 유년시대로 인도해 주니, 이 또한 흔하지 않은 행운이다. 도심지에서 매미소리 듣기가 어려웠던 시대를 생각하면 더욱 그렇다.

과유불급(過猶不及)이라 했던가. 매미가 너무 많아 울음소리가 시끄럽다고 짜증을 내는 사람이 많다. 매미소리 때문에 나무그늘 아래서 낮잠 자기가 어렵다는 투정은 애교가 있지만, 소음 측정기를 들이대며 그것 보란 듯 매미소리 공해를 '고발'하는 방송기자의 리포트는 너무 삭막하였다. 밤에도 낮처럼 울어대 잠을 잘 수 없다고 해충방제 전문회사에 매미방제를 부탁하는 사람도 많다고 한다. 자연의 소리를 거부하고 무엇을 기대할 것인가.

매미는 애벌레 상태로 7년동안 땅속에서 살다가 탈피해서는 한철 밖에 살지 못한다. 여름이 가기 전에 짝을 찾아 종을 번식시키기 위해 그렇게 울어댄다.

올 여름 매미가 이렇게 많아진 것은 춥지않은 겨울이 오래 계속되어 애벌레 월동률이 높았기 때문이라 한다. 도시에 녹지공간이 늘어나 서식환경이 좋아진 것도 원인의 하나다. 매미는 유충때부터 나무뿌리 수액을 빨아먹고 살기 때문에 공해에 영향을 받지않아 도심지에도 잘 적응한다.

그러나 무엇보다 큰 원인은 매미의 천적이 많이 없어진 때문이라는 것이 생물학자들의 일치된 견해다. 매미의 천적은 말벌과 어치 찌르레기 북방새 박새 같은 식충성 조류다. 그들 천적의 개체수가 크게 줄거나 멸종해 잡아 먹히는 놈이 없으니 매미세상이 될 수밖에 없다는 것이다. 천적이 줄어든 이유는 말할 것도 없이 환경오염이다. 먹이가 아무리 많아도 서식환경이 되지 못하면 벌도 새도 살 수 없다. 매미소리가 시끄럽다고 짜증 낼 일이 아니라, 생태계 이변을 심각하게 걱정할 때다.

2000. 08. 24

개성관광?

　개성은 은둔의 땅이다. 고려의 장수 이성계가 명나라로 출병하다 위화도에서 회군해 조선왕조를 세우자, 망국의 유신들은 만수산 서남쪽 골짜기 두문동으로 들어가 세상을 등진다. 그들의 불사이군(不事二君) 충절에 당황한 이성계는 높은 벼슬을 미끼로 회유하다가, 뜻을 이루지 못하자 마을에 불을 놓아 그들을 불러내려 했다. 그러나 그들은 모두 불에 타죽고 말았다. 문신 72명과 무신 48명이었다. 그 뒤 남은 유신들은 강원도 정선땅으로 숨어 들었다.
　이성계가 도읍지를 한양으로 옮겨버리자 개성 사람들의 반감은 더욱 깊어졌다. 세상이 거꾸로 되었다면서 되질을 할 때도 왼손으로 되를 잡고 거꾸로 부었고, 한양에 올라간다는 말 대신 내려간다는 표현을 썼다. 이 나라의 정신적 서울은 아직 개성이라는 자부심이었다. 돼지고기를 '성계고기'라 부르는 것도 500년 왕조를 빼앗은 쿠데타에 대한 반감이었다. 대나무칼로 가래떡 허리를 눌러 끓인 조랭이 떡국 만들기도 이성계 목 자르기라 한다.
　조선왕조의 출사(出仕)를 거부하는 것은 저항의 기본이었다. 벼슬을 포기한 선비의 할 일이 상업말고 무엇이겠는가. 그 고장 상인이 일찍부터 명성을 얻은 이유를 알만하다. 경우 바르고 도리에 밝은 송도상인(松商)들은 돈을 벌어 옳게 쓰는 일에도 모범이었다. 특히 고려영약 인삼 재배와 거래로 얻은 막대한 이익을 독립군 군자금 지원이나 장학금에 쓴 일은 유명하다. 일본상인들이 그 땅에 발을 못붙이게 한 것도 칼같은 송상기질이었다.

  그 도시를 품고 있는 송악이 보인다는 기사를 썼다가 기관에 붙잡혀가 곤욕을 치른 일이 있다. 남산 서울타워 공사가 한창이던 70년대 작업용 윈치를 타고 올라가 스케치한 기사였는데, 송악이 보인다는 제목을 붙인 것이 불온하다는 이유였다. 그런데 올 가을부터 그 땅에 버스를 타고 가게 된다 한다. 관광뿐 아니라, 경제특구로 개발되어 우리 기업의 공단도 들어선다는 발표다. 자유로나 통일로를 타면 1시간 남짓한 거리지만, 북한의 최전방으로 더욱 꽁꽁 숨었던 은둔의 땅이 얼굴을 내밀다니….

2000. 08. 12

사형-단계적 폐지론

　사형은 인류 역사상 가장 오랜 역사를 가진 형벌의 하나다. 많은 법관과 학자들은 그것이 범죄에 대한 근원적인 응보방법이며, 효과적 예방법이므로 필요악이라고 믿고 있다. 그래서 50여년 전까지만 해도 대다수 국가들이 이 제도를 운영해 왔다. 우리나라 법원도 몇십년동안 사형제도의 필요성을 인정해 오고 있다. 헌법재판소는 96년 11월 7인의 다수의견으로 합헌을 선언한 바 있는데, 소수의견인 2명의 위헌론이 기록으로 남았다.
　그러나 세계의 추세는 반대다. 서구 선진국들은 대개 2차대전 이후 사형제도를 없앴다. 인권탄압 국가의 오명을 쓰고 있던 아프리카의 앙골라 모리셔스 모잠비크 남아프리카 같은 나라들과, 권위주의 국가였던 동유럽의 체코 헝가리 루마니아, 아시아의 캄보디아 네팔, 남미의 아르헨티나 파라과이 등이 80년대 이후 사형폐지국에 합류했다. 엠네스티의 99년 통계를 보면 사실상 폐지국을 포함해 104개국이 폐지, 98개국이 유지하고 있다.
　사형을 가장 많이 집행하는 나라는 중국이다. 전세계 사형집행의 70% 이상이 여기서 이루어지는데, 96년 같은 때는 3,500명이나 됐다. 우크라이나 러시아 등과 회교국가들도 사형 다집행국으로 분류된다. 특이한 나라는 인권선진국임을 자랑하는 미국으로, 집행자수가 늘어가는 추세다. 80년대 초까지는 연간 몇건에 불과하던 것이 차차 늘어나 95년에는 56건을 기록했다. 일본도 제도 자체는 유지하고 있으나 집행자수는 극소수다.

  우리나라에서 48년부터 현재까지 교수대에서 죽은 사람은 902명. 연평균 19명 꼴이다. 98년 이후 집행이 없었으나 74년 같은 해는 58명이나 됐다. 사형은 극악한 범죄자에 국한한다고 하지만 '정치적인 살인'이 많았던 것은 우리 현대사의 치욕이다. 종교계가 연합해 사형폐지 운동을 벌이고 일부 국회의원들이 지난달 사형폐지법안을 제출한 가운데, 정부가 8·15 특사 때 행형성적이 좋은 사형수의 무기 감형을 검토중이라는 소식에 귀가 번쩍 뜨인다. 단계적 사형폐지의 첫걸음이었으면 좋겠다.

2000. 08. 07

한반도 旗

91년 일본 지바(千葉)현 마쿠하리(幕張) 멧세 경기장에서 열린 세계 탁구 선수권대회는 우리 민족 분단사에 새로운 획을 그었다. 사상 처음 남북한 단일팀으로 출전한 우리 선수들은 강호 중국 선수들을 맞아 신들린 듯 싸웠다. 특히 현정화 이분희선수로 구성된 여자복식팀의 분전은 감동적이었다. 별로 손을 맞추어 볼 시간도 없었지만, 두 선수는 마치 일란성 쌍둥이처럼 호흡이 척척 맞아 중국선수를 물리치고 세계선수권을 따냈다.

체육관을 가득 메운 재일동포 응원단은 그 순간 제자리에서 깡충깡충 뛰었다. 한반도 기(旗)를 찢어지도록 흔들며 목이 터지도록 아리랑을 불렀다.

누가 제안하지도 않았는데, 몇사람이 부르기 시작하자 도도한 합창의 물살이 체육관을 뒤흔들었다. 처음 맛보는 그 감동을 그냥 삭일 수 없다는 듯 동포들은 체육관 앞 마당에서 북과 장구와 꽹과리를 두드리며 어두울 때까지 놀았다. 그 자리에는 민단도 조총련도 없었다. 오직 한민족이 있을 뿐이었다.

 오는 9월 시드니올림픽 개막식 때 남북한이 올림픽 기를 앞세우고 동시입장하게 될 공산이 커졌다. 국제올림픽위원회(IOC)가 28일 스위스 로잔에서 열린 집행위원회에서 남북한 선수단의 통일염원을 수용하기 위해 이 안을 받아들이기로 했다고 한다. 사마란치위원장은 올림픽 기를 앞세우고 남북한이 각자 국기를 들고 뒤따르는 안을 내놓았으나, 북한측이 분단의 고착화 이미지를 줄 우려가 있다는 이유로 국기사용을 반대해 IOC가 수용한 것이라 한다.

 다음 회의에서는 남북한 선수단 단일 유니폼 문제도 거론될 전망이라 하니 스포츠 분야 통일분위기가 실감난다. 독일도 1956년 멜버른 올림픽 때 베토벤의 교향곡 '합창'이 울려퍼지는 가운데 동서독이 동시에 입장했었다. 독일은 하나임을 상징하는 감동적인 이벤트였다. 우리도 올림픽 깃발 아래 한반도기를 같이 들면 어떨까. 재일동포들이 민족융합을 위해 만든, 흰 바탕에 하늘색으로 한반도 지도만 그린 깨끗한 깃발은 우리의 통일염원을 세계에 널리 알려줄 것이다.

2000. 07. 31

미국은 무엇인가

"피란동굴에서 나오니 배고픔보다 목마름이 더 큰 고통이었어요. 바닷물로 갈증을 풀 수 없다는 것을 그 때 알았습니다. 미군들이 수돗물을 갖다 주었지만 아무도 마시지 않았습니다. 귀축미영(鬼畜美英)의 군대가 독을 푼 물인 줄 안거지요. 그랬더니 미군병사들이 웃는 얼굴로 그 물을 마시면서 손가락으로 동그라미를 만들어 보이는 겁니다. 그래서 물을 마시고 갈증을 풀었지만, 끝까지 믿지 못한 사람들은 수류탄을 터뜨려 자폭하고 말았습니다."

태평양전쟁 말기 해안동굴에서 피란생활을 한 오키나와 주민에게서 들은 말이다. 오키나와 평화기원자료관에서 일하던 자원봉사자 할머니는 그 때 미군이 귀신도 짐승도 아니라는 것을 확인하고, 비로소 군국주의 프로파간다에 속은 것을 알았다고 말했다. 나무 한 그루 풀 한 포기 남지 않은 초토의 땅에서 점령군은 그들에게 먹을 것과 입을 것을 주었고, 나중에는 기지공사를 벌여 일자리를 제공했다. 미국에 대한 은원(恩怨)의 감정이 복잡하게 얽힌 배경이다.

일본영토 중 유일하게 지상전이 벌어진 오키나와 전투 희생자는 20만명이 넘었다. 그 가운데 60%가 넘는 12만 2,228명이 현지주민이었다. 집집마다 한 사람씩 죽은 셈이다. 그래서 주일미군 병사들의 범죄, 특히 성범죄에 대한 반응은 민감할 수밖에 없다. 얼마 전 미군의 여학생 성추행 사건이 일어나자 현지 미군사령관은 즉각 공식사과하고 재발방지를 약속했다. 그래도 가라앉지 않은 민심은 세계의 NGO 단체를 불러들여 응원을 청하고 있다.

21일 개막하는 오키나와 서미트(G-8 정상회담)를 겨냥해 주민들과 NGO 회원들은 회담장과 미군기지를 둘러싸고 철수 요구 시위를 벌이고 있다. 같은 날 서울에서는 대니얼 패트로스키 미8군 사령관이 서울시장을 방문해 독극물 방류사건을 사과했다. 미군이 한국에 주둔한 이래 사과는 처음이라지만 그 정도로 끝날 일은 아닌 듯하다. 지금 한국인들은 우리에게 미군은 무엇인지를 심각하게 묻고 있다. 목마른 사람에게 물을 준 군대의 이미지를 회복하자면 무엇부터 바로잡아야 하는지 미국은 모르지 않을 것이다.

2000. 07. 21

금강산 개발

"골프장 스키장은 어디 어디에 짓고, 비행장은 어디로 옮겨야 하겠고, 일류 백화점과 호텔을 어디 어디에 어떤 규모로 짓고, 설계는 선진 외국에 맡길 것이며, 남한의 능력있는 회사들을 참여시키고, 관광특구 만드는 것도 연구하고, 광복거리를 건설한 능력을 보면 북한의 건설능력도 훌륭해보이니까 인력과 자재는 북한에서 대면 문제가 없겠고… 하는 식의 실질적이고도 구체적인 개발계획에 그들은 자못 감탄하는 눈치였다."

정주영(鄭周永) 자서전(이 땅에 태어나서)에 나오는 금강산 개발사업에 관한 최초의 언급이다. 89년 1월 허 담(許 錟)의 초청으로 처음 북한을 방문했던 그는 금강산 개발에 관해 참으로 많은 생각을 해왔음을 말한 뒤 이는 민족의 사업이며, 평화와 풍요로운 사회를 사랑하는 전세계인에게 이바지할 수 있을 것이라고 역설했다. 그는 금강산 개발이 남북교류의 물꼬를 터주고, 그것이 통일을 앞당기는 데 기여할 것이라 믿는다고 썼다.

그때 북한측과 체결한 금강산 공동개발 의정서는 정치 기상도의 격변으로 무산되었다가, 10년만에 금강산 관광 실현으로 일부만 현실화했다. 그러나 6 · 15 남북 정상 공동선언은 본격적인 금강산 개발사업 계획을 태동시켰다. 엊그제 북한을 다녀온 정주영회장 일행이 밝힌 개발계획은 11년 전의 기본 계획을 골격으로 하고 있다. 그의 고향인 통천 지역에 위락시설을 만들고, 경공업 단지와 금강산 밸리를 조성해 경제특구로 발전시킨다는 계획은 시대의 흐름을 말해준다.

문제는 자금이다. 가뜩이나 어려운 현대의 자금사정을 들어 실현 가능성을 의심하는 사람도 있다. 그러나 처음부터 외국자본을 끌어들인다는 것이 현대의 생각이다. "외국 관광객을 끌어 모으려면 세계의 돈을 끌어다 써야 한다. 미국에 물건을 팔 목적으로 공장을 짓는다면 내돈이 충분해도 일부러 미국 돈을 끌어들여야 그들도 관심을 갖고 광고도 하는 법이다." 정주영식 비결이 어떻게 결실할지 아직은 미지수지만, 금강산 관광사업 실현과 그것을 계기로 싹 튼 화해 분위기가 믿음을 준다.

2000. 07. 03

메이드 인 코리아

　해외여행이 규제되던 70년대 말 외국출장에서 돌아오는 공무원 상사직원 등이 반드시 들고 들어오는 것이 일제 카세트 라디오였다. 80년대 들어서는 품목이 전기 밥솥으로 바뀌었다. 메뚜기 떼가 휩쓸고 지나간 들판처럼 한국 관광객이 지나간 밥솥가게마다 재고품이 동났다. 눈총이 따가워 사지않는 사람이 있으면 휴대와 통관대행을 부탁하며 두개 세개씩 사는 사람도 많았다. 국산품은 기능과 품질 면에서 경쟁이 되지 못하던 시대의 풍경이다.
　카메라, 워크맨, VTR 같은 제품도 마찬가지였다. 전자제품 천국인 도쿄 아키하바라(秋葉原)에는 한국인 고객이 온종일 들끓었다. 해외여행 자유화 바람을 타고 한국인들이 떼지어 몰려들자 아키하바라와 신주쿠(新宿)역 앞 대형 카메라 전문매장들은 한국어 안내문 내걸기 경쟁을 벌이더니, 한국 유학생을 점원이나 아르바이트로 채용하는 가게가 늘어났다. 의사결정이 빠르고 손이 큰 한국인 고객을 유치하기에 그보다 좋은 방법은 없었다.
　그러나 이제는 한국의 전자제품이 세계시장을 주름잡는 시대다. 업계에 따르면 우리 제품들이 세계 여러 나라 시장을 제패하고 있다. 특히 LG 전자는 52개국에서 백색 가전제품 시장 점유율 1위를 차지하고 있는데, 요르단 시리아 같은 나라에서는 전체 TV 판매량의 75% 이상을 독점하고 있다고 한다. 삼성전자 반도체는 세계시장의 20% 이상을 차지하고, 대우전자 레인지는 유럽 전역에서, 소형 냉장고는 가전산업의 메카인 일본에서 점유율 1위다.
　그렇다고 좋아할 일만은 아니다. 시장개방 이후 값비싼 외국 가전제품 수입붐이 일어나 무역수지를 악화시키고 있으니 주고 받는 셈인가. 경기회복이 실감되기 시작한 올해 들어 캠코더 수입은 무려 2,500% 이상 늘었고, 냉장고가 300%, VTR도 216% 이상 늘었다. 무역의 국경이 없어진 보더리스 사회에서 내 것만 팔겠다는 것은 '국제 왕따'의 대상이지만, 수입 증가율이 그렇게 가파르면 지나간 3년 고생은 물거품이 되고 만다. 국산도 이제 세계의 인정을 받고 있으니 외제병 고칠 때도 되었다.

2000. 06. 27

평양 8경

을밀대 봄놀이(密臺賞春), 부벽루 달맞이(浮碧玩月), 영명사 가는 길(永明尋僧), 보통강변 능수버들 숲(普通送客), 대동강 뱃놀이(車門泛舟), 연당지 연꽃(蓮塘聽雨), 반룡산 석양(盤龍晚翠), 봄비에 불어난 대동강 물(馬灘春漲). 조 휘(趙 諱)가 읊은 평양 8경이다. 금수산 을밀대 주변의 경치는 평양의 으뜸경관으로, 특히 진달래와 복사꽃이 만발한 봄날 이 산을 오르며 꽃을 즐기는 평양사람들의 모습이 8경의 제1경으로 꼽혔다.

모란봉 동쪽 깎아지른 청류벽 위에 서 있는 정자인 부벽루에 올라 동쪽 하늘에 떠오르는 달을 보는 정취가 두번째다. 청류벽 위에 있던 평양 10대사찰 영명사 가는 길의 아름다운 경치와, 이 절 스님과 차를 마시면서 담소하는 정경을 3경으로 꼽은 것은 마치 그림 같다. 보통강변 버드나무 숲에서 벗을 떠나보내는 모습을 4경으로 취한 것도 선비다운 아취가 있다. 가장 서민적인 풍광은 평양 외성 차피문(車避門) 밖의 대동강 뱃놀이였을까.

연 잎에 떨어지는 빗소리를 6경으로 택한 데서는 시심 깊은 취향이 엿보인다. 그 연못이 어디 있던 것인지 알 수 없어 어느 못이건 8경이 될 수 있음이 평양8경 또 하나의 묘미다. 반룡산 연봉과 구름 위로 지는 석양은 인생 만년의 정감을 상징하는 듯하다. 봄비 끝에 불어난 대동강 북쪽 마탄 여울에 떠가는 작은 낚싯배들과, 강물에 흐르는 복사꽃 이파리들을 마지막 경치로 삼은 데는 짧은 봄을 아쉬워하는 마음이 담긴 것 같다.

관동8경, 단양8경 같은 말들은 우리 귀에 익숙하련만 평양8경이란 것이 있었는지도 알지 못하는 세대가 인구의 절반을 넘는다. 출근준비를 서두를 때 서울을 떠난 김대중대통령이 아침회의 시작 전 순안공항에 도착한 모습이 방영되었다. 서해 상공으로 우회한 비행시간은 불과 47분. 이토록 지척인 땅에 첫발을 딛는데 55년이 걸렸다. 내일이면 그는 돌아오지 않는 다리를 건너 육로로 돌아온다. 평양8경이 더 이상 낯설지 않은 시대가 대통령과 함께 오기를 고대하는 것은 실향민들만이 아니다.

2000. 06. 14

15대 심수관

　일본제국 시대 말기, 규슈 남단 가고시마(鹿兒島)의 한 중학교에서 신입생 하나가 선배학생들에게 뭇매를 맞았다. 신입생 명단에서 조선인 이름을 발견한 학생들이 교실로 몰려가 "조선인은 앞으로 나오라"고 했는데, 아무도 나오지 않자 한 학생을 불러낸 것이다. 매맞은 소년은 뒷날 사쓰마 야키(薩摩燒)의 전통을 재건한 14대 심수관(沈壽官)이었다. 억울하게 맞은 것이 분해 울고 돌아간 소년을 마을 어귀에서 맞이해 준 사람은 아버지였다.
　중학교 갈 때 같은 일을 당했던 아버지는 아들이 울고 돌아올 것을 알고 있었던 것이다. 소년이 초등학교 1학년 때 아버지는 가마 앞에 앉아 아들의 어깨를 껴안고 가계의 내력을 들려주었다. 340여년 전 우리 조상은 훌륭한 나라인 조선에서 왔으며, 사쓰마 야키의 뿌리는 조선이라고. 자신이 일본인이란 사실을 의심하지 않았던 소년은, 그 일을 계기로 자신의 몸에 순수한 한국인의 피가 흐르고 있다는 인식을 굳히게 된다.
　소년은 다음날부터 악바리 싸움꾼이 된다. 유도와 검도를 수련해 적수가 없어지게 되고부터는 조선에서 유학온 학생들의 싸움을 가로맡고 나섰다. 같은 피를 가진 학생이 당하는 것을 모른 체 할 수 없다는 의협심이었다. 그는 '두개의 심장'을 가졌다고 말한다. 하나는 조상의 나라인 한국을 그리고 사랑하는 심장이고, 하나는 일본을 사랑하는 심장이라는 것이다. 명예 한국총영사이기도 한 그는 지난 연말 외아들(40)에게 가업을 물려주고 은퇴했다.
　가문의 전통에 따라 지난 연말 선대의 이름을 물려받은 15대 심수관이 며칠 전 명지대 초빙교수가 되었다. 아버지와 같은 와세다대학 출신인 그는 이탈리아에 유학해 현대 도자기를 배웠고, 한국에서 1년동안 옹기 굽는 기술을 익혔다. 흙의 본질과 가장 가까운 한국의 옹기가 도자기의 원형이라고 여긴 것이다. 5월 29,30일 명지대 산업대학원에서 첫 특강을 가진 그는 "한국은 나의 조국이고, 일본은 모국"이라고 말했다. 한국이름을 대대로 물려가는 심수관가의 전통이 연면히 이어지기를 기대한다.

2000. 06. 03

나는 대학, 기는 대학

"도쿄대와 와세다가 적이 아니다. 목표는 하버드와 케임브리지다." 일본의 명문 게이오(慶應)대학은 '일본의 게이오에서 세계의 게이오'를 지향하고 있다. 영국 <이코노미스트>지는 최근 '저팬 드림'이란 기사를 통해 이 대학의 쇼난 후지사와 캠퍼스(SFC) 졸업생들의 성공적인 창업활동에 주목했다. 일본 월간지<분게이 슌주>(文芸春秋) 5월호도 '게이오 혼자만의 승리'란 기사를 통해 최근 수년간 게이오가 세계의 대학으로 발돋움하고 있다고 보도했다.

게이오와 와세다 평판의 바로미터는 두 대학 입시 이중 합격자들이 어느 대학을 택하느냐이다. 90년대 전반까지는 와세다가 우세했으나 지난해는 역전됐다. 유명 재수학원 출신 이중 합격자들의 선택은 법학부 57:9, 상학부 44:15, 정경학부 36:31로 이공학부를 제외하면 게이오가 압도적으로 우세했다. 와세다의 간판학부인 정경학부와 법학부의 역전이 게이오의 도약을 말해준다. 기업 인사부장단 앙케트 조사에서도 게이오의 압도적 우위가 입증되었다.

게이오의 도약은 90년 문을 연 SFC 성공의 열매다. 젊은이들이 많이 모여드는 휴양지에 새 캠퍼스를 세워 종합 정책학부와 환경정보학부를 설치한 대학측은 정보화와 글로벌리즘에 학교운명을 걸었다. 신입생 선발은 학력중심에서 자기추천과 고교성적, 면접에 중점을 두었고, 교수들은 자나 깨나 SFC의 성공을 위해 열과 성을 바쳤다. 문제해결 창조성 국제성에 뛰어난 졸업생들이 당장 사회의 이목을 끌어 대학 전체의 평가가 덩달아 높아졌다.

세계의 대학 하버드도 경쟁력 강화를 위해 최근 10년간 26억달러의 기부금 모집에 성공했다. 단과대학간의 협력향상, 교직원과 학생회 조직의 인종 다양화 같은 조치도 경쟁력을 키우는데 큰 몫을 하고 있다. 그런데 우리 대학들은 어떤가. 서울대가 추천제 모집비율을 높이고 논술고사를 폐지한다고 발표하자 너도 나도 따라가고 있다. 우수학생 유치를 위해서라면 자존심도 체면도 없다는 것인가. 그렇다고 우수학생이 온다는 보장이 있을까. 날아가는 대학 편대 아래 기어가는 대학들을 보는 것같다.

2000. 05. 25

총리의 과로사

오부치 게이조 전 일본총리처럼 여론에 민감했던 정치인도 드물 것이다. 불시에 각계인사들에게 인사전화 축하전화를 걸고, 민심을 파악하는 전화를 자주 걸어 당사자들을 놀라게 한다고 '부치폰'이란 말이 생겼을 정도다. 98년 가을 한국 언론인들의 방문을 받은 자리에서 "한국에서 오부치 총리의 인기가 높다"는 의례적 인사말에 "일본 언론인들에게 꼭 그 말을 해달라"는 조크로 응대한 것도 인기를 의식한 생리적인 행동으로 보였다.

그가 총리에 지명됐을 때 서방언론은 '식은 피자'란 별명을 붙여주었다. 오랜 침체의 늪을 벗어나지 못하는 일본경제 회생에는 강력한 리더십이 필요한데, '고층건물 숲의 라면가게'를 자처하는 보수정치인이 무슨 일을 하겠느냐는 비아냥거림이었다. "사흘을 넘기기 어려울 것"이란 혹평도 따랐다. 그러나 소처럼 우직하다는 '둔우', 남의 말을 잘 듣는다는 '진공총리' 같은 별명이 생기면서 인기가 높아져 25%였던 지지도가 한 때 50%를 넘기도 했다.

그만큼 그는 열심히 일했다. 재직 20개월동안 그는 단 3일 밖에 쉬지 못했고, 하루 4~5시간 밖에 자지 못했다 한다. 시간을 분 단위로 쪼개 썼다는 말이 일정의 분주함을 잘 설명해준다. 뇌경색으로 쓰러진 4월 첫 토요일에도 공식행사 참석 3건, 시설방문 1건, 외빈접견 2건을 치른 뒤 연립정권 탈퇴를 위협하는 야당 지도자와의 회담에 2시간을 시달렸다. 그 앞날들도 오키나와 G-8행사준비, 잇단 경찰관 오직사건, 우스화산 폭발 등으로 편할 날이 없었다.

　쓰러지던 날 그는 업무중 손바닥이 저린 증세를 느끼고도 일을 강행했다. 야당총재와의 회담후 기자들과 만날 때 다리가 휘청거려 경호원에게 부축되어 공저로 돌아가 일찍 자리에 들었다. 자정이 넘어 부인이 이상을 감지했으나, 응급차를 부르지 않고 비서관 승용차로 병원에 실려가 응급처치가 늦어졌다. 일본총리의 뜻하지 않은 죽음은 스트레스와 과로에 시달리는 현대인에게 분명한 메시지 하나를 던져 주었다. 집무실에서 링거주사를 맞아가며 일하는 과로는 결코 그 나라와 조직에 이로울 것이 없다.

2000. 05. 16

경복궁은 '섬' 인가

북악산에 봄꽃이 한창이다. 며칠 전까지만 해도 산자락에 피기 시작하던 벚꽃이 눈길을 끌더니, 이제는 중턱까지 복사꽃 산벚꽃이 화사하다. 세종로나 태평로 큰길을 걷는 사람들에게 그것은 새로운 축복이다. 조선총독부 건물이 시야를 막고 있을 때엔 거기 꽃이 피는지 지는지 알 길이 없었다. 그러나 광화문 너머로 근정전 경회루 용마루와 청와대까지 보이게 되고부터 서울사람들에게 북악의 꽃과 단풍, 녹음과 설경은 또 하나의 즐거움이다.

북악을 병풍처럼 두른 경복궁에도 갖가지 꽃들이 다투어 피어난다. 총독부 시대에 헐렸다 복구된 전각들과 어우러진 봄꽃들의 경염(競艶)은 새로운 서울의 명소라 할 만하다. 그런데 경복궁은 보행인의 접근을 쉽게 허락하지 않아 꿈속의 궁전과 다름 없다. 광화문 바로 앞에 이르러도 그곳으로 갈 수 있는 길을 찾을 수 없다. 한참을 걸어 동십자각 앞 지하도를 이용하거나, 종합청사 앞을 거쳐 횡단보도를 세 번 건너도 아직 광화문은 멀다.

그러니 장애인이나 노약자, 초행자나 외국인들에게 경복궁은 섬이나 다를 바 없다. 자동차가 쌩쌩 달리는 광화문 앞 큰길을 건너는 방법을 알 수가 없다. 알아도 지체장애인을 위한 시설이 없으니 접근을 시도해도 헛고생이다.

횡단보도가 있는 종합청사 쪽을 택하려 해도 그곳으로 건너가는 길 역시 지하도

뿐이다. 23일 지구의 날 행사에 참석했던 많은 시민들 가운데도 경복궁 가는 길을 몰라서, 또는 걷기가 싫어서 꽃놀이를 포기한 사람이 많았다.

경복궁은 우리 문화와 역사의 얼굴이다. 배산임수(背山臨水) 좌묘우사(左廟右社)의 풍수지리를 이처럼 분명히 보여주는 사례가 어디 있는가. 그것만으로도 이 궁궐은 국제적인 관심의 대상이 되는 인류문화 유적이다. 이런 역사의 현장을 시민들로부터 멀리 떼어 놓으려는 도시행정은 누구를 위한, 무엇을 위한 것인지 묻고 싶다. 광화문 앞에 횡단보도 하나 만들어 달라는 시민들의 오랜 숙원을 외면하는 까닭도. '걷기 좋은 서울' '쾌적한 도시환경'이란 시정구호가 부끄럽지 않은가.

2000. 04. 25

지도자와 거짓말

지금 일본에서는 지도자의 거짓말이 어디까지 용인될 수 있느냐는 문제로 총리와 언론이 신경전을 벌이고 있다. "기상이나 취침시간 같은 개인적인 일에 대해서는 거짓말을 해도 괜찮지 않느냐"는 모리 요시로 총리의 말이 단초가 됐다. 오부치 게이조 전총리가 뇌경색으로 쓰러진 사실을 정부가 22시간 동안 숨긴 데 화가 난 기자들이 어느 정도 거짓말을 해도 괜찮다고 보느냐고 물은 데 대한 답변이었다. 실수로 볼 수도 있지만 총리 입에서 나올 말은 아니다.

이 사실이 보도되자 모리 총리는 "언론이 이렇게 나오면 앞으로 총리의 사생활 동정 공표를 거부할 수밖에 없다"고 맞받아 쳤다. 말로만 그랬을 뿐 발표는 관행대로 계속되고 있어 신경전은 거기서 끝났다. 그러나 앙금은 그대로 남아있는 것같다. 임시총리 직무대행 역을 수행했던 아오키 관방장관에게 오부치의 지명이 있었느냐는 문제와, 모리총리 옹립이 밀실에서 이루어진 데 의문을 품은 여론을 일부언론이 집요하게 문제삼고 있다.

현재 의식불명 상태로 인공호흡기로 목숨을 부지하고 있는 오부치씨가 처음 쓰러진 것은 4월 1일 밤이었다. 취임 2년이 다 되도록 3일 밖에 쉬지 못했다는 그는 그날도 거듭된 격무에 지쳐 관저로 돌아와 일찍 휴식을 취했는데, 잠든 사이 이상증세를 목격한 부인에 의해 병원으로 옮겨졌다. 연락을 받고 달려온 관방장관이 돌아간 직후인 2일 새벽부터 혼수상태에 빠졌다. 그러나 총리부는 정상업무 중이라고 발표했고, 정부는 22시간 동안 이 사실을 숨겼다.

혼수상태가 계속되자 관방장관이 직무대행에 취임, 당 간부 4명과 협의해 모리 간사장을 후임총리로 옹립했다. 이에 대해 미국과 유럽 언론들은 레닌 사후 스탈린이 동료 2명의 지지를 얻어 당내반론을 제압하고 후계자가 된 사실에 빗대어 '크렘린 식 정치'라고 비판하고 나섰다.

지도자의 유고사태를 22시간이나 숨긴 사실도 그렇고, 총리의 후임자 지명여부에 대한 정부의 발표가 왔다갔다 한 점, 작은 거짓말은 괜찮다는 지도자의 발상까지가 그런 인상을 주기에 충분하다.

2000. 04. 18

세계 두번째 부자

일본 소프트 뱅크 손정의(孫正義) 회장의 재산증식 속도는 화수분이나 도깨비 방망이란 말로는 너무 부족하다. 그의 재산은 <포브스>지 99년 5월호에 일본 3위, 세계 46위로 랭크됐다가 6개월만인 11월 세계 4위로 뛰어올랐다. 올해 1월에는 호주 신문 <디 오스트레일리언>에 의해 아시아 1위로 평가되더니, 일본 경제주간지 <도요 게이자이>(東洋經濟) 26일자는 드디어 그가 마이크로 소프트의 빌 게이츠에 이어 세계 2위의 부자가 됐다고 보도했다.

이제 42세인 그의 총 주식자산액은 7조 7,000억엔(약 77조원)으로 빌 게이츠(10조엔)에 비해 2조 3,000억엔 모자란다. 그러나 그는 빌 게이츠 추월을 장담하고 있어 그 가능성과 시기가 주목된다. 그는 지난해 9월 일본의 한 저널리스트와 인터뷰하면서 늦어도 10년 안에 마이크로 소프트를 추월해 소프트 뱅크가 세계 1위가 될 것이라고 선언했다. 4년전 8개이던 자회사를 120여개로 늘린 그는 5년 안에 계열사를 780개로 확장할 계획이다.

그의 성공은 차별과 편견을 극복하고 한국인의 아이덴티티를 지킨 사례로 재일 한국인들에게 큰 교훈이 되었다. 한국인 3세인 그는 소수민족으로서의 한계극복을 위해 고1 때 미국 유학을 떠났다. 돌아와 사업을 시작하고 보니 한국 국적으로는 어려움이 많아 귀화신청을 했으나 거부당했다. 한국이름으로는 안된다는 것이었다. 이름을 바꾸고 싶지 않았던 그는 90년 일본인 부인을 손씨로 개명시켜 일본에도 손씨가 있다는 사례를 만들어 본명귀화에 성공했다.

빠찡꼬 사업으로 돈을 번 아버지 덕분에 그는 규슈(九州) 명문고교에 진학할 수 있었다. 고1 여름방학 때 한국을 찾아와 1주일을 헤매다 돌아가 다시 미국여행을 다녀온 그는 즉시 학교를 그만두고 미국으로 갔다. 그때부터 야스모토(安本)란 통명을 버리고 본명을 쓰기 시작했다. 그는 자신의 내면세계가 한국 일본 미국 중국문화의 복합체라면서 공식적으로는 국적을 의식하지 않는다고 말한다. 그러나 사석에서는 마늘과 고춧가루의 힘을 입에 담는 사람이다.

2000. 02. 23

증오의 탑

　베트남 곳곳에 월남전에서 희생된 민간인 위령탑이 서 있는 사실은 너무 큰 충격이었다. 며칠전 KBS 심층보도 프로그램 '베트남 위령탑의 진실'을 보면서 어떻게 그런 일이 있을 수 있으며, 가해자가 한국군이라는 사실을 전쟁이 끝난지 4반세기가 넘도록 왜 모르고 있었던가 하는 충격으로 몸이 떨렸다. 주월 한국군이 좀 심했다는 것은 참전자들 입을 통해, 혹은 소설을 읽고 짐작했던 일이지만 민간인 피살자가 5,000명이나 되다니….
　민간인들이 떼죽음을 당한 마을에는 어김없이 위령탑이 있다. 빈딘성 후에성 푸옌성 칸호아성 등 한국군 주둔지역에 있는 탑에는 수백명 수십명의 희생자 이름과 함께 한국군의 만행이라 새겨져 있다. 박영한의 소설 '머나먼 쏭바강'의 무대로 유명한 푸옌성 투이호아에 있는 것은 '증오탑'으로 불리고 있다. 칸호아성 닌호아현 전통문화 회관은 한국군에게 자녀가 3명 이상 피살된 사람의 사진을 빽빽이 걸어놓고 '영웅'으로 떠받들고 있다.
　이 사실은 베트남 교민 구수정(34)씨가 지난해 5월 베트남 전범조사위의 한국군 만행기록을 근거로 작성한 고발기사를 시사주간지< 한겨레21>이 보도해 처음 세상에 알려졌다. '아, 몸서리쳐지는 한국군' 이란 이 기사를 계기로 한겨레는 피살자 가족돕기 캠페인을 시작했다. 지난달 11일 로이터 통신의 보도로 국제적 관심사가 된 가운데, 건강사회를 위한 치과의사회 등 9개 민간단체가 진상규명대책위원회를 만들어 활동을 시작해 관심을 끌기 시작했다.
　"한가지 궁금한 것이 있어요. 한국군은 왜 어린이와 노약자들까지 베트콩으로 몰아 다 죽였는지요. 가해자들은 분명히 후회할 것입니다. 그렇다면 나는 용서합니다" 학살현장에서 기적처럼 살아남은 한 여교사가 카메라 앞에서 한 말이다. 이에 대해 가해자들은 "불가피했다"고만 말하고 있다. 그래도 베트남 정부는 말이 없지만, 민간에서는 와서 보라고 말한다. 이제는 우리 정부가 말할 차례다. 이 문제에 대한 사죄 없이 노근리 문제를 말할 자격이 우리에게 있을까.

2000. 02. 14

또 한번의 이산

　2일 영주귀국한 사할린 동포 60세대 120명은 2일 밤 안산시 고잔지구에 새로 지은 '사할린 한인 아파트'에서 고국의 첫밤을 맞았다. 아들 손자들을 떼놓고 온 것이 가슴 아프지만 떠난 지 55년이 넘어 처음 밟는 고국땅의 흙냄새에 취해 잠을 설쳤다. 앞으로 매주 100명 안팎의 동포가 귀국하고, 조기 귀국 사업 케이스로 들어온 82세대 164명의 입주가 끝나는 3월 말이면 이곳은 500가구 1,000명이 모여사는 제2의 사할린동포 사회가 된다.
　이 아파트는 94년 두 차례의 한일 정상회담에서 합의된 사할린 문제 해결 원칙에 따라 건립되었다. 일본정부가 아파트 500가구 분 건축비 32억 3,000만엔을 부담하고 한국정부는 땅을 내놓는 조건이었는데, 우리 정부가 땅을 마련하지 못해 미적거리다 98년에 착공해 이제야 영주귀국 사업이 이루어지고 있다. 여명이 얼마 남지 않은 고령자 164명은 97년부터 귀국해 서울 인천 부천의 임대 아파트에 기거하다 이번에 이곳으로 이주하는 것이다.
　이들은 생활보호 대상자로 지정돼 1인당 매달 15만원 씩의 생계비, 주거비 명목으로 가구당 매월 15만원 씩 받게 된다. 부부 한 가구의 경우 45만원 정도의 고정수입이 보장되고, 아파트 복지관에는 안산시가 마련하는 정착지원 프로그램도 준비돼 있어 자활의지가 있으면 얼마간의 돈벌이도 가능하다. 그러나 먹고사는 문제보다 그들을 괴롭히는 것은 제2 이산의 고통이다. 고국땅 밟아보기 소원을 이루고 나니 헤어지기 서러워 울던 가족이 그리워지는 것이다.
　한러수교 이후 종교단체 사회단체 등의 주선으로 그동안 영주귀국한 동포는 500여명, 여기에 이번 귀국자 810명이 들어오면 1,300여명이 반세기 망향의 한을 풀게 된다. 그러나 정부 주도의 첫 공식귀국 사업마저 대상자를 동포1세로 제한해 또 다른 이산의 고통을 강요하고 있다. 사할린동포 4만 3,000여명 가운데 영주귀국 희망자는 1만 2,000명(2, 3세 포함)을 넘는다. 2, 3세를 귀국대상에서 제외하는 것은 또 다시 그들의 가슴에 못을 박는 비인도적 조치다.

2000. 02. 04

정치인과 신창원

흐루시초프는 "시냇물이 없어도 다리를 놓겠다고 공약하는 사람"이라는 말로 정치인을 표현했다. 처칠은 정치인의 자격을 묻는 기자에게 "미래에 무엇이 일어나는지 예언할 수 있는 재능"이라고 말한 뒤 단서를 달았다. "뒷날 그 예언이 맞지 않은 이유를 설명할 수 있는 재능을 가졌는지 여부에 성패가 달려 있다"고. 당선이나 인준, 의안통과 같은 정치적 목적을 위해 밥먹듯 거짓말을 하는 직업이라는 우회적 표현이다.

최근 시중에는 정부가 그렇게 많은 돈을 쓰고도 한강물이 맑아지지 않는 진짜 이유를 묻는 퀴즈가 유행이다. 정답은 '여의도에 국회가 있기 때문'이라 한다. 썩은 정치인들이 모여있는 국회가 한강 한가운데 있기 때문이라는 것이다. "정치는 학식 있는 사람이나 성품이 바른 사람이 할 일이 아니다. 불학무식한 건달에게나 알맞은 직업"이라고 막말을 한 고대 그리스 시인 아리스토파네스에 비하면 애교 있고 온건한 비유라 하겠다.

총선시민연대가 공천반대 정치인 66명의 명단을 발표한 뒤 해당 정치인들의 반응을 보고 많은 사람들이 새삼 한강물 퀴즈를 떠올리고 있다. 한 두사람을 빼고는 한결같이 "정치자금 받은 것은 관행이고, 대가성이 없으니 죄가 안된다" "정치탄압과 보복수사 때문이다" "당 요직에 있어 어쩔 수 없었다"는 말 뿐이다. 잘못을 시인하고 새사람이 되겠다고 다짐하는 사람이 있으면 그만은 구해주고 싶다는 것이 시정의 정서였으나 허사였다.

같은 신문에 실린 신창원의 결심공판 기사에서 위안을 찾는 사람이 많다. 부산지법에서 열린 재판에서 검찰은 신이 탈옥후 144 차례나 강도 절도행각을 계속한 사실을 강조하며 사형을 구형했다. 이에 대해 신은 담담한 표정으로 최후진술을 했다. 동정받을 일을 한 것도 없고 의적도 아닌 나같은 사람은 죽어 마땅하다, 국민과 피해자들에게 사죄하는 뜻에서 항소를 하지 않겠으니 사형선고를 내려달라는 요지였다. 포악한 범법자가 왜 동정을 받는지를 알겠다.

2000. 01. 26

일본속의 백제

일본 오사카 이쿠노(生野)구는 재일동포 밀집지역으로 유명하다. 인구 20여만명 가운데 재일동포가 4만명이 넘는다. 재일 한국인 인구가 가장 많은 오사카에서도 제일 많이 모여사는 이곳에는 지금도 콜타르를 칠한 함석지붕에 판자로 벽을 두른 태평양전쟁 이전의 가설주택 200여동에서 재일 한국인 1세들이 고단한 노년을 살고있다. 환상전철 쓰루하시(鶴橋)역 부근 조선시장에는 한국 전통식료품과 의류는 물론, 서울에서는 찾기 어려워진 관혼상제 용품과 민속놀이 기구 등을 파는 가게들이 어깨를 맞대고 있다.

이곳에 한국인이 많이 모이게 된 것은 다이쇼(大正) 시대(1912-1926년) 일본정부가 히라노강 개착공사에 한국인 노무자들을 끌어들이면서 부터. 이 지역 서북쪽을 구불구불 흐르던 강의 범람을 막기 위해 물길을 곧게 펴고 둑을 높이는 공사에 모여든 한국인들이 본국에서 가족과 친척과 친구들을 불러들여 공사장 인근에 마을을 이루었다. 귀국해도 먹고 살기가 막연하던 시대여서 그들은 공사가 끝난 뒤에도 그 자리에 눌러 앉았다.

이 지역은 까만 옛날부터 한반도 사람들이 모여 산 곳이다. 한국인 노무자들이 물길을 정비한 히라노강은 원래 구다라가와(百濟江)였고, 그 유역은 구다라 노(野)라 불렸다. 구다라 군(郡) 또는 구다라 코(鄕)의 땅이었기 때문이다. 오사카 경찰부가 펴낸 <오사카 가이드>는 오사카가 도읍지였던 닌토쿠(仁德)천황 시대 백제 도래인의 집단 거주지라고 소개하고 있다. 백제멸망 이후 망명한 왕족과 고관대작들이 '작은 백제'를 이루었던 것이다.

이쿠노 출신 작가 현봉호(玄峰豪)씨가 일본 최고 권위의 아쿠다가와상 공동 수상자로 결정됐다. 수상작 <그늘의 거처>는 태평양 전쟁에 끌려가 오른손을 잃고 부인과도 사별한 재일 한국인 문서방의 기구한 인생을 그린 작품이다. 전쟁에 끌어갈 때는 다같은 천황의 적자라고 선전하다가, 전후에는 일본국적이 아니라는 이유로 한푼의 보상도 거부하는 기막힌 차별에 우는 사람이 문서방 혼자일까. 망명 백제인들의 성공과 식민지 유민들의 고난 사이에 어떤 차이가 있는지 생각하게 된다.

2000. 01. 19

무소유의 뒷장

2000년 새 아침 서울 성북구 성북동 요정 대원각 자리에 새로 생긴 길상사에서 고 김영한(金英韓) 할머니의 49재 의식이 있었다. 법정스님을 비롯한 불자들은 이날을 기해 환생했을 김 할머니의 후생이 더욱 안락하고 복되기를 오래 빌었다. 분위기는 경건했지만 소박하고 간결한 의식이었다. 1,000억원이 넘는 재산을 사회에 기증하고 훌훌히 떠나간 고인의 무소유 생활철학을 기리고, 뒤처리를 간소하게 해달라는 유언에 따른 것이다.

99년 11월 16일에 있었던 장례식도 검소하기는 마찬가지였다. 널찍한 묘역과 화려한 석물로 치장된 유택 대신, 그 날로 화장된 육신은 한줌 뼛가루로 남았다가 눈 내린 날 길상사 후원에 뿌려졌다. 눈 내리는 날 애타게 자신을 그리워하는 마음을 노래한 북의 시인 백 석의 '나와 나타샤와 흰 당나귀'를 못잊어 눈온 날의 산골을 유언으로 남긴 것이다. 그는 죽기 며칠전 "미스터 백 고생시킨 것이 필생의 한"이라고 고백했었다.

백석과의 짧은 사랑을 잊지못한 그는 한평생 기생으로 살았다. 요정 운영으로 큰 돈을 벌었으나 어느 날 법정스님의 무소유 철학에 감명을 받아 1,000억원 시가의 대원각을 사찰용으로 기증했다. 70억원짜리 빌딩과 8억원짜리 한강빌라는 한국과학기술원(KAIST)에 장학기금으로 쾌척했고, 옛 애인 이름을 딴 백석 문학상 기금도 내놓았다. 유일한 혈육인 딸에게조차 한 푼 남기지 않은 철저한 무소유 철학을 실천하고 그는 빈손으로 돌아갔다.

그의 49재가 끝나기 무섭게 유산싸움이 일고있다. "과학기술 인재 양성을 위한 장학기금으로 50억원을 내놓는다"는 유언을 근거로 KAIST가 길상사측에 유산 할양을 요구하고 나선 것이다. 길상사측은 조건없는 무상증여를 받아 등기이전까지 끝난 상태에서 고인이 그런 유언을 했을 리가 없다고 말하지만, KAIST측은 문제를 법정으로 끌고갈 의사까지 비치고 있다. 무소유 철학을 실천하고 간 고인의 유지를 더럽히는 돈싸움은 너무 민망하다. 싸우는 이들도 갈 때는 빈손일텐데….

2000. 01. 07

토함산을 오르며

　새벽 5시 30분, 모닝 콜 전화소리가 단잠을 깨운다. 가벼운 행장을 차리고 숙소를 떠난 것이 6시 정각. 아직 사위는 캄캄한 어둠과 적막이다. 불국사 정문 옆으로 난 등산로에 접어들고부터는 가로등 불빛이 없어져 발길이 더디다. 한참을 지나니 어둠에 눈이 익어 어렴풋이 길을 짐작하겠다. 머리 위 별숲 속에 북두칠성이 반짝인다. 아직 별이 그렇게 많고, 빛이 밝다는 사실이 새삼 놀랍다. 별빛이 훌륭한 길잡이가 된다는 것도.
　혼자 걷는 밤길의 무서움도 참 오랜만의 경험이다. 신작로처럼 넓은 등산로에 사나운 짐승이 나올 리 없건만 가랑잎 밟는 소리가 조금만 커도 머리끝이 쭈뼛해지는 겁쟁이가 우습다. 등산객을 만나면 반가울 줄 알았더니, 무서운 마음이 앞서는 것은 또 왜일까. 마주 오는 등산객을 향해 쏟아내는 헛기침이 상대를 해칠 의사가 없음을 알리는 신호가 된다는 것을 그 때 알았다. 사람이 산짐승보다 무섭다는 옛사람들의 말도 떠올랐다.
　숙소를 나선지 50여분만에 토함산 정상에 닿는다. 해발 745m 산상의 새벽바람은 맵지만, 동쪽 하늘을 붉게 물들인 여명을 내려다보는 감동으로 참을 만하였다. 어둠이 걷혀갈수록 반대편 발 아래 서라벌 땅의 불빛은 스러져갔다. 일출관광을 온 한 무리 여학생들의 재재거림도 자연의 소리처럼 들려 싫지 않았다. 그러나 아직 7시가 되지 않았다고 석굴암 가는 길을 철책으로 막고 있는 '제도'가 탈진세(脫塵世)의 꿈을 비웃는다.
　석굴암의 해는 7시 20분에 떠올랐다. 먼 동해의 구름밭을 헤집고 치솟는 빨간 불 덩어리는 어제도, 100년 전에도, 1,000년 전에도 같은 모습이었을 것이다. 욕심에 눈이 멀어 헐뜯고 시기하고 속이는 인간사처럼 덧없는 것이 또 있을까 싶었다. 불과 3~4분만에 해가 바다위로 떠올라 사위가 밝아지자 간밤의 숙취가 괴로워지기 시작하였다. 저 아래 세상으로 되돌아가는 수밖에 없다는 생각에 머리가 아파왔다. 겨울 주말새벽의 진세 벗어나기 몸부림은 2시간만에 끝나고 말았다.

1999. 12. 22

금강산 관광 1년

'휴지 한 조각만 버려도 벌금무는 관광', '말 한마디 잘못해도 잡혀가고, 야호 소리도 못지르는 관광'으로 인상지워졌던 금강산 관광이 어느새 1년이다. 정주영 회장이 소떼를 몰고 올라간 일을 계기로 거짓말처럼 실현된 이후 관광객이 억류되는 사고로 한동안 중단되기도 했지만, 금강산 가는 배는 알게 모르게 남북에 많은 변화를 가져온 원동력이 되었다. 1년동안 그곳을 다녀온 사람이 14만명을 넘었으니 이런 일을 상상이나 했던가.

관광객들의 눈에 띄는 북측의 변화는 시설개선과 손님을 맞는 관계자들의 태도 변화다. 지금까지는 관광선 전용부두가 없어 부속선을 타고 상륙하고 귀선하는 번거로움을 겪었다. 그러나 현대측의 돌관공사로 이제는 장전항 남측에 관광선 전용부두가 준공돼 19일 이후는 바로 상륙할 수 있게 된다. 현대가 온정리에 지은 교예단 공연장과, 음식점 매점 휴게소 등이 들어선 온정각 개관은 근래의 일이고, 곧 동석동 코스도 선보인다.

관광코스 중간중간에 간이 화장실을 만들어 가장 큰 불편을 해소한 것도 반가운 변화라 할 수 있다. 올 봄까지만 해도 화장실 문제 때문에 만물상 코스를 단념하는 관광객이 많았다. 6월 20일 민영미씨 억류사건을 계기로 코스 이곳 저곳에 배치됐던 북측 관리원 수가 줄고, 태도도 유연해졌다. 인근 고성읍과 온정리 주민들의 태도에 변화가 일고 있다는 보고도 있다. 아무리 통제해도 눈에 보이는 것까지 막을 수는 없다.

현대측 관광 종사자들과 선박 및 공사 관계자, 차량 정비원, 주유소 직원 등 남쪽사람 700여명이 현지에 상주하며 제한적이나마 북측 사람들과 접촉하고 있다. 현대는 1주년을 계기로 1,000여명을 동시에 수용할 수 있는 온천장을 개장하고, 부두 주변 3만여평에 숙박업소 음식점 매점 등 위락시설 공사를 서두르고 있다. 장전항 남쪽 관광부두 주변에 작은 현대타운이 들어서기 시작한 것이다. 1년의 변화에 놀란 눈에 앞으로 어떤 변화가 올지 기대된다.

1999. 11. 16

안의사 묘소찾기

"내가 죽거든 하얼빈 공원 옆에 묻어 망국의 선비들에게 교훈이 되게 하고, 대한의 독립이 오기 전에는 고국에 매장되는 일이 없도록 하라. 내가 죽은 뒤 어머님에게 효도를 다 하라. 2,000만 형제자매에게 내 말이라 하고, 교육을 장려하고 실업에 힘써 국권을 회복하여 죽은 자로 하여금 회한이 없도록 해달라" 안중근(安重根) 의사가 1909년 10월 26일 중국 뤼순(旅順) 형무소에서 순국직전 정근 공근 두 동생에게 남긴 유언이다.

교수형이 끝난 뒤 동생들은 유해를 돌려달라고 일본 사법당국에 요구했으나 뜻을 이루지 못했다. 일제는 형무소 부근에 안의사를 매장했다. 다른 사형수는 둥근 나무통에 아무렇게나 시체를 넣어 묻었으나, 안의사 유해는 한국식 관에 넣어 묻었다 한다. 그러나 지금 안의사 묘소가 어딘지 확인할 길이 없어 유해봉환 사업이 진척되지 못하고 있다. 형무소 관리권이 일본 소련을 거쳐 중국으로 넘어가면서 매장 기록이 없어졌기 때문이다.

북한은 70년대 중국 외교부의 협조를 얻어 정부 조사단을 현지에 보냈으나 유해발굴에 실패했다. 당시 중국측은 안의사가 묻힌 곳이 개별 묘지가 아니라, 큰 도랑을 파고 시체를 묻은 뒤 평탄작업을 한 집단매장지였기 때문에 매장장소를 정확히 짚을 수 없다고 말했다고 한다. 지금 형무소는 박물관으로 바뀌었고, 주변에는 아파트가 들어서 더욱 찾을 길이 없다는 것이다. 재일동포 정치학자 김정명교수의 중국 현지조사 결론이다.

한중 수교후 우리도 안의사 묘소 찾기에 많은 노력을 쏟았으나 아무 성과가 없었다. 중국정부 인사들의 한국방문이나 한국 정치인들의 중국방문 때 이 문제를 거론하면 중국측은 어제나 "적극 협조하겠다"고 말한다. 그러나 실질적인 협조가 성사된 일은 없었고, 정부도 적극적으로 협조요구를 하지 않는다. 어제는 안의사 의거 90주년이었다. 정부의 공식 조사보고서 한 편 없는 기념일을 보내며 애국선열의 유언을 외면한 민족이라는 생각을 지울 수 없었다.

1999. 10. 27

노근리의 진실

 "7월 25일 미군 전투기들이 노근리 철길에 무차별 기총소사를 가했다. 북한 T 34 탱크가 철길 터널속에 숨어 우리에게 포격을 가했기 때문에 교전중 그런 불상사가 생겼다. 지상에서 작전중이던 우리를 향해 서너 차례 라이플 총탄이 날아왔다. 곧 전원사살 명령이 전달돼 터널 양쪽에서 일제사격이 시작됐다. 북한군이 피란민으로 가장해 공격할지 모른다는 두려움이 있었다. 터널속 희생자 가운데 북한군복 차림이 서너명 있었다는 얘기를 들었다"

 AP 통신 보도로 50년만에 실상이 공개된 미군의 노근리 학살에 가담했던 병사가 며칠전 한국 특파원에게 털어놓은 증언 요지다. 당시 미군 기관총수였던 에드워드 데일리(68)씨는 터널 양쪽에 기관총 4정을 설치하고 사격을 가하자 터널 안은 끔찍한 지옥으로 변했다고 증언했다. 희생자 대부분이 어린이와 부녀자 노인들인 데 양심의 가책을 느껴 사는 것이 너무 힘들었다는 고백이고 보면, 그의 증언이 진실이 아니라고 말할 사람은 없을 것이다.

 그러나 당사자들의 말은 다르다. 데일리씨의 증언이 보도된지 며칠후 대전에 사는 한 피해자의 아들은 어머니의 말을 인용해 "기총사격이 있었던 장소는 터널에서 1㎞ 떨어진 곳이고, 북한군이 현지에 도착한 것은 학살 3일만인 29일이므로 북한군과 미군간에 총격전이 있었다는 것은 앞뒤가 맞지 않는다"고 주장했다. 주민이 터널로 모인 것은 기총소사를 피해서가 아니라, 안전한 곳으로 데려다 주겠다는 미군의 말을 믿었기 때문이라는 것이다.

 기억의 한계가 있을 수도 있고, 근본적인 상황인식 차이도 있을 수 있다. 그래서 합동조사단이 필요한 것이다. 사건의 진상을 철저히 밝혀 내겠다는 의지에 한미 두 나라 견해차이는 없다고 한다. 그러나 미국측은 자료와 의견을 공유하는 공동조사면 됐지, 공동조사단까지는 필요 없다는 반응이다. 코언 미 국방장관의 말처럼 이 문제가 한국 정부와 국민에게 얼마나 중요한지를 알고 있다면 진상규명에 소극적이어서는 안될 것이다.

1999. 10. 15

소니 창업주

　태평 양전쟁 직후 도쿄(東京) 중심지 작은 사무실에서 7,8명의 젊은이가 먹고 살 방도를 의논하고 있었다. 배고픈 사람이 많으니 단팥죽 장사를 하자, 폐허가 된 땅을 이용해 어린이 골프장을 만들자는 등 의견이 분분했다. 그러나 좌장인 이부카 마사루(井深大)의 의견대로 하던 일을 하자는 결론이 났다. 하던 일이란 전쟁중 나가노(長野)현에서 통신기기를 만들어 군에 납품하던 일이다. 이렇게 탄생한 것이 소니의 모태 도쿄통신연구소다.
　이부카가 단파수신이 가능한 라디오 개발에 성공했다는 신문기사를 읽은 한 청년이 연구소를 방문한다. 아이치(愛知)현에서 가업인 양조장 일에 파묻혀 있던 모리타 아키오(盛田昭夫)였다. 이부카의 제안으로 두 사람은 도쿄통신공업회사를 차렸다. 둘은 전쟁말기 군부가 이끌던 열선유도병기 개발팀에서 함께 일할 때부터 의기가 투합했다. 와세다대학 출신인 이부카는 기술개발, 오사카대학 출신인 모리타는 재정과 영업활동을 맡았다.
　오늘의 소니를 있게 한 트랜지스터 개발 일화는 규제를 뛰어넘은 모범사례로 꼽힌다. 미국 웨스팅 하우스로부터 트랜지스터 특허 사용권을 얻었으나 통산성 허가를 못받은 둘은 허가를 얻어내는 조건으로 특허사용 계약을 체결, 소형 라디오 개발에 성공했다. 전략상품인 컬러 TV 수출을 위해 모리타가 미국으로 이주, 공격적으로 시장개척을 한 일화도 유명하다. 개성과 창의성을 자산으로 여기는 기업문화가 우연히 생긴 것은 아니다.
　20년 이상 사장과 회장으로 일해온 모리타는 93년 뇌일혈로 쓰러져 요양생활을 하다 3일 폐렴증세 악화로 타계했다. 이부카가 간지 2년만이다. 이부카는 99억엔의 유산을 남겼는데, 유족은 현금이 없어 상속세 51억엔을 물납했다. 모리타의 유산은 얼마인지 알려진 것이 없으나 그 정도일 것이라 한다. 재벌들이 불법·편법으로 개인재산을 불리고, 그것을 물려주면서 또 상속세를 포탈하는 나라에서는 까마득히 먼 나라 일처럼 들리는 얘기다.

1999. 10. 06

화교차별과 인권국가

　한국에 사는 화교의 역사는 1세기를 넘는다. 1880년대 일본의 한국침략 야욕에 자극받은 청조가 한반도에 대한 역사적 연고권을 강조하기 위해 갑작스런 이민정책을 취해 산둥성 지역 사람들이 이주하기 시작했다. 19세기말과 광복 직후 내전을 피해온 중국인들이 인천과 서울 부산 원산 등에 둥지를 틀어 차이나 타운이 형성되기도 했다. 일본을 견제하기 위한 수단으로 취한 이민정책이 스스로 나라를 등지게 한 결과로 이어졌다.

　이제 주한 화교의 역사는 막을 내리려 한다. 50년대까지만 해도 20만명을 넘는다던 화교인구가 2만 1,000여명으로 줄었다. 차별과 멸시를 견디다 못해 대만 미국 캐나다 일본 등으로 떠나버린 것이다. "자장면 값을 올려주지 않아 화교들이 떠났다"는 우스개 소리가 있지만, 알고 보면 그보다 더한 고초를 겪고 있다. 그들은 자기 집을 가질 수가 없고, 국내 대학에 갈 수도 없다. 취직도 장사도 어려우니 재이민 말고 다른 방법이 있겠는가.

　이런 배타성을 잦은 외침의 수난에서 형성된 민족적 피해의식의 결과로 보는 학자도 있지만, 정도가 심해 낯이 뜨거울 때가 많다. 외국인을 지칭할 때 나라 이름 뒤에 '놈' 자를 붙여 말하고, 특히 중국인을 차별하고 멸시하는 것이 문제가 되지 않는 나라가 한국이다. 미국 유력인사들이 한국을 부정적으로 보는 제일 큰 이유가 민족적 배타성이라는 조사가 있었다. 일본에 재일동포 지문날인을 항의하면서도 우리는 그것을 계속해 왔다.

　정부는 며칠 전 5년 이상 거주 외국인에게 지방선거권을 주기로 했다. 대외적으로 인권국가가 되었음을 과시하고, 재일동포들의 지방선거권을 요구하는 근거로 활용할 의도라 한다. 그러나 그것만으로 하루 아침에 인권국가가 되는 것은 아니다. 그들이 추진하는 차이나 타운 건설계획을 승인하고, 한국화교경제인협회 설립 등을 도와 가까운 이웃으로서 사이 좋게 살아가는 글로벌 시민 정신 없이는 떠나는 화교를 붙잡을 수 없다.

1999. 09. 16 (종합)

백두산에 가보니

　서울에서 경원선 열차를 타고가다 원산에서 함경선으로 바꿔타고 함경남도 신포를 지나 함경선 종점인 속후(俗厚)역에 내린다. 이곳에서 자동차로 갈아타고 북쪽으로 달리다 만나는 첫고을이 북청. 다시 길을 재촉해 4,000척 고지대라는 풍산 땅에 당도한다. 갑산을 지나고 삼수 땅을 밟아 닿은 곳이 자동차로 갈 수 있는 마지막 도회인 혜산진. 여기서부터는 식료품 침구 등 무거운 짐을 삯짐꾼들에게 맡기고 도보등정을 시작한다.

　혜산진에서 53㎞ 거리인 포태산리는 백두산길 마지막 마을. 도끼소리 한 번 울려본 일이 없다는 원시림을 헤쳐가며 걷기 둘째 날, 민족신화의 무대인 삼지(三池)와 천평(天坪)에 닿는다. 신무치 무두봉 연지봉을 거쳐 백두산 정계비를 지나고, 구름 속에서 무지개와 소나기를 번갈아 맞으며 당도한 천지에서 처음 튀어나온 말은 '어허, 한아버지'였다. 서울을 떠난지 10여일 만이었다고 육당 최남선은 〈백두산 근참기〉에 썼다.

　70여년이 지난 오늘 우리는 비행기와 자동차로 이틀만에 그 산에 오른다. 베이징(北京)이나 선양(瀋陽) 창춘(長春)을 거쳐 옌지(延吉)에 도착, 자동차로 5시간 남짓 달리면 바로 천지 턱밑이다. 310㎞ 거리의 비포장길이지만 잘 다져진 흙길이어서 승차감이 나쁘지 않다. 키 큰 침엽수림이 물러가고 자작나무 숲으로 식생대가 바뀌면 곧 풀과 야생화의 바다. 눈앞에 펼쳐지는 끝없는 고원이 백두산 오지랖의 광대함을 말해준다.

　산 이름은 장백(長白)이지만 모든 표지판에 한글이 병기돼 중국땅 같지 않다. 기념품을 디미는 상인들의 입에서 터져나오는 우리말 홍수가 귀청을 울리고, 천지로 오르는 가파른 비탈은 숱한 발걸음에 다져져 반질반질하다. '長白山留念' '백두산기념'이란 팻말 앞에는 기념사진을 찍는 행렬이 길고, 바위틈에는 쓰레기가 박혀있다. 차시간 때문에 정상에 머무른 시간은 30분, 꼭 꿈을 꾼 기분이다. 삼수 갑산으로 가더라도 우리 땅을 밟고 땀흘리며 걸어가야겠다는 생각이 백두산 감회의 전부다.

1999. 09. 14

역사의 가정

히로시마 나가사키 다음의 원폭투하 목표지는 도쿄였다는 증언이 최근 일본신문에 보도되었다. "귀관이 기장으로서 직접 도쿄에 원폭을 투하하라" 45년 8월 6일 히로시마에 원자폭탄을 투하한 미 육군 전략항공군사령부 B29 조종사 출신인 티베츠씨는 최근 아사히신문 기자를 만나 나가사키에 원폭이 투하된 다음날(10일) 루메이 전략항공군사령부 참모장에게서 받았다는 명령이다. 그러나 이 명령은 이행되지 않았다.

나가사키 원폭투하 직후 태평양지역 항공군지휘관들이 루메이 참모장실에 모여 다음 공격 목표지를 의논했다. 도쿄가 압도적이었다. 그러나 오키나와 항공군 드뤼틀사령관은 "천황까지 죽으면 평화교섭의 상대가 없어지는 것 아니냐"고 반대의견을 냈다. 회의에 참석하지 못한 괌 항공군 트와이닝사령관은 삿포로 하코다테 오타루 요코스카 오사카 나고야까지 원폭공격을 가해야 한다고 전문으로 건의했다. 회의 4일후인 14일이었다.

이날 도쿄의 궁성에서는 어전회의가 열렸다. 그러나 누구도 항복을 입에 담는 사람은 없었다. 마지막 한사람이 남을 때 까지 싸워야한다는 군부의 1억 총옥쇄론에 이의를 제기하는 것은 반역이고 불충이었던 것이다. 이 때 도고 시게노리 외무상이 입을 열었다. "포츠담 선언을 수락하지 않으면 일본민족은 절멸하고 맙니다" 이 한마디를 기다렸다는 듯 히로히토 천황은 즉시 항복조서를 작성하도록 명령, 15일 정오 직접 발표했다.

역사에는 가정이 없다고 한다. 그러나 가정을 반추하는 것 처럼 재미있는 일도 없다. 10일의 작전회의에서 도쿄 원폭투하에 반대하는 의견이 없었다면 어떻게 되었을까. 그때 제3의 원폭이 미국 본토(유타주 웬드버)에 있지않고, 전선 가까이 있었다면 즉시 도쿄에 투하됐을까. 도고 시게노리가 없었다면 어전회의의 결론은 어떻게 나왔을까. 순수 한국혈통이었던 그가 어떤 심정으로 무조건 항복을 주청했는지 이맘 때만 되면 궁금해 진다.

1999. 08. 16

신창원과 로빈 훗

로빈 훗은 중세 영국의 전설적인 영웅이다. 12세기 후반부터 13세기 전반기에 살았던 인물이라는 설과, R 피츠스라는 헌팅턴 백작의 별명이라는 설이 있으나 어느 쪽도 확실한 근거는 없다. 그러나 그는 많은 문학작품과 역사책의 소재로 등장해 영국인들이 사랑하는 의적의 대명사가 되었다. 작품 내용은 잉글랜드 셔우드 지방 숲속을 근거지로 로빈 훗 일당이 탐욕스런 관원과 귀족들을 응징하고 재물을 빼앗아 빈민들에게 나누어주는 이야기다.

우리나라에서는 홍길동이나 임꺽정 장길산 등이 로빈 훗에 비견될 수 있을 것이다. 그런데 외신이 신창원을 로빈 훗에 비유해 경찰이 발끈 성을 내고 있다. 영국 로이터 통신은 16일 '한국의 로빈 훗 체포'란 제목의 서울발 기사에서 그가 '로빈 훗' 또는 '가난한 사람들의 친구'란 별명을 얻었다고 보도했다. 일곱 번이나 체포 위기를 피하고 가난한 사람들과 장애학생들에게 수천 달러를 기부한 행적 때문에 서민들에게 영웅으로 통했다는 것이다.

그가 경찰에 쫓길 때 차에 남긴 메모에 적힌 행적을 근거로 한 기사다. 이는 부분적으로는 사실로 확인됐다. 신은 다방에 취직한 가출 10대 소녀들에게 빚을 청산하고 집에 돌아가도록 400만~500만원을 준 적이 있다고 일기장에 적어 놓았다. 좋은 일을 하겠다는 생각은 아니었고, 자기보다는 그들이 더 돈이 필요한 것 같았다면서 "나는 의적도 홍길동도 아니다. 나를 의적이나 영웅시하는 것은 원치도 않고, 그럴 자격도 없다"고 적었다.

로이터 보도에 대해 경찰은 "사람까지 죽인 강도가 영웅취급을 받고있다는 것은 허위"라고 반발하고 있다. 강도가 영웅일 수 없다는 말은 맞다. 수억 원중에서 몇백만원을 쾌척하는 것은 누구나 할 수 있는 일이고, 그를 로빈 훗에 비견한 로이터 기사가 과장일 수도 있다. 그러나 그런 보도의 저변을 간과해서는 안된다. 그의 일기에는 역대 대통령 이름들이 나온다. 그 이름들로 상징되는 권력자에 대한 증오가 그 혼자만의 비뚤어진 적개심 때문이라고 보아서는 안된다.

1999. 07. 21

한글전용의 개조

국가보훈처는 7월의 독립운동가로 한글학자 주시경(1876~1914)선생을 선정해 갖가지 기념사업을 하고 있다. 한글을 언문이라고 천시하던 시대에 한글연구와 보급운동에 일생을 바친 선구자의 공로는 아무리 높이 평가해도 지나침이 없을 것이다. 독립신문 회계겸 교보원으로 일하던 1896년 5월 그가 조직한 국문동식회는 뒷날 한글학회의 초석이 되었고, 최초의 국어문법 교본인 <대한국어문법>은 나라글을 널리 씨뿌린 국민교과서였다.

그러나 그가 한글전용과 띄어쓰기 실천의 개조(開祖)였다는 보훈처의 발표에는 다툼의 여지가 있다. 보훈처 보도자료에는 그가 1896년 4월 7일 독립신문 창간에 참여하면서 자주적으로 한글전용과 띄어쓰기를 실천한 것으로 돼 있는데, 일부 국어학자들은 이 통설에 이의를 제기한다. 이기문 전 서울대 교수는 독립신문이 서재필 박사 주도로 창간됐고, 최초의 한글전용 공문서인 창간호 사설을 쓴 사람도 서박사였다고 주장한다.

독립신문 창간사설은 50% 이상이 한글전용과 띄어쓰기에 대한 필요성을 역설한 것이다. '남녀 상하귀천이 모두 보게 함'이 한글전용의 이유요, '알아보기 쉽도록 함'이 띄어쓰기의 필요성이다. 주시경선생은 독립신문 창간 보름 전 서박사를 처음 만났고, 당시 그는 배재학당 학생 신분으로 사설의 내용과 형식에 관여할 입장이 아니었으므로 창간사설이 서재필박사 작품인 것은 의심의 여지가 없다는 것이 이교수의 주장이다.

이교수는 뒷날 주시경선생 저서의 내용을 이런 주장의 근거로 제시한다. 1906년에 나온 대한국어문법 서문이 국한문 혼용이었고 1914년에 나온 저서에도 띄어쓰기가 제대로 돼있지 않다는 것이다. 그러나 독립신문에는 광고까지도 철저히 한글 뿐이었음을 들어 한글전용과 띄어쓰기는 서박사의 확고한 철학이었다는 주장이다. 그러나 이는 아직 일부 국어학자의 소수의견일 뿐이다. 이번 일을 계기로 국학의 뿌리를 밝히는 본격적인 연구가 있기를 기대한다.

1999. 07. 06

미륵불의 미소

"고대 그리스 신들의 조각상과 로마시대의 뛰어난 조상도 많이 보았지만 모든 것에 아직 완전히 초극되지 않은 지상적·인간적인 잔재가 남아 있습니다…. 그런데 이 미륵상에는 실로 완성된 인간실존의 최고 이념이 남김없이 표현돼 있습니다. 지상에 있는 모든 시간과 속박을 초월해 도달한 가장 청정한, 가장 원만한, 가장 영원한 모습의 상징이라고 생각합니다. 나는 이처럼 평화스런 모습을 구현한 예술품을 본 적이 없습니다"

독일의 실존철학자 칼 야스퍼스가 일본 국보 1호인 미륵보살 반가사유상을 보고 터뜨린 찬사이다. 교토의 고찰 고류지(廣隆寺)에 있는 이 미륵상은 목제 조각품인데, 눈을 내리뜨고 조용히 웃는 모습이 너무 신비로워 '절대의 미소'로 평가되기도 한다. 가늘게 뜬 눈과 온유한 눈썹 선, 오똑한 콧날, 단정한 입매와 너그러운 얼굴윤곽에 서린 미소는 모든 근심과 욕망과 본능을 초극한 도솔천의 세상에나 있을 법하게 느껴진다.

이 작품은 우리 국보 금동미륵보살 반가사유상(국보 83호)과 쌍둥이처럼 닮았다고 해서 큰 화제가 됐다. 한일 문화교류의 일환으로 일본에서 열린 한국미술 5,000년전에 출품된 우리 미륵상의 표정, 오른발을 왼쪽 넓적다리에 올려놓고 앉아 오른 손을 뺨에 살짝 갖다댄 자세, 좌대의 모양까지 빼다 박은 듯 일본 것과 닮은 데 놀란 것이다. 그 후 이 미소에 반한 관광객이 미륵상을 포옹하다가 쓰러뜨려 손가락이 떨어져 나가는 해프닝이 일어났다.

이 사건을 계기로 미륵상의 소재가 한반도에서 생산되는 적송이라는 사실이 밝혀져 신라인의 작품이라는 학설에 무게가 실리게 됐다. 이번에는 우리 미륵상이 유럽사람들에게 선보이고 있다. 며칠전 독일 에센에서 개막된 한국 유물전에는 금동미륵보살 반가사유상을 비롯한 우리 국보 25점 등 문화재 325점이 출품됐다. 현세의 인물에게는 존재할 수 없는 미소로 보았던 독일인들이 쌍둥이 미륵상을 어떻게 평할지 궁금하다. 동족간에 총질을 하는 어지러운 시대에는 더욱 그리워지는 미소다.

1999. 06. 17

잃어버린 취재노트

19년 전 광주 민주화운동 취재노트와 스케치 사진들을 잃어버렸다. 계엄군이 시민군의 저항을 진압한 날부터 일주일동안 광주에서 보고 들은 것을 메모한 노트에는 당시 검열망을 통과하지 못한 말과 풍경들이 빼곡히 적혀있었다. 언젠가 햇빛 볼 날을 기대하며 사무실 서랍 깊숙이 보관해 두었는데, 얼마 안되어 통째로 없어졌다. 서랍속의 사물이 없어진 일은 그 때 말고는 없었다. 사석에서 광주취재 얘기를 했다고 쫓겨난 기자도 있었다.

취재노트 내용 가운데 지금도 잊혀지지 않는 것은 어느 초등학교 학생의 말 한마디다. 일주일 휴교 끝에 개교하던 날 아침 한 초등학교 학생이 교문 앞에서 친구를 만나 반가워하며 "○○부대 군인들 참 징하지, 잉!" 했다. 휴교중 보고 들은 참상을 그런 말로 확인한 것이다. 80년 5월 광주의 비극이 이처럼 짧고 상징적으로 표현된 말이 있을까. 존경과 선망의 대상이어야 할 국군이 그때 광주시민들에게는 그렇게 투영되었다.

잃어버린 사진 속에는 망월동 묘지 합동장례식 스케치 사진이 많았다. 아빠의 영정사진을 들고 서있는 코흘리개 아이의 얼굴에 맺힌 눈물방울이 강조된 사진은 검열을 통과하지 못해 기자의 서랍속으로 들어갔었다. 전남도청 앞 체육관 마루바닥에 며칠간 방치됐던 시신들은 머리카락이 비어져나오는 엉성한 관으로 참혹한 모습이 가려졌다. 그러나 부패의 악취는 막을 수 없었다. 시신이 수습돼 유택이라도 갖게 된 것이 다행이었다.

19년이 지난 오늘 광주에서 열린 기념식에는 처음으로 국방부 장관이 참석했다. 진압병력으로 투입됐던 공수부대 여단장 등 광주지역 군부대 지휘관들까지 모습을 드러내 세월의 흐름을 실감케 했다. 가해자측 수뇌였던 전직 대통령은 피해자측의 극진한 대접을 받으며 호남땅을 누볐고, 가장 큰 피해자였던 김대중대통령은 용서와 동서화합을 강조하고 있다. 그런데도 가해자측은 폭동진압이었다는 당위론을 고집한다. 잃어버린 노트에 이런 역사의 반전 예측은 적혀있지 않았다.

1999. 05. 19

정동필과 손정의

한국계 일본인 나카지마 겐기치(中島健吉·78)씨는 89년 일본 제일의 부자가 됐다. 그해 9월 미국의 경제전문지 <포천>에 게재된 세계 30대 부호 명단에 처음 오른 것이다. 당시 그의 재산은 5,000억엔 정도로 평가됐는데, 세계랭킹은 27위였다. 표지에는 엘리자베스 여왕 등 그보다 순위가 앞선 다른 부호들의 사진보다 그의 사진이 크게 실렸었다. 상속재산이 아니라 자수성가한 입지전적인 재산형성 과정을 높이 평가한 것이다.

도쿄 근교 기류(桐生)시로 인터뷰하러 갔을 때 그는 일본인 비서의 배석을 물리치고 우리말로 응대했다. 재산을 모은 과정을 묻자 그는 양복 저고리를 벗더니 자신의 어깨를 만져보라면서 레일운반 노동을 하도 많이 해 어깨의 돌기뼈가 문드러져 버렸다고 말했다. 만져보니 정말 그랬다. 그렇게 고학을 한 그는 전후 빠찡꼬 기계 제조사업으로 떼돈을 벌었다. 정동필(鄭東弼)이라는 한국이름을 버린 것은 사업 때문이었다.

올해는 재일동포 3세출신 손정의(孫正義·42)씨가 일본 제일의 부자로 떠오르고 있다. 미국 경제지 <포브스>의 최근 보도를 보면 올 들어 그의 회사인 소프트 뱅크와 야후 재팬 주식이 폭등해 6,840억엔의 재산을 가진 세이부 철도의 쓰쓰미 요시아키(堤義明)를 제치고 일본최고 재산가로 등극하게 됐다는 것이다. 야후 재팬 주식은 이달 초 한때 주당 6,000만엔을 돌파했으며, 소프트 뱅크 주식만도 6,600억엔을 넘는다고 한다.

그는 고교를 중퇴하고 미국유학을 다녀와 81년 아르바이트생 두 명을 고용해 소프트 뱅크사를 차렸다. 세계최고가 되겠다는 의욕으로 아이디어 개발에 전념해 '일본의 빌 게이츠'란 별명을 얻었다. 그가 정동필씨와 같은 점은 일본제일의 부자가 됐다는 것, 재일동포 출신이라는 점이다. 다른 점은 버렸던 한국이름을 되찾은 것과 돈 버는 방법이다. 사이버 시대에는 창의성과 아이디어가 돈이라는 것을 그의 성공이 말해 주고 있다.

1999. 04. 27

75년만의 해후

　백범 김구선생이 철저히 세속적인 행복을 배척해가며 민족독립 운동에 몸바칠 수 있었던 것은 가족의 헌신적인 뒷받침에 힘입은 바 컸다. 특히 어머니 곽낙원(郭樂園)여사는 백범에게 정신적으로 큰 힘이 되었다. 그가 안명근의사 사건으로 구속됐을 때 "내 아들이 평안감사 된 것보다 자랑스럽다"면서 즐겁게 옥바라지를 했다는 얘기는 유명한 일화다. 아들의 동정을 염탐하러 온 일경에게 호통을 친 얘기는 지금 들어도 속이 후련하다.
　백범의 부인 최준례(崔遵禮)여사는 여걸같은 시어머니 그늘에 가려 이름조차 낯설지만 백범선생을 교화시킨 '스승'이기는 마찬가지다. 백범이 출옥했을 때 안악 유지 한 사람이 기생을 불러 위로연을 베풀어 주었다. 한창 취흥이 고조됐을 때 어머니가 백범을 불러내 "기생 불러 술 먹는 꼴을 보려고 네 옥바라지에 고생한 줄 아느냐"고 호통을 쳤다. 부인 최여사가 저 꼴은 못 보겠다고 고발한 때문이었다.
　최여사는 지인의 중매로 백범과 혼인했다. 어머니와 교회 선교사들이 권하는 다른 혼처가 있었으나 열여덟 처녀는 첫눈에 반한 서른살 노총각을 택했다. 백범에게도 그 혼사를 반대하는 사람이 있었고 교회에서는 명령에 반발한다고 신부감에게 벌까지 내렸다. 그러나 혼인은 본인들 의사로 결정해야 한다는 두 사람의 고집을 꺾을 사람은 없었다. 어렵게 약혼에 성사한 뒤 백범은 신부감을 정신여학교에 보내 공부를 시켰다.
　남편 옥바라지와 홀 시어머니 공양에 찌들었던 최여사는 백범의 상하이 망명후 뒤따라 가 잠깐 신혼부부 같은 살림맛을 보았다. 그러나 그 행복은 길지 않았다. 3년만에 낙상을 당해 폐렴을 앓다가 서른다섯 새파란 나이에 속세를 떠나 남의 땅 공동묘지에 묻혔다. 광복후 정릉과 남양주군으로 이장됐던 최여사 유해가 12일 효창공원 백범 유택에 합장됐다. 사후 75년, 백범타계 50년만에 저 세상에서 만난 부부가 이제는 편히 쉴 수 있을까.

1999. 04. 13

흙이 죽어간다

계절의 전령사들이 사라져가고 있다. 봄을 알리는 지표생물들이 보이지 않으니 봄이 왔어도 봄기분이 반감된 느낌이다. 경칩이 지난지 2주일인데 개구리 구경하기가 어려우니 말이다. 어려운 정도가 아니라 두꺼비 맹꽁이 아무르산개구리 북방산개구리 등 4종은 멸종한 것으로 분류될 정도다. 참개구리 청개구리 같은 토종 개구리가 20년동안 3분의 2 가량 줄었고, 전체 개체수는 15년간 90%가 줄었다는 보고도 있다.

제비와 나비도 그렇고, 종달새 뻐꾸기 우는 소리는 이제 아련한 기억 속에 저장돼 있을 뿐이다. 충북 산림환경연구소가 민가 1,000여동을 대상으로 매년 일정기간에 관측한 결과를 보면 88년까지 2,340마리나 보이던 제비가 96년에는 150마리로 줄었다. 경북 지역에서도 88년 630마리에서 96년에는 310마리로 줄었다. 남획도 감소원인의 하나지만 결정적인 원인은 토양과 수질오염으로 곤충이나 벌레같은 먹이가 없어졌기 때문이다.

토양오염의 주범은 농약과 화학비료다. 특히 맹독성 농약은 곤충과 잡초뿐 아니라, 토양에 자생하는 갖가지 유기물질을 죽여 생태계 질서를 뿌리째 흔들어 버린다. 우리나라 농약 사용량은 75년 8,600여톤에서 95년에는 1만 8,000여톤으로 배 이상 늘었다. 같은 기간 비료 사용량도 7만여톤 늘었으니 흙이 어떻게 됐을 것인가. 농촌의 토양오염을 현수준으로 유지하려면 2조 7,000억원이 넘는 사회적 비용이 든다고 한다.

최근 발표된 경제협력개발기구(OECD) 환경지표 보고서를 보면 km^2당 95년 농약사용량은 일본(1,259kg)에 이어 한국이 2위(1,205kg)다. 미국의 14배, 캐나다의 28배, 뉴질랜드의 48배다. 그런데도 잡초와 해충의 내성이 자꾸 강해져 갈수록 농약사용이 늘어난다. 사용량을 더 늘리면 토양은 더 이상 생명을 잉태하지 못하는 죽은 흙이 될지 모른다. 수확이 줄더라도 농약을 덜 쓰거나 안쓰는 농법으로 땅을 살려야 한다.

1999. 03. 20

연개소문

수염이 길고 몸집이 크며, 칼을 다섯 자루나 차고 다녀 감히 우러러 보지 못하였다. 아랫사람을 땅에 엎드리게 해 등을 밟고 말을 타고 내렸다. 행차를 할 때면 병졸들이 큰소리로 행인을 물리쳐 백성이 놀라 피하다 구렁텅이로 빠지더라.

중국 사서(舊唐書)에 나오는 고구려 장수 연개소문 기사다. 자신을 해치려는 관리들을 잔치에 초대해 180명을 도륙한 뒤 왕을 시해하고 보장왕을 세운 쿠데타로 권력을 잡은 괴걸(魁傑)의 면모가 잘 드러난다.

고구려 말기 태조(太祚)의 아들로 태어난 그는 15세에 막리지가 되어 나라 안팎에 용명을 떨쳤다. 부여성-발해 1,000리 구간에 장성 축조를 서두른 것은 살수에서 을지문덕 장군에게 패퇴한 수나라 군의 원수를 갚기 위해 당나라가 쳐들어 올 것으로 내다봤기 때문이다. 얼마나 가혹하게 축성을 독려했으면 여자에게 밭일을 시켜가며 남자들을 밤낮 없이 작업장으로 내몰았다는 원성이 기록으로 남았을까.

그의 예측대로 당 태종은 곧 10만 대군을 앞세우고 쳐들어 왔다. 신라와 화친하라는 권고를 무시하고 나당통로인 당항성(黨項城)을 점령하고, 당 태종의 사신을 굴속에 가두어버린 사건에 모멸감을 느낀 것이다. 그러나 태종은 연개소문의 뛰어난 지략과 용병술을 당할 수가 없었다. 특히 안시성(安市城)전투는 태종의 자존심에 큰 타격을 입힌 역사적 명승부가 되었다. 당은 그 뒤 네 차례나 침공하지만 끝내 그를 이길 수 없었다.

이 걸출한 무골이 1,330여년만에 전투의상으로 되살아 났다. 이화여대 신경섭교수는 중국의 전통극(京劇)에 등장하는 연개소문의 무대의상에 우리 색채를 더해 6벌의 무복을 복원, 인사동 갤러리 사비나에서 전시중이다. 경극에 등장하는 연개소문은 당태종을 위협하는 동쪽나라 장수로, 신통력을 가진 청룡으로 묘사된다. 얼마나 무서워했으면 아직 경극의 중요 인물로 살아남았을까. 이제야 되살아난 고구려 영웅이 반갑다.

1999. 03. 09

전설의 수몰

　가수리(佳水里)라는 예쁜 이름을 가진 마을이 있다. 하미·수동·구름재 마을도 그 이웃이다. 이름처럼 맑은 물과 흰구름이 흘러가는 산골이다. 발왕산·노추산·청옥산 골짜기에서 흘러내린 두 줄기 물길이 아우라지에서 합쳐져 정선읍을 감고 돌 때까지는 조양강이다. 여기서 방향을 서남쪽으로 틀어 급하게 흐르면서 동강이라 불린다. 깎아지른 산자락을 에워싸며 흐르는 물길을 따라가는 도로가 좁고 험해서 가보기도 어렵다.
　동강은 뗏목과 관련된 추억과 전설이 서린 강이다. 트럭도 신작로도 없던 시절, 정선에서 나는 목재를 운반하는 수단은 뗏목 뿐이었다. 일곱 동을 연결한 뗏목을 저어 서울 가서 팔면 군수 월급보다 많은 돈을 벌었다 한다. '떼돈 벌었다'는 말도 그래서 생겼다는 것이 정선 사람들의 주장이다. 돈 있는 곳에 술이 있게 마련인가. 떼꾼들이 쉬어가는 주막마다 인물 곱고 소리 잘하는 기생이 있어 갖가지 화제를 만들어 냈다.
　'산옥이의 팔은야 객주집의 베개요, 붉은 입술은야 놀이터의 술잔일세' 정선 아리랑에 나오는 외설스런 노래말이다. 동강 떼꾼들의 애간장을 녹이던 기생 산옥이와의 풋사랑을 못잊어 하는 것이리라. '우리집 서방 떼 타고 갔는데, 황새여울 된꼬까리 무사히 다녀오세요' 되돌이 물살이 세기로 유명한 황새여울 된꼬까리를 잘 헤쳐나가기 비는 아리랑이다. 산옥이와 놀지말고 떼돈만 벌어오란 뜻이라 해석하면 너무 나가는 걸까.
　동강을 사랑하는 사람들은 여러 이유로 댐 건설을 반대한다. 우선 빼어난 경관을 아까워한다. 수달같은 희귀동물과 어류가 살 곳을 잃게 되며, 보존가치가 높은 석회동굴들이 잠기고, 래프팅과 트레킹의 명소가 없어지는 것도 큰 손실이라고 말한다. 무형의 손실도 크다. 가수리 하미마을 같은 예쁜 마을 이름과, 떼꾼들의 추억이 전설처럼 서린 황새여울의 수몰도 아깝다. 아름다운 전설의 현장을 후세에 길이 남기고 싶다.

1999. 02. 25

의자왕의 아들

　낙양(洛陽)문물 명품전은 지도층 인사들에 대한 역사의 평가가 얼마나 무서운지를 새삼 일깨워 준다. 설 연휴중 국립 중앙박물관을 찾아 이 전시회를 둘러보며 민족과 국가를 배반하면 길이 역사의 죄인이 된다는 진리를 재확인하였다. 부여시와 중국 낙양시가 우호관계 협정 체결 2년을 기념해 두 도시 박물관 공동주관으로 마련한 전시회는 그동안 몰랐던 사실을 알려주었다. 마지막 백제 임금 의자왕의 아들이 당나라에 부역한 사실이다.
　전시회장에는 나당 연합군에 패한 뒤 부왕과 함께 당나라에 잡혀간 부여융(扶餘隆)의 묘지(墓誌) 탁본사진이 전시돼 있다. 1920년 낙양 북망산(北邙山)에서 출토된 묘지석에는 "백제 유민들이 올빼미처럼 폭력을 펼치고 개미떼처럼 세력을 규합했다"고 적혀있다. 이 때 당나라 괴뢰정권인 웅진(熊津) 도독이었던 융은 제 나라 재건운동 진압에 공을 세웠으니, 품성이 고결하고 학덕이 높았다는 찬사가 무슨 의미가 있으랴.
　임존성(지금의 예산땅)을 거점으로 복신(福信) 도침(道琛) 등과 함께 백제 부흥운동을 이끌다 당에 투항한 흑치상지(黑齒常之)의 묘지 사진도 전시됐다. 정복자의 나라에 들어가 융을 도와 웅진도독부 관인으로 부역하던 그는 백제 부흥운동을 무력으로 잠재운 공로로 당나라 정규군 지휘관이 되었다. 돌궐과 토번을 무찌르는 데도 공을 세워 외몽골 지역을 관장하는 총독자리에 올랐으나 모함을 받아 투옥돼 옥중에서 자결했다.
　안팎에 용명을 떨친 고구려 무장 연개소문의 아들 천남생(泉男生)도 비굴하고 치욕적인 기록을 남겼다. 연개소문 사후 실권을 세습받은 그는 두 동생이 반란을 일으키자 당에 투항, 고국침공의 선봉장이 되었다. 고구려가 망한 뒤 당에 망명해 관작을 받아 안락하게 살다가 46세에 죽었다. 세 사람의 이름은 모두 당나라가 지어준 성으로 기록됐지만, 1,300년이 지나 한 개의 돌이 그 배반을 고발하였다. 역사는 무섭다.

1999. 02. 19

고구려와 고려

도쿄 근교 고마진자(高麗神社)에 갔을 때 고구려 왕족 약광(若光)을 모신 이 신사의 이름이 왜 고려신사인가 하는 의문을 품은적이 있다. 신사 주인의 이름도 고려씨이고, 부근을 흐르는 강은 고려천, 산은 고려산이다. 마을 이름도 지금은 히다카(日高)정으로 바뀌었지만 2차대전 당시까지는 고려향(鄕)이었다. 서기 716년 이 일대에 고려군을 설치했다는 속일본기(續日本記) 기록으로 보아 고려란 이름은 1,300년의 역사를 가지고 있다.

만주지방에도 고려성·고려방(房)·고려묘(墓) 같은 유적이 많다. 고려가 지배한 일이 없는 곳에 고려 유적이 많은 것은 왜일까. 최근 서길수(고구려연구회 이사장)교수가 펴낸 <고구려 역사유적 답사>를 보고 의문의 일단이 풀렸다. 79년 충주에서 발견된 고구려 비에 새겨진 '고려태왕'이란 글자로 보아 중간에 국호가 고려로 바뀌었다는 것이다. 연가 7년(539년으로 추정)에 제작된 여래입상과 삼존상에도 고려국 명문이 있다.

문헌에는 어떻게 나오는가. 중국 문헌엔 초기는 고구려이지만, 중기 이후 고려로 바뀌고 말기에는 고려 일색이라 한다. 일본 문헌에는 고려 밖에 안 나오고, 우리 문헌인 삼국사기에는 고구려만 나온다. 혼란의 단서는 정사로 인정되는 삼국사기의 저자 김부식이 중국 사서에 나오는 고려를 모두 고구려로 고쳐 썼기 때문인데, 야사 성격인 삼국유사에는 고구려가 일곱번, 고려가 70번 정도 나오는 것으로 보아 국호 개정설에 믿음이 간다.

정신문화연구원 정구복교수는 국내외 유물과 문헌 등을 근거로 장수왕 10년(423년)대에 국호가 고려로 바뀌었다고 주장한다. 고구려 계승을 선언했던 궁예와 후삼국을 통일한 왕건이 국호를 고려라 한 것도 고구려에서 '구'자를 뺀 것이 아니라 옛 국명을 되살린 것이라 한다. 그러나 아직 정설은 없고, 연구는 이제 시작단계다. 고려는 코리아의 연원이다. 해외에 알려진 우리 국호의 뿌리 문제이니 연구를 서둘러야 겠다.

1999. 02. 11

법률상인

부장판사 한사람이 퇴직후 변호사사무소를 차렸다. 문을 열자마자 사건이 쏟아져 들어왔다. 대부분 자신이 몸담았던 법원의 일반직원들이 보낸 것이었는데 99%가 형사사건이었다. 고용 변호사 두사람은 구치소를 돌며 의뢰인을 접견해 기록을 만들고, 자신은 담당 판사실을 돌며 잘 봐달라고 부탁하기에 하루가 너무 짧았다. 건당 수임료는 최하 3,000만원. 사건을 보내준 법원 직원은 출근길에 꼬박 꼬박 30%의 소개료를 받아 갔다.

신기하게도 구속 적부심이건 보석이건 원하는 대로 척척 결과가 나왔다. 사건 잘하는 변호사라는 소문이 났다. 그런 호황은 6개월동안 지속됐다. 그러나 어느날부터 거짓말처럼 사건이 뚝 끊어졌다. 알고보니 같은 법원에 근무하던 부장판사가 개업을 했는데, 직원들이 그에게 사건을 몰아주기 시작한 것이다. 전관예우라는 법조계의 관행이 어떤 것인지를 보여주는 이 얘기는 배금자 변호사가 쓴 '이의 있습니다'에 나오는 사례다.

지난 해 서울 5개법원에 접수된 형사합의부 사건 수임 상위 20위 변호사 중 75%가 퇴직 3년 미만의 판검사 출신이었다. 지난 해 1월부터 11월까지 수원지방 형사사건 수임 '베스트 5'도 97, 98년 퇴임한 부장판사 부장검사급 전관출신이었다. 이들은 이 기간중 수원지법 전체 형사사건(3,673건)의 4분의 1 가까운 841건을 수임했다. 배금자 변호사 책이 과장이 아니며, 법조비리가 의정부와 대전만의 문제가 아님을 말해주는 통계다.

우리나라 사람들은 인정에 약해 공사구분이 명확하지 않다. 같이 일하던 동료나 선배변호사 부탁을 받은 판검사들이 좀 무리하게 구속자를 풀어주어도 인정이나 의리로 통한다. 그래서 브로커들은 되도록 최근에 법복을 벗은 변호사를 찾게 마련이다. 부정한 돈이 사건의 재량권을 남용하고, 전관예우를 기대하는 풍토 때문에 '법률상인'이라는 말까지 생겨났다. 머리좋은 사람들이 돈에 눈이 먼 세상에는 내일이 없다.

1999. 01. 18

도고 시게노리

태평양전쟁에서 패망할 때의 일본 외무장관 도고 시게노리(東鄕茂德)는 전후 1급 전범으로 기소됐다. 그러나 그가 없었으면 오늘의 일본이 있을 수 없다는 데 이의를 제기할 일본인은 많지 않다. 개전 당시에도 같은 자리에 있었던 그는 무모한 전쟁을 막기위해 끝까지 미국과의 협상론을 굽히지 않았다. 패망 당시에는 어전회의에서 '1억 총 옥쇄론'을 주장하는 군부의 강압에 맞서 무조건 항복을 관철한 일화로 유명하다.

그는 100% 한국인의 피를 받은 사람이다. 그의 선조는 400년 전인 1598년 정유재란 때 왜장 시마즈 요시히로(島津義弘)에게 납치당해 일본에 끌려간 남원 도공이다. 그는 네살 때까지 박무덕(朴茂德)이란 이름으로 불리다 메이지 유신 이후 일본성을 갖게 되었다. 조선 도공을 보호하던 사쓰마(薩摩)번이 가고시마(鹿兒島)현으로 바뀌고, 정한론의 영향으로 조선인 멸시 분위기가 고조되자 그의 아버지(朴壽勝)는 개명을 단행했다.

그는 조선 도공들의 마을인 나에시로가와(苗代川)의 별이었다. 전범으로 기소됐을 때는 그의 생가에 돌이 날아들기도 했으나, 일본을 민족 절멸의 위기에서 구출했다는 평가로 지난 봄 기념관이 세워졌다. 한국피를 받은 사실이 드러나 명문가 규수와의 첫사랑에 실패한 그는 한평생 한국계라는 멍에를 안고 살았다. 까다롭기로 유명했던 그가 외무성 국장 시절 동족 후배를 몰래 불러 술을 사준 일은 그의 출신과 관련한 일화다.

사쓰마 도자기 400주년 기념행사가 한창인 가고시마에서 최근 한일 총리회담이 열렸다. 김종필 총리는 회담후 오부치 일본총리로부터 도고 기념관 참관 제의를 받고 "도고는 전범이어서 곤란하다"며 거절했다고 한다. 개전에 동의한 그의 책임과 군국일본의 전쟁책임을 희석시키는 일이 되지 않을까 염려해서였을 것이다. 그러나 흔쾌히 참관해 일본의 항복을 앞당긴 그의 공로를 강조했으면 좋지 않았을까 아쉽다.

1998. 12. 01

좀도둑과 큰도둑

'대도'라는 별명으로 더 유명해진 조세형씨가 드디어 감옥을 나왔다. 절도죄와 복역중 탈주극에 더해진 가중처벌로 16년을 갇혀 산 그는 그 전의 복역기간을 합쳐 30여년을 감옥에서 살았다. 그가 82년에 저지른 범행은 당시로는 상상도 할 수 없는 '기업형'이었다. 권력자와 재벌집만 골라 10여차례 10억원 상당의 귀금속과 현금 등을 훔쳤으니 그런 별명을 얻을 만했다. 일반인들이 들어보지도 못한 물방울 다이어도 그 때문에 유명해졌다.

"수천억원을 해먹은 사람들에 비하면 나는 좀도둑에 불과하다. 그러나 지금의 나는 좀도둑도 아니고 신앙인일 뿐이다." 옥문을 나선 그는 대도란 별명에 대해 이렇게 말했다. 82년 구속당시 기소장의 범죄사실이 10분의 1 이하로 축소됐으며, 훔친 귀금속이 4자루가 넘어 일부는 서울역 걸인들에게 주었다고 했다. 그를 구속한 형사도 피해품을 늘어놓는데 책상 6개가 모자랐고, 기소후 다이어 60개가 회수됐다고 털어놓았다.

절도죄 최장기형을 다 산 그에게 또 보호감호 처분을 내려 지금까지 옥에 붙잡아 둔 세력은 결과적으로 큰 도둑들을 비호했다는 비난을 면하기 어려울 것이다. 사회보호법에 따른 보호처분이 위헌이라는 헌재결정으로 살인 강도 같은 흉악범들도 다 풀려났는데, 재범의 우려가 있다는 이유로 유독 그만 가두어 두었던 것이다. 큰 도둑들의 곳간을 털어 그들이 권력과 특혜로 얼마나 치부했는지 들통나게 한 괘씸죄 때문이라고 그는 주장했다.

그의 석방을 위해 무료 변론으로 애쓴 엄상익변호사도 "말조심을 안하면 그에 대한 관용을 기대하기 어려울 것이라는 경고를 어기고 시끄럽게 굴어 석방이 늦어졌다"고 말했다. 그렇다면 그를 감옥에 붙잡아 둔 세력의 정체가 누군지 짐작이 간다. 큰 도둑은 지난 세월의 얘기가 아니다. 지금 우리 주위에도 간 큰 도둑들이 횡행하고 있다. IMF 한파에도 그들은 별 탈 없고 좀도둑들만 당하는 세상이니 법은 어디 갔나.

1998. 11. 28

흑백을 바꾸는 사람

영국속담에 "변호사와 화가는 검은 것을 희게 바꿀 수 있다"는 말이 있다. 가난하고 억눌린 사람들의 권리를 지켜주고 억울함을 풀어주는 변호사의 역할이 마치 색깔을 마음대로 바꿀 수 있는 화가와 같다는 비유다. 우리나라에는 "변호사는 허가받은 도둑"이란 속담이 있다. 허가를 얻어 개업하고 있지만 너무 많은 보수를 요구한다는 뜻이다. 변호사들은 이 말이 너무 심하다고 느끼겠지만, 서민의 감정이 잘 나타나 있다고 볼 수 있다.

12일 서울지법에서 내려진 한 판결이 이를 대변해 준다. 10억원대 소송을 이기게 해준 대가로 3억원이 넘는 성공보수를 지불한 시민이 보수가 너무 많다고 법에 호소, 1억 7,000만원을 돌려받게 된 것까지는 좋았다. 그러나 변호사로부터 사문서 위조 혐의로 고소당해 구속됐던 의뢰인은 대법원 판결로 무죄선고를 받은 뒤 변호사를 상대로 손해배상 청구소송을 내 1,000만원의 정신적 피해보상을 받아내는 데 성공했다.

10억원 송사의 부분승소 대가로 3억원을 받아낸 것도 납득할 수 없지만, 법원의 조정으로 50%를 돌려준 것이 분해 의뢰인을 잡아 넣었으니 백을 흑으로 바꾸는 재주라 하겠다. 엊그제 소비자보호원이 발표한 변호사 법률서비스 실태조사 결과도 변호사들의 횡포를 잘 말해준다. 응답자의 72%가 변호사의 법률서비스에 불만을 표시했는데, 과다 수임료나 착수금을 환불해주지 않는다는 등 금전관련이 제일 많았다.

법률고객들의 불만을 해소하기 위해 소보원은 사건의뢰의 문서계약 의무화, 보수의 적정화, 보수 지급체계 개선, 불만처리 제도 활성화, 법률비용 보험제도 도입 등 개선책을 제시하고 있다. 그러나 가장 중요한 변호사 사회의 경쟁체제 확립은 간과하고 있다. 보수체계를 시장자율에 맡기는 선진국과 달리 사업자 단체 규정에 맡기는 한 서비스 개선은 기대하기 어렵다. 사시정원을 줄여서는 안되는 이유도 거기에 있다.

1998. 11. 13

기후변화의 공포

약 1만년 전까지는 한국과 일본이 붙어있었다고 한다. 쓰시마(對馬島) 이키(壹岐) 큐슈(九州)는 물론이고, 일본 혼슈(本州)와 홋카이도(北海道)까지 한반도 남부와 가느다란 띠 모양으로 이어져 동해는 거대한 호수 같았다고 한다. 그러다 지구온도가 상승한 제4 간빙기(間氷期)에 접어들어 남북 극지대의 얼음이 녹아 해수면이 높아지면서 한반도와 일본이 분리됐다는 것이 일본 지질학자 고마쓰(小松左京)의 주장이다.

이같은 학설을 뒷받침하는 것이 쓰시마의 생물이다. 쓰시마에서는 산야에 자생하는 꿩을 '고려꿩'이라 부른다. 같은 꿩이지만 모양과 습성등이 일본열도의 그것과 다르기 때문이다. 살쾡이 담비 사슴 멧돼지 같은 산짐승들이 이웃 이키섬보다 한반도와 더 닮은 것은 쓰시마가 가장 늦게까지 한반도와 붙어있었기 때문이라는 것이다. 92년 쓰시마 취재 때 나가토메(永留久惠)란 향토 사학자에게서 들은 얘기다.

산업과 문명의 급격한 발달은 지구 온난화를 부채질하고 있다. 화석연료를 너무 많이 써 이산화 탄소처럼 온실효과를 초래하는 가스층이 지구를 뒤덮다시피 했기 때문이다. 최근 남극의 론 빙붕에서 제주도 4배 크기의 빙산이 떨어져 나갔고, 피지 섬 주민들이 해마다 높아지는 해수면으로 인한 침수피해를 막기에 안간힘을 쏟는 것도 그 때문이다. 부에노스아이레스에서 열리고 있는 기후변화협약 총회에 보고된 얘기들이다.

우리나라도 예외가 아니다. 한국교원대 정용승 교수 조사에 따르면 최근 25년 사이 우리나라의 평균기온은 0.96도나 높아졌다. 특히 충청 이남지역은 아열대를 닮아가는 조짐이 나타나고 있다 한다. 이대로 간다면 100년후엔 평균기온이 2.5도까지 상승할 가능성이 있다는 분석도 있다. 한류성 어종은 크게 줄고 난류성이 늘어난 근해어업 어획고가 개연성을 말해준다. 기후변동 대비는 더 이상 남의 일이 아니다.

1998. 11. 09

도공들의 혼불

꼭 400년전인 1598년 10월 어느날, 일본 가고시마(鹿兒島)반도 서쪽 시마비라(島平) 해안에 한 무리의 조선사람들이 상륙했다. 먹을 것도 입을 것도 비바람을 피할 곳도 없는 그들에게는 기다려주는 이도 없었다. 거친 가을바다를 오래 표류하는 동안 굶주림과 멀미에 지친 노약자들은 맥없이 죽어나갔다. 남자들은 풀뿌리를 씹어가며 해변 언덕 아래 초옥을 짓고 황무지를 개간했으나 당장의 생계수단은 되지 못했다.

도자기를 굽지 않고는 살아 갈 방법이 없었다. 엉성하게 가마를 만들고 조국을 떠날 때 가져간 흙과 유약으로 그릇을 구웠다. '원수나라'의 불로 굽는 것이 분했지만 어쩔 수 없었다. 의사소통이 안되는 이민족 사이에 곧 마찰이 생겨 갈등이 깊어졌다. 일본인들의 습격을 피해 도망치다 자리잡은 곳이 유명한 사쓰마(薩摩)야키의 발상지 미야마(美山)다. 지세가 꼭 남원같다고 '작은 남원'이라 부르며 살아온 곳이다.

정유재란 때 왜군에게 함락된 남원성에서 사쓰마 영주 시마즈 요시히로(島津義弘)에게 잡혀간 도공 일가 43명 가운데 심수관(沈壽官)씨의 선조 심당길(沈當吉)도 끼여있었다. 그는 원래 도공이 아니었다. 남원에 기거하던 왕자(李金光)를 호위하던 무관이었다. 그러나 먹고 살려면 그릇을 굽지 않을 수 없었다. 그는 박평의(朴平意)란 사람에게서 기술을 배워 훌륭한 도공이 되었다. 외아들로만 이어져오는 후손들도 모두 당대 제일의 도공이 됐다.

가고시마에서는 사쓰마 야키 400년 기념축제가 열리고 있다. 심씨가 19일 남원 교룡산성 산신단에서 채화한 불씨를 봉송해 21일 자신의 가마에 지핀 행사를 시작으로, 도자기 마을마다 도자기 축제가 한창이다. 조선 도자기 전래 400년이 되면 선조들의 고난을 위로하는 제를 올려달라던 아버지의 유언에 따라 심씨는 오래도록 이 축제를 준비해 왔다. 도공들의 원혼을 달래는 혼불이 400년만에 일본땅을 밝히고 있다.

1998. 10. 31

훈장보다 진상규명

　유신독재의 서슬이 퍼렇던 75년 8월 17일 <사상계> 발행인 장준하(張俊河) 선생이 포천군 이동면에 있는 약사봉에서 변사체로 발견됐다. 경찰은 목격자의 진술을 근거로 14m 높이의 벼랑에서 발을 헛딛어 추락한 것으로 단정하고 사흘만에 단순 변사사건으로 처리했다. 그러나 유족들은 추락했다는데 외상이 없고, 오른쪽 귀 뒤쪽에 함몰흔이 있으며, 양쪽 겨드랑이에 잡혀 끌려간듯한 피멍이 있는 점 등을 들어 사인에 의문을 표했다.
　장선생이 국회의원 시절 지구당 일을 도왔던 목격자는 "일행 40여명과 떨어져 하산중 벼랑에서 소나무를 붙잡고 바위에 발을 딛는 순간 가지가 휘어지면서 미끄러져 추락했다"고 증언했다. 그러나 왜 일행과 헤어졌는지, 왜 등산로도 없는 경사 70도의 험한 길을 택했는지는 설명이 되지 않고 있다. 당시 이런 의문을 다룬 한 신문의 편집기자가 검찰에 불려가 긴급조치 9호 위반혐의로 구속된 일도 있었다.
　이상한 일은 또 있었다. 사건이 나기 얼마전 장선생 집에 수시로 돌이 날아들었고, 밤 늦게 귀가하던 장선생의 장남이 건장한 청년들에게 테러를 당해 앞니가 모두 부러졌다. 지금 싱가포르에 살고있는 장남은 사건후 사인을 밝히겠다고 관계자들을 찾아다니다 또 괴청년들에게 테러를 당해 석달이나 입원했다. 유족의 요청으로 주검을 검안했던 의사는 귀 뒤의 함몰부위는 거꾸로 떨어져도 다치기 어려운 '감춰진 급소'라고 말했다.
　장선생과 가까웠던 사람들은 그가 75년 5월부터 "박정권은 게릴라전을 벌여서라도 제거해야 한다"는 과격한 발언을 했고, 재야세력 결집운동을 시작했던 사실을 들어 암살 가능성이 있다고 말한다. 정부는 장선생이 잡지문화 발전에 공헌이 컸다고 은관 문화훈장을 추서키로 했으나 유가족은 이를 거부했다. 훈격이 낮은 것도 기분 상하는 일이겠지만 훈장보다는 사인규명을 바라는 것이 유족의 입장일 것이다.

1998. 10. 25

은빛 러브 스토리

곱게 늙은 한 할머니에게서 들은 사랑 이야기가 귓전을 맴돈다. 남의 아내가 된 처지에 어떻게 40년 전 사별한 남편 추도식에 참석할 용기가 났을까. 죽은 남편 생각으로 공식행사에서 그렇게 쉽게 울 수 있을까. 인스턴트 사랑시대를 잊게 해주는 이 러브 스토리는 중국의 대만 포격이 치열하던 58년 진먼다오(金門島) 취재중 순직한 한국일보 창간 외신부장 최병우(崔秉宇) 기자 부인 김남희(金南姬) 여사의 얘기다.

"나 혼자 백발이 되어 전사관에 걸려있는 남편의 젊은 모습을 바라보며 솟구치는 눈물을 참지 못했습니다." 지난 주말 최병우기자 기념 심포지엄에 참석한 김여사는 9월 26일 진먼다오에서 열린 최부장 순직 40주기 추도식에 두 딸을 데리고 참석했던 일을 이렇게 보고했다. 극단적인 정의파 기자 최병우, 너무 철저했던 직업인으로서의 최병우를 존경한다는 말과 함께 최병우 기념사업을 하는 후배 언론인들에 대한 고마움도 표했다.

김여사는 40년 전 꿈 얘기를 어젯밤 일처럼 생생히 들려주었다. 인도네시아 내전 취재를 마친 남편이 대만에 도착한 58년 9월 어느날의 꿈은 불행을 예고하는 것이었다. 낯선 사람들 틈에 섞여있는 남편을 찾아내 달려가 불러보면 남이고, 또 다른 장면에서 발견해 허위허위 달려가 손을 잡아보면 모르는 얼굴이고…. 이 꿈을 꾼 날 남편은 부상한 몸으로 진먼다오 상륙을 시도하다 외국기자 5명과 함께 실종됐다.

남편을 잃고 3년후 김여사는 한국 족보학의 권위자 와그너(전 하버드대 교수)박사의 주선으로 미국에 건너갔다. 연민이 사랑으로 변한 것일까. 남편과 절친했던 와그너 박사의 구혼을 받은 김여사는 오랜 번민 끝에 재혼을 해 지금 보스턴에서 편안한 노후를 보내고 있다. 한 후배 언론인이 짓궂게 물었다. "지금 최병우와 와그너 박사의 구애를 동시에 받는다면 누구를 택하겠느냐"고. 김여사는 주저없이 말했다. "그야 물론 최병우지요."

1998. 10. 19

청송교도소

혹독한 삼청교육대 훈련으로 유명했던 청송교도소가 또 한번 유명해진 것은 탈옥수 신창원이 그곳에서 당한 고통보다 경찰에 쫓기는 도망자 생활이 100배 낫다고 말한 때문이다. 지난 7월 서울에서 검문경찰관을 때려누이고 달아날 때 차안에 남긴 메모에서 그는 "청송교도소 수감중 수갑을 찬채 6시간동안 몽둥이 찜질을 당했다. 목에서 피가 넘어와 치료해달라고 소리치다 온몸을 묶인채 얻어맞은 뒤 탈옥을 결심했다"고 썼다.

대도 조세형의 폭로가 이어지면서 이 교도소는 '한국판 쇼생크'에 비유되기도 했다. 감옥에서 15년을 살고나와 7월말 보호감호 처분으로 다시 그곳에 갇힌 그는 법정에서 최후진술을 통해 "사람을 결박할 수 있는 모든 도구로 온몸이 꽁꽁 묶인채 빛 한줄기 들어오지 않는 캄캄한 방에 던져져 밥을 핥아먹고 옷에 용변을 보는 짐승같은 생활을 한 일도 있다"고 폭로했다. 징벌이 끝나도 그는 독방생활을 면하지 못했다.

그런 고통을 당한 것은 교도소의 말썽꾸러기를 대신해 한 동료가 교도관들에게 린치를 당해 죽어나가는 것을 보고 항의했기 때문이라는 것이 그의 주장이다. 84년 10월 입버릇처럼 의무과에 보내달라고 조르던 박영두라는 군 감호자가 온몸이 묶인채 신음하며 교도관들에게 들려 감방으로 돌아온 다음날 숨을 거둔 사건이 있었다. "얼굴에 타월을 뒤집어 씌우고 개잡듯 패는 것을 본 동료가 있다"고 그는 주장했다.

조세형의 변호인이 이런 사실들을 월간지에 폭로해 국내외 인권단체들이 문제를 삼자 법무부는 지난주 청송교도소를 공개했다. 인권단체 회원들과 보도진은 밀폐된 징벌방의 존재는 확인할 수 없었다. 감방의 위생상태도 괜찮았고 식사도 먹을 만했다고 한다. 그렇다고 의문이 풀리는 것은 아니다. 불법 징벌행위와 소내폭력이 있었는지, 박영두의 사인이 무엇이었는지를 엄정하게 조사하는 것이 신뢰회복의 지름길이다.

1998. 10. 03

천황과 조선반도

한국 언론이 일본총리를 다나카 가쿠에이(田中角榮), 나카소네 야스히로(中曾根康弘)라고 원음대로 표기할 때 일본 언론은 보쿠세이기(朴正熙), 젠토칸(全斗煥) 대통령이라고 표기했었다. 중국 개방의 아버지 덩 샤오핑도 도쇼헤이(鄧小平)로 표기해 중국 사람이 들으면 무슨 말인지 몰랐다. 한국어와 중국어를 아는 기자가 많지않고, 오랜 관행이어서 갑자기 바꾸면 혼란이 생긴다는 이유였다. 근래에는 원음대로 표기하고 있다.

그러나 아직도 우리나라 국호를 말할 때는 한국이라 하지만 한반도 한국문화 한국전쟁 처럼 보통명사화한 말은 예외 없이 조선이다. TV 기상뉴스 캐스터는 지시봉으로 한반도를 가리키며 "조선반도에서 밀려오는 고기압 때문에 날씨가 맑겠다"는 식으로 말한다. 국호는 어쩔 수 없지만 관용으로 굳어진 말은 바꾸기 어렵다는 논리다. 우리가 도쿄와 동경, 오사카와 대판을 혼용하는 것과 비교해도 인색다는 생각이 든다.

조선이란 말은 20세기 한국인의 정서에 맞지 않는다. '조센진'이란 말에 대한 거부감도 있지만, 우리가 한반도 한국문화라고 말하는데 꼭 '조센한토' '조센붕카'라 해야할 이유가 무엇인가. 조선은 지금 북한의 국호이기도 하다. 한국과 국교를 맺고있는 나라로서 북한 국호를 사용해서 우리 영토와 문화를 말하는 것은 여간 큰 결례가 아니다. 조선이란 국호에는 '조선'과 '화령' 중에서 명나라 황제가 낙점해 준 치욕이 서려있기도 하다.

김대중 대통령은 다음달 일본방문 때 국왕 초청만찬회에서 '천황폐하'라는 호칭을 사용키로 했다. 80년대 말까지 써온 말이기는 하지만 근래의 불편한 양국관계로 거부감이 생겼다. 그러나 있는 그대로 보는 당당한 대일관의 상징이라면 반대할 이유도 없다는 의견이 우세한 것같다. 문제는 우리도 찾을 것을 찾아야 한다는 것이다. 한국 대통령이 조선반도에서 날아왔다는 식으로 보도할 일본언론의 이중성은 고쳐져야 한다.

1998. 09. 14

이효석의 幽宅

＜산허리는 온통 메밀밭이어서 피기 시작한 꽃이 소금을 뿌린 듯이 흐뭇한 달빛에 숨이 막힐 지경이다…＞ 가산 이효석(可山 李孝石)은 ＜메밀꽃 필 무렵＞에서 메밀꽃 핀 밤풍경을 이렇게 묘사해 볼품 없는 꽃을 향토정서의 대명사로 승화시켰다. 그러나 다른 작품에서는 그런 향토정서를 찾아볼 수 없어 문학연구가들이 불가사의하게 생각한다. 도회적이고 귀족적이고 탐미적인 많은 작품들의 경향이 그런 의문의 바탕이다.

멋쟁이고 엘리트 의식이 강했던 그의 초기작품 세계가 관념적이었던 것은 불우했던 성장과 짧은 인생역정과 무관하지 않으리라. 평창군 봉평면에서 태어난 그는 어려서부터 객지생활을 했다. 경성제대를 나와 총독부 경무국에 취직했다가 주위의 질책을 받고 처가인 함북 경성에 가 교편을 잡았다. 28세때 평양 숭실전문 교수로 옮겼으나 아내를 잃고 만주를 방랑하던 끝에 36세 때 뇌막염에 걸려 짧은 인생을 마감했다.

"고향의 정경이 일상 때 마음에 떠오르는 법이 없고, 고향생각이 자별스럽게 마음을 녹여준 적도 드물었다. 그러므로 고향 없는 이방인 같은 느낌이 때때로 서글프게 뼈를 에이는 적이 있었다…" ＜영서(嶺西)의 기억＞이란 수필에서 그는 고향에 대한 정서를 이렇게 표현했다. 소학교 1학년부터 계모슬하를 떠나 100리 거리의 읍내 학교에 다닌 불우한 천재소년에게 엄마품이 없는 고향은 그리움의 대상이 아니었을 지 모른다.

그런 팔자 때문인지 그의 유택(幽宅)도 떠돌기만 한다. 사후 그는 부친이 면장을 지낸 평창군 진부면에 묻혔으나 74년 영동고속도로 개설 때 묘역이 저촉돼 인근 장평리로 이장됐다. 이번에는 고속도로 4차선 확장공사에 걸려 또 옮겨가야 한단다. 서울의 유족들은 이 기회에 서울 근교로 이장할 계획을 추진중이어서 고향사람들이 서운해 하고 있다. 이제는 생가마을에 영면할 유택을 잡아 오랜 방랑이 끝났으면 좋겠다.

1998. 09. 02

홍수사를 돌아보니

　강은 늘 흘러 넘친다. 기록에 남은 최초의 한강 범람은 백제 기루왕 40년 (116년) 6월의 일이다. '한강물이 넘쳐 집이 떠내려가고 인명피해가 났다'고 삼국유사에 적혀있다. 신라 진평왕 11년(589년)에는 '나라 서쪽에 큰 물이 나 떠내려가고 파묻힌 인가가 3만 369호, 죽은 사람이 200여명'이라는 기록이 있다. 신라의 서쪽이면 한강 하류지역이 포함될 것이다. 고려때인 1375년에는 '삼각산 국망봉이 큰비로 무너졌다'는 기록이 있다.
　서울이 수도가 된 조선시대에는 홍수가 구체적이고 사실적으로 묘사된다. '도성 안에 물이 넘쳐 종루 동편에서 흥인문까지 사람이 통행할 수 없게 되었다' '시가지가 내를 이루어 많은 사람이 물에 빠져 죽고, 인경궁 앞 다리가 무너져 14명이 급사했다' '물에 떠내려갔거나 파묻힌 인가가 75채나 돼 곡성이 서로 들릴 정도였다. 지붕이나 나무 위에 올라가 화를 면한 사람도 있지만, 익사자가 대단히 많았다'는 식이다.
　근대적인 기상관측이 시작된 1908년 이후 최대의 수재는 1920년 7, 8월 홍수다. 서울에 하루동안 퍼부은 451㎜의 비로 용산 마포 뚝섬 영등포 수색 일대와 안양천 유역 저지대가 물에 잠겼고, 파고다공원 팔각정 안에까지 물이 들었다. 5년후인 1925년 을축년 수재때는 침수된 저지대가 흙탕물 바다나 다름 없었다. 원효로 4가 전차종점의 수심이 7.26m, 마포종점은 6.6m나 됐다. 경기 강원지방의 피해도 극심했다.
　광복이후에는 72년 8·19 수재가 가장 심했다. 사망·실종 481명, 침수가옥 3만 7,000여동, 이재민 23만여명으로 을축년 수해를 능가했다. 84, 90년 수재와 함께 이번 수재도 기록으로 남게 될 것이다. 한강 본류는 지켰으나 지류가 넘쳐 피해가 컸다. 백제 초기부터 수재를 겪고나면 제방을 쌓고 물길을 정비했으나 자연의 힘은 언제나 인간의 계산을 뛰어넘었다. 자연에 대한 외경심이 치수의 근본이어야 한다.

1998. 08. 14

청빈 포청천

병 든 아내를 입원시키면서 자신은 관용차를 타고가고 아내는 시내버스를 타고가게 했다는 한 법관이 자유당 시절 법조계의 화제였다. 아내는 민간인이니 관용차를 타서는 안된다는 결벽주의자 김홍섭(金洪燮) 판사의 일화다. 남에게 폐를 끼치지 않고, 정당한 보수 이외에는 어떤 이득도 탐하지 않으며, 언제나 자리가 바뀔 각오로 일하는 것을 법관의 좌우명으로 실천해온 그는 물들인 작업복에 운동화 차림으로도 유명했다.

두루마기에 흰 고무신이 트레이드 마크였던 가인 김병로(街人 金炳魯) 선생도 청빈과 원칙주의로 유명했다. 대법원장 시절 그는 며느리 부탁으로 중학교 입학시험을 치른 손자의 합격여부를 알아보려고 학교에 갔다온 비서관을 호되게 꾸짖었다. 근무시간에 사사로운 일을 한 '죄'를 나무란 것이다. 그는 담배 한 개비를 두 토막으로 나눠 피웠고, 집에서는 신문지를 잘라 화장지로 썼다. 몸에 밴 절약정신의 실천이었다.

이에 비하면 요즈음 법조인 사회의 화제도 많이 변했다. 의정부 이순호변호사의 형사사건 싹쓸이 사건으로 한창 시끄러울 때 의정부지원 판사 두 사람이 '대쪽판사'라는 화제기사가 신문에 났었다. 두 사람은 이변호사가 제공하는 명절 떡값은 물론, 판사실 운영비(실비)도 받지 않았고, 향응유혹을 받을 때마다 웃으며 물리쳤다는 것이다. 너무 당연한 일이 화제가 됐다고 법조계가 맑지 못한 반증으로 믿고 싶지는 않다.

새 대법관으로 임명제청된 조무제(趙武濟) 부산지법원장의 얘기는 우리 법조계에 선비정신이 남아있음을 보여준다. 공직자 재산공개 제도가 실시된 93년 6,000여만원을 신고해 '꼴찌'를 했던 그의 청렴은 선배들과 비교해도 한 점 부끄러움이 없을 것이다. 관공비를 총무과장에게 맡겨두고 공무에만 쓰도록 했다니 혼탁한 세상에 한줄기 청량제처럼 들린다. 향토법관이 대법관으로 처음 제청된 것도 기분좋은 일이다.

1998. 08. 06

홍길동 마스코트

우리나라에서 홍길동(洪吉童) 만큼 친숙한 이름도 드물 것이다. 도둑두목이라는 것을 알면서도 별 거부감이 없는 것은 그가 임꺽정이나 장길산처럼 좋은 일을 한 도둑이라는 인상 때문이다. 그러나 홍길동이 실제로 있었다는 사실을 아는 사람은 많지 않다. 교산 허균(蛟山 許筠)이 쓴 홍길동전의 모델은 1500년 의금부에 잡힌 실존인물. 당시로는 상상도 할 수 없는 저항문학 작품이고, 첫 한글소설로서 국문학사에 큰 획을 남겼다.

양반의 서자로 태어난 비범한 소년 홍길동이 암살을 모면하고 활빈당이란 도둑떼 두목이 되자 온 나라가 시끄러워진다. 임금이 회유하려고 병조판서의 지위를 부여하자 홍길동은 해외로 나가 요괴들을 물리치고 율도국(律島國)이란 나라를 세워 왕이 된다는 줄거리다. 신분사회의 병폐를 통렬히 고발하고, 폭력으로 기존질서에 저항해 인정을 받아낸 뒤 이상국가를 세우는 통쾌한 스토리는 억눌린 서민대중의 울분을 삭여주기에 충분했다.

허균이 홍길동전을 쓴 것은 다분히 의도적이다. 그의 문집에는 스승의 생애를 기록한 <손곡산인전> 등 전기류 5편이 전해온다. 이 것들은 모두가 실재했던 인물의 전기물이어서 소설로 보기는 어렵고, 한문으로 돼 있어 국문학적으로도 큰 가치가 없다. 그러나 소설적인 요소가 강한 홍길동전은 문집에 싣지 않고 자신을 따르는 사람들에게 몰래 읽혔다. 개혁을 추구하다 역적으로 몰려 처형당한 그의 일생과 무관하지 않다.

강릉시가 허균과 허난설헌(許蘭雪軒) 선양사업의 일환으로 25일 홍길동 마스코트 선포식을 갖는다. 초립에 붉은 도포를 입고 칼을 찬 홍길동의 모습은 해수욕장 피서객들 앞에서 강릉의 심벌로 탄생해 강릉홍보에 기여하게 된다. 그러나 이것만으로는 미흡하다. 참여문학의 개조인 허균과 천재시인 허난설헌이 태어난 강릉시 초당동 생가터에 표지석을 세우고, 이 걸출한 오누이 문인의 기념관을 세우는 일이 급하지 않을까.

1998. 07. 24

뿌리의 소중함

 일본 도예가 심수관가(沈壽官家) 도예전 '400년만의 귀향'에 전시된 140여점의 작품중 심씨가문의 작품이 아닌 것이 몇점 있다. 박수승(朴壽勝)의 칠현국금수대명(七賢國錦手大皿)이란 큰 접시가 그중 하나다. 화려한 채색은 돋보이지만 기법이나 분위기 등이 심씨 가문의 것들과 큰 차이가 없어 무심히 지나치기 십상이다. 그러나 작품의 내력을 알고보면 뿌리를 소중히 여김이 후세에 어떤 영향을 주는지를 깨닫게 된다.
 심씨처럼 규슈(九州) 남단 도공마을 나에시로가와(苗代川·지금의 미야마) 출신인 박수승은 일본이 태평양전쟁을 도발할 때와 패망할 때의 외무상 도고 시게노리(東鄕茂德)의 아버지. 심씨는 근래 도쿄(東京) 홍고(本鄕)의 어느 골동품상에서 이 작품을 발견해 부르는 값을 다 주고 샀다고 한다. 아마도 도쿄제국대학 독문학과에 다니던 아들의 학비를 마련하기 위해 박수승이 내다 판 작품일 것이라고 심씨는 추측하고 있다.
 400년 전 왜장 시마즈 요시히로(島津義弘)에게 잡혀가 사쓰마(薩摩·지금의 가고시마) 땅에 정착한 남원 도공들은 영주의 보호를 받으며 도자기 굽기를 천직으로 알고 대를 이어 조선인으로 살아왔다. 명치유신 이후 조선을 멸시하는 풍조가 일어나자 박수승은 명문성씨를 사 입적하는 형식으로 일본 이름으로 바꾸었다. 100% 한국인 피를 받은 네살배기 박무덕(朴茂德)소년도 도고 시게노리란 일본인이 되었다.
 외교관이 된 시게노리는 쉼 없는 출세가도를 달렸다. 조선인이라는 사실이 들통나 첫사랑에 실패한 그는 노총각으로 살다가 독일대사 시절 독일인 과부와 결혼해 딸 하나를 얻었다. 양자삼은 사위와 딸 사이에 태어난 쌍둥이 외손자중 하나는 일본 외교관, 하나는 미국 언론인이 되었다. 400년 동안 성을 바꾸지 않고 돌아와 귀향전을 갖는 심씨가와 너무 대조적이다. 일민미술관에 전시된 박수승의 작품이 이를 증명한다.

1998. 07. 10

백범 김구

　백범 김구 선생이 사형집행 몇시간을 앞두고 목숨을 건진 것은 22세 때인 1897년이었다. 국모 시해의 원수를 갚기 위해 황해도 치하포에서 변장한 왜 군장교를 척살한 혐의로 인천형무소에서 사형집행을 기다리고 있는 사이 고종황제로부터 중지 특명이 도달했다. 백범의 죄명이 국모보수(國母報讐)인 것을 안 고종은 개통된지 사흘 밖에 안된 경인간 전화로 급히 특명을 내린 것이다. 전화개통이 3일만 늦었으면 어떻게 됐을까.
　상놈이라고 천대받는 아버지를 양반으로 만들어 보겠다고 백범은 17세때 해주감영에 과거를 보러 갔다가 썩어빠진 세상의 실상을 목도한다. 부자들이 몇천냥씩 주고 거유(巨儒)의 글을 사 진사도 하고 급제도 하던 시절이었다. 서울 아무 대신에게 서찰을 부쳤으니 나는 반드시 될 것이라느니, 시관의 수청기생에게 비단 몇필을 바쳤으니 떼어논 당상이라느니 하고 떠드는 사람들을 보고 그는 과거를 포기하고 말았다.
　그는 할머니에게 했던 아버지의 단지효도(斷旨孝道)를 본받겠다고 칼로 자신의 왼쪽 넓적다리 살을 베어 임종을 앞둔 아버지에게 먹여드렸다. 그래도 차도가 없자 분량이 적어 그런줄 알고 다시 칼을 들어 더 크게 베어놓고는 너무 고통이 심해 살을 떼어내지 못했다. 그는 단지나 할고(割股)는 진정한 효자나 하는 것이지 나같은 불효자(如我不孝)가 어찌 효자가 되겠느냐고 탄식했다.
　백범 서거 49주기(26일)를 맞아 다시 읽어본 <백범일지>에 나오는 얘기다. 잠시나마 같은 시대를 살았던 사람의 일화로 믿어지지 않는다. 백정과 범부처럼 살겠다고 호를 백범이라 했다지만 그는 너무 비범했던 인물이었다. 백범기념사업회가 이번에 공개한 백범의 국민장 부의록에는 2,000여명의 조객명단이 실려있다. 암살 배후로 지목되던 인사들로부터 명월관 청향각 '기생일동'도 있다. 큰 지도자가 그리운 시대다.

1998. 06. 29

금강산

금강산이 세계 산왕(山王)선발대회에서 만장일치로 산왕에 뽑힌 뒤 참가했던 세계의 명산들이 한 토막씩 금강예찬을 말한다. 곤륜산(崑崙山) - 저절로 만세소리가 북받쳐 나오니…. 설산(雪山·히말라야) - 우리는 범 없는 골에서 토끼노릇이나 하세. 알프스 - 금강산의 산왕은 당연 이상의 당연이야. 로키 - 천국에서는 금강산을 산이라 부르지 않고 만미보(萬美譜)라 부른다데. 육당(六堂·崔南善)선생이 산을 의인화한 <금강예찬> 일부이다.

비로봉 대자연을/사람아 묻지마소/눈도 미처 못보거니/입이 능히 말할 손가/비로봉 알려 하옵거든/가보소서 하노라. 춘원(春園·李光洙)선생은 <금강산 유기>에서 비로봉의 모습을 이렇게 읊었다. 웅대하고 장쾌하고 숭엄한 맛은 비길데 없다는 설명과 함께 노래한 비로봉 찬가이다. 수렴동(水簾洞)을 보고는 "하늘은 청이요, 봉두는 백옥이요, 산복은 벽옥색 신선 사는 송백(松栢)인데, 복판의 일점 백운이 수렴동이라더라"고 노래했다.

개심대(開心臺) 고쳐올라 중향성(衆香城) 바라보며/만 이천봉을 역력히 헤여하니/봉마다 맺혀있고 끝마다 서린 기운/맑거든 깨끗치나 말거나 깨끗커든 맑지나 마나/저 기운 흩어 인걸을 만들과저/형용도 그지없고 체세(體勢)도 하도할샤. 송강(松江·鄭澈)선생의 관동별곡중 금강산편 일부다. 이렇듯 변화무쌍한 경관 때문에 봄에는 금강산, 여름에는 봉래산(蓬萊山), 가을에는 풍악산(楓嶽山), 겨울에는 개골산(皆骨山)이라 불렸다.

정주영 현대그룹 명예회장의 북한 방문으로 금강산이 우리 앞에 성큼 다가온 느낌이다. 그는 귀환직후 기자회견에서 올 가을부터 금강산 관광을 시작할 수 있도록 북측과 계약했다고 말했다. 우리 정부의 승인만 나면 속초에서 유람선을 띄워 장전(長箭)항을 이용하게 된다는 설명이다. 6·25때 끊긴 경원선과 금강산선 철도 복원공사도 활기를 띠고 있다. 연말까지는 설계를 마칠 계획이라니 마음은 벌써 금강산으로 달린다.

1998. 06. 24

판문점의 해빙

　정주영(鄭周永) 현대그룹 명예회장의 고향인 강원도 통천군 송전면 친척 집에는 그의 와이셔츠 한장이 남아있을 것이다. "깨끗하게 빨아서 저기 걸어 둬요. 다음에 와서 입게" 89년 1월 북한을 방문했던 정회장은 고향에 갔다가 작은 어머니댁에 와이셔츠를 벗어놓고 왔다. 그 당시 북한은 정회장과 금강산 공동개발 계획 의정서에 서명했고, 철도 차량공장 건설, 조선소 도크 공사 등에 현대의 참여를 희망해 두달 뒤 다시 가기로 돼 있었다.
　그후 북한은 비공식적으로 여러 경로를 통해 정회장을 불렀고, 어떤 기업인보다 그를 기다린다는 소문이 들리기도 했다. 그러나 작은 바람에도 쉽게 변하는 남북관계의 기상도가 그의 재방북을 막았다. 그때 서명한 금강산 공동개발 의정서가 아직 유효한지는 몰라도 정회장은 그 사업을 반드시 해야 할 과제로 인식하고 있다. 금강산에 숙박시설을 짓고 교통망을 갖추어 외국 관광객을 유치한다면 남북 모두에게 이익이라는 생각이다.
　그로부터 9년이 지나서야 정회장의 재방북이 실현되게 됐다. 그는 오는 16일 동생 등 가족들과 함께 소 500마리를 몰고 판문점을 통해 북한으로 간다. 7년간 중단됐던 유엔사와 북한간의 장성급 회담이 이달중 판문점에서 다시 열리게 되고, 한반도에너지개발기구(KEDO)는 경수로 공사를 곧 본격화하기로 했다. 엊그제 한미 정상회담에서 대북 유화정책이 발표돼 얼어붙었던 판문점은 급속히 해빙무드에 젖어들고 있다.
　판문점을 통한 정회장의 방북은 분단사에 큰 획을 긋는 사건이 될 것이다. 더구나 소 500마리를 실은 트럭행렬이 판문점을 통과하는 장관이 연출될테니 누가 그런 일을 상상이나 했던가. 그는 이번 방북이후 소 500마리를 더 보내겠다고 밝혔다. 소떼를 싣고간 트럭은 2년거치 상환조건의 수출형식으로 북에 남기게 된다. 소 500마리 값은 8억 2,000만원, 트럭 50대 값은 13억 700만원인데, 그는 더 큰 소득을 가지고 돌아올지 모른다. 이번에는 정말 안심하고 와이셔츠를 맡겨두게 됐으면 좋겠다

1998. 06. 13

日王의 영국 방문

89년 세상을 떠난 히로히토(裕仁) 전 일본국왕은 국내여행조차 자유롭지 못했다. 2차대전때 본토방어를 위한 희생물로 삼았던 오키나와(沖繩) 주민들의 반감 때문에 그는 한번도 그곳에 가보지 못했다. 그러니 해외여행은 말할 것도 없는 일이었다. 2차대전 도발의 장본인인 그를 반겨줄 나라가 있을 리 없었다. 현인신(現人神)에서 평범한 인간으로 '강등' 당한 굴욕적인 모습으로 미국을 찾아가 패전국 왕으로서 예의를 표했을 뿐이다.

그러나 전쟁도발에 직접 책임이 없는 그의 아들은 다르다. 90년 11월 정식 왕위 계승의식을 가진 아키히토(明仁) 일왕은 적극적인 방문외교를 시작해 일본의 정치대국 외교를 돕고 있다. 첫 나들이로 91년 동남아를 택했던 그는 25일부터 영국을 방문, 8번째 순방외교를 펴고 있다. 중국방문때는 일제의 중국침략을 깊이 반성한다는 정치적 발언을 했고, 미국과 옛 추축국인 독일·이탈리아에서는 친선 제스처로 평화 이미지를 심기도 했다.

그러나 이번 영국방문은 처음부터 불협화음이 들려 방문성과가 주목된다. 일본 궁내성 대변인은 24일 영국방문 길에 잠시 들른 리스본에서 국왕은 2차대전중 일본 포로수용소에서 고통받은 영국군 장병들에게 사과할 수 없다고 말했다. 그는 "국왕이 영국인들의 고통에 대해 개인적으로 슬픔을 표한 바 있다"면서 헌법이 국왕의 정치활동을 금지하고 있다는 이유로 사과를 거부, 영국 이해 당사자들의 반발을 샀다.

이 발언과 얼마나 연관이 있는지 몰라도 영국의 주간지 <인디펜던트 온 선데이>는 최근호에 살인범 3명과 함께 일왕의 사진을 나란히 실어 일본의 항의를 받았다. 사진은 '이들을 용서할 수 있을까' 란 제목의 기사와 함께 실렸다. 앞으로 일왕이 꼭 방문해야 할 나라는 한국이다. 일본은 국왕의 한국방문을 과거사 단절작업의 마지막으로 삼고 싶어한다. 언젠가 그는 한국에 올 것이다. 이번 영국방문처럼 서로 불유쾌한 일이 생길까 겁난다.

1998. 05. 27

겨레의 스승 李昇薰

오산학교 설립자인 남강 이승훈(南岡 李昇薰) 선생은 재단역할을 해주던 정주(定州)향교가 설립 1년여만에 학교운영에서 손을 떼 경영이 어려워지자 전 재산인 땅 몇마지기를 팔았다. "우리가 굶는 한이 있어도 학교는 계속하셔야지요. 우리식구가 살 수 없으면 학교 기숙사에 가서 학생들 밥을 해주고 얻어먹고라도 살아야지요." 그때 자부가 했다는 말에서 절박했던 사정이 짐작된다.

1864년 평북 정주에서 가난한 농부의 아들로 태어난 그는 어려서 부모를 잃고 열다섯살 때부터 보부상으로 생활전선에 뛰어들었다. 정직 근면 성실을 밑천으로 30대에 나라 안에서 제일가는 무역상이 되었다. 큰돈을 번 그는 수릉참봉(水陵參奉)이라는 벼슬을 사 권세도 부려보았지만 러일전쟁으로 사업기반을 잃고 실의에 빠지게 된다.

그 무렵 미국에서 귀국한 도산 안창호 선생의 연설을 들은 것이 그의 인생행로를 바꾸는 계기가 되었다. 자기 한사람의 부귀와 공명이 얼마나 덧없는 것인지를 깨달은 그는 도산의 교육구국론을 실천하기 위해 오산학교를 설립하고 민족운동에 투신한다. 운명 직전 그는 "내가 죽거든 내 뼈를 표본으로 만들어 사랑하는 학생들과 선생님들이 교육용으로 사용 하라"는 유언을 남겨 말 그대로 몸과 마음을 민족교육에 다 바쳤다.

한국교원단체총연합회(교총)가 스승의 날을 맞아 남강 선생을 제1회 겨레의 스승으로 선정, 13일 현창모임을 가졌다. 교총은 올해부터 교육선각자를 뽑아 겨레의 스승으로 추앙함으로써 사도의 귀감으로 삼기위해 처음으로 남강선생을 선정했다고 한다. 대학총장들이 뇌물받은 혐의로 줄줄이 잡혀가고, 촌지물의를 겁낸 학교들이 교문을 걸어잠근채 학부모 출입을 사절하는 가운데 우울한 스승의 날을 맞게 됐다. 교직자들만이 남강선생을 겨레의 스승으로 추앙할 것이 아니라 국민 모두가 그 정신을 기려 제2의 교육구국 운동을 일으켰으면 좋겠다.

1998. 05. 14

百年漢淸

　백년하청(百年河淸)이란 말이 있다. 중국 북부지방을 서에서 동으로 관류하는 황하가 건조한 황토 고원지대를 지나면서 탁류가 되어 맑은 물이 흐를 날이 없어 생긴 말이다.

　2,000만 수도권 주민의 식수원인 팔당호 수질을 개선하기 위해 환경부가 4월 29일 거창한 수질개선 대책을 내놓았다. 2005년까지 1조 405억원을 들여 3급수로 전락한 수질을 1급수로 끌어올리겠다는 계획이다. 그러나 계획의 세부사항을 보면 그리 믿음이 가지 않는다. 문민정부 때도 같은 계획을 세워 4,441억원을 쏟아부었으나 수질은 더 나빠졌다.

　지금 팔당호 수질은 사상 최악이다. 장맛비같은 봄비가 그렇게 자주 왔는데도 갈수기의 측정치보다 높은 오염도가 나왔다. 수질개선을 한다고 그 많은 돈을 썼는데 좋아지기는 커녕 최악이라니 이런 행정이 어디 있나.

　수질이 나빠진 것은 상수원 보호구역에 난립한 음식점 숙박시설 산업시설 때문이다. 정부는 90년 팔당호 일대를 특별대책 지역으로 지정해 이런 시설물이 들어서지 못하도록 규제하다가 94년 국토이용관리법을 고쳐 준농림지역 개발을 허용했다. 그 결과 팔당호 호반에는 국적불명의 음식점과 러브호텔들이 빼곡이 들어찼고, 고층 아파트 단지까지 다투어 들어섰다.

　특별대책 지역 안의 음식점과 러브호텔이 90년 2,585개에서 97년말 8,956개로, 산업시설은 143개에서 510개로, 거주인구는 40만여명에서 51만여명으로 늘었다. 이런 시설들이 쏟아내는 오·폐수가 얼마나 늘었는지는 통계수치를 보지않아도 짐작이 간다.

　사람은 오염물을 배출하지 않고는 살 수 없다. 그러므로 물을 맑게 하려면 되도록 사람이 적게 살게 하는 것이 첩경이다. 오·폐수 정화시설을 갖추면 괜찮다는 반론은 세수증대나 산업시설 확충을 노리는 지방자치 단체와 관련 부처의 아전인수식 논리다. 백년한청(百年漢淸)이란 말이 생겨나지 않게 하려면 꾸준히 오염원을 줄여나가는 길 뿐이다.

1998. 05. 07

고속도로와 고속철

박정희 전대통령이 64년 서독방문 때 사통팔달의 아우토반(고속도로)을 보고 경부고속도로 건설을 결심했다는 애기는 잘 알려져 있다. 여론의 반대와 정부내의 신중론을 물리치고 한해 예산의 20% 이상을 건설비로 쏟아넣은 고집도 유명한 일화다. 그러나 객관적인 사업비 책정을 위해 정부기관 4곳과 현대건설에 소요예산 산정보고서를 내게 했던 일을 아는 사람은 많지 않다.

최근 출간된 정주영 현대그룹 명예회장의 자서전 <이 땅에 태어나서>를 보면 67년 박대통령 지시에 따라 제출된 각 기관의 공사비 판단은 건설부 650억원, 서울시 180억원, 재무부 330억원, 육군 공병감실 490억원, 현대건설 280억원이었다. 불도저 시정으로 유명하던 서울시를 제외하고는 정부기관의 판단이 모두 업자보다 높다. 무엇보다 주무부인 건설부가 2배로 판단한 것이 재미 있다. 대통령은 개발도상국의 km 당 도로건설비를 근거로 한 재무부 판단과 태국에서 고속도로 건설경험을 가진 현대건설의 판단을 절충하고, 10%의 예비비를 얹어 330억원으로 결정했다.

68년 2월 1일 착공된 공사는 3년도 채 못되는 70년 6월 30일 428km 전구간에서 끝났다. 순시 나온 대통령의 자동차 보다도 작업차량에 통행우선권을 주었던 일화가 상징하는 철저한 현장 우대책과, 난공사 구간인 대전 - 대구 터널공사장의 밤샘 돌관작업이 이룩한 기적이다. 가장 싸게 가장 빨리 공사를 끝낸 것이 자랑만은 아니다. 그러나 신념에 넘친 리더십과 치열한 개척정신이 기적을 만들어낸 것은 부인할 수 없다.

같은 구간에 고속철도를 놓는 사업은 최종계획이 확정되지도 않았는데 엊그제 프랑스에서 전동차부터 들어왔다. 노태우 대통령시절 착공된 노선공사는 언제 끝날지 모를 일이다. 앞당겨 들어온 전동차는 중앙선 간이역 구내에서 비바람 맞아가며 느림보 운행연습을 하게 된다. 같은 나라에서 하는 고속도로와 고속철도 사업이 왜 이리 다른가.

1998. 04. 21

납치 도공 400년

일본 가고시마(鹿兒島)현 미야마(美山)에 있는 도예가 심수관(沈壽官)씨 가문의 도자기 박물관에 <히바카리>란 작품이 있다. 일본 도자기의 대명사가 된 사쓰마(薩摩)야키 1세대인 심당길(沈當吉)이 만든 투박한 막사발 같은 이 작품을 심씨는 보배처럼 아낀다. '불(히·火) 뿐'이란 뜻인 히바카리란 이름엔 정유재란때 일본에 끌려간 도공의 한이 깃들어 있다. 호남을 유린한 사쓰마 영주 시마즈 요시히로(島津義弘)군이 남원성을 침공했을 때 붙잡힌 도공들이 고향에서 가져간 흙과 유약으로 구운 것이니 불만 일본 것일 뿐, 사람도 재료도 혼도 조선의 것이란 뜻이다.

올해는 심당길을 포함한 남원 도공들이 가고시마땅에 끌려간지 꼭 400년 되는 해이다. 오래 전부터 이 뜻깊은 해를 기다려온 심수관씨는 지난 2월 남원시를 방문해 다채로운 사쓰마 야키 400년 행사계획을 밝히고 협조를 구했다. 가마불 봉송, 그네뛰기 우승자 초청공연, 남원 시립 국악단 초청연주, 남원 특산품 전시, 남원 상징탑 건립 등이 양측간에 협의된 내용이다. 심씨는 이달중 현지 자치단체장과 다시 남원을 찾아 이 계획들을 확정한다. 지형이 고향땅과 가장 흡사한 미야마에 가마를 열고 '작은 남원'으로 여기며 400년을 살아온 도공의 후예들은 이제 남원의 혼이 담긴 문화를 호흡하고 싶은 것이다.

여러 행사계획중 가마불 봉송에 마음이 끌리는 것은 심씨가 이 행사에 가장 비중을 두기 때문만은 아니다. 이제는 불까지 남원에서 가져가 완전한 남원 도자기를 만들려는 마음을 읽을 수 있지 않은가. 미야마의 조선도공 후예 20명은 올 가을 만복사지 뒤 옛 가마터에서 태양열로 채화, 교룡산 산신당에서 진혼굿을 올리고 조상들이 끌려간 경로를 따라 여수에서 배편으로 일본에 돌아가게 된다. 그들이 남원에서 가져간 불로 구울 도자기는 '히모(불도)'라 불리게 될까.

1998. 04. 04

4·3사건 50주년

지난해 11월 5일 인권운동 사랑방 대표 서준식씨가 보안법 위반혐의로 구속됐다. 그해 가을 홍익대에서 열린 제2회 인권영화제에서 상영한 제주 4·3사건 기록영화 <레드 헌트>가 이적 표현물이라는 이유였다.

그 뒤 인천·전주·제주·군산 등지에서 영화제가 열릴 때마다 이 영화 상영을 둘러싼 신경전이 있었다. 92년 북제주군 다랑쉬굴에서 4·3사건 희생자 유골이 무더기로 발견됐을 때는 당국이 바로 입구를 콘크리트로 봉쇄해 버렸다.

이 사건을 주제로 한 제주도 출신 작가 현기영씨의 소설 <순이 삼촌>이 78년 창작과 비평사에서 출간되자 군 정보당국은 작가를 끌어다 모진 고문을 하고 책의 발매를 금지시켰다. 재일동포 작가 김석범씨가 84년 같은 테마의 소설 <화산도>로 아사히(朝日)신문사가 제정한 문학상(大佛次郎상)을 받았을 때도 출판금지 처분으로 번역판이 나오지 못하다가 88년에야 해금됐다.

4·3사건은 아직 정확한 피해규모조차 밝혀지지 않고 있다. 사망자가 3만명이라는 설에서 8만명설까지 있다. 94년 제주도 의회의 조사로 확인된 수는 1만 4,504명이었다. 그중에는 10세 이하 649명, 60세 이상 673명이 포함됐다. 그 많은 희생자 유가족들은 "억울한 세월을 목놓아 울지도 못한 것이 한으로 굳어졌다"고 말한다. 50년동안 명예회복과 보상을 요구해 온 그들의 피울음에 권력자들은 누구도 귀를 귀울이지 않았다. 거창 양민학살사건이나 광주항쟁 사건은 특별법까지 만들어 명예회복을 시켜 주면서도 유독 이 사건만은 문제삼는 것조차도 불온으로 몰았다.

다행히 새 정권은 4·3사건 진상규명에 적극적인 자세를 취하고 있다. 여당측은 지난 20일 대통령의 공약이기도 한 이 사건을 재조명하기로 했다. 제주 출신 의원들의 노력으로 4월중 국회특위가 구성될 움직임도 있다고 한다. 오는 4월 3일은 이 부끄러운 사건의 50주년이다. 떳떳하지 못한 일일수록 빨리 청산하는 것이 역사발전의 첩경이다.

1998. 03. 27

구다라나이

일본어에 '구다라나이'라는 말이 있다. 하찮다 시시하다는 뜻이다. 원래는 '구다라(백제)'와 '나이(없다, 아니다)'가 합쳐진 말이라 한다. 훌륭한 백제 문물이 많이 전래되던 오랜 옛날 백제것이 아니면 좋지않다는 뜻으로 쓰였다. 구다라는 고급 외제품 또는 외래문물의 대명사였던 셈이다.

일본 나라(奈良)문화재연구소는 지난 12일 나라현 후지이(藤井)시 구다라노오테라(百濟大寺) 터에서 9층탑 기단을 발굴했다고 발표했다. 학자들은 한 변이 30m나 되는 이 자리에 있던 탑의 높이를 90m 정도로 추정한다. 건축가들은 30층 빌딩에 해당하는 이 거대한 목조 건축물을 어떻게 지었는지 불가사의한 일이라고 말하고 있다. 구다라노오테라는 일본 조메이천왕(舒明天皇)이 서기 639년 쇼도쿠(聖德)태자의 명복을 빌기 위해 착공한 왕립사찰이다. 가람의 배치가 부여에서 발굴되는 백제 옛가람들과 똑같은 것만 보아도 백제 도래인들의 작품임을 알 수 있다고 한다. 백제 승려 혜총(惠聰)은 쇼도쿠의 스승이었다.

이 발굴이 있기 며칠 전에는 인근 아스카(明日香)촌의 기토라 고분에서 아시아 최고(最古)의 성수도(星宿圖)가 발견돼 일본열도가 떠들썩했다. 성수도는 602년 백제 승려 관륵(觀勒)이 처음 가져왔다고 기록에 나와 있는데, 이번에 같은 장소에서 관륵의 이름이 적힌 목간도 발굴됐다. 7세기 말에 축조된 이 무덤의 주인이 백제왕족 선광(善光) 또는 그 아들이라는 설도 있다.

지난 해 프랑스에서 열린 일본의 해 기념전시회에 출품된 일본 국보 백제관음도 백제 작품이다. 작가 앙드레 말로는 생전에 일본이 국보중의 국보로 아끼는 이 관음상을 보고 "만일 일본열도가 침몰해 한 가지 비상반출이 허용된다면 서슴 없이 백제관음을 택하겠다"고 평한 바 있다. 구다라나이라는 말이 왜 생겼는지 이제 알겠다. 외국에서 이런 말이 다시 생겨날 때는 언제일까.

1998. 03. 20

역사는 하늘보다 무섭다

제3부

역사는 하늘보다 무섭다

역사는 하늘보다 무섭다

전제군주 시대 절대권력자가 가장 두려워한 것은 하늘과 역사였다. 하늘이란 농사를 좌우하는 날씨의 개념이기도 하지만, 이(理), 즉 도리라는 추상적 개념으로 쓰여 그리 현실감이 없었다. 그러나 역사란 권력자 자신과 부왕에 관한 기록이라는 구체성 때문에 하늘보다 무서워 하였다.

조선시대의 성군 세종대왕은 부왕에 관한 역사의 평가가 궁금해 태종실록을 보겠다고 고집하다가 뜻을 이루지 못했다. 그 일화는 누구도 역사 편찬에 간섭할 수 없음을 강조하는 사례로 자주 인용된다.

태조와 태종이 사초(史草)를 열람한 선례를 근거로 세종이 태종실록을 보려고 하자, 실록 편찬자 맹사성(孟思誠)이 반대하고 나섰다. 그러면 사관의 직필이 보장되지 않는다는 논리에 왕이 굴복하고 말았다.

몇 해가 지나 세종은 또 실록열람을 요구했다. 이번에는 정승 황희(黃喜)가 나섰다. "그 실록을 편찬한 사관들의 마음이 편하지 못할 것"이라는 말에 고집을 꺾지 않을 수 없었다.

이 일은 두고두고 아무도 실록을 볼 수 없다는 결정적인 선례가 되었다. 폭군 연산이 부왕의 실록사초를 모두 가져오라 했을 때도 신하들은 이 선례를 이용해 물리칠 수 있었다.

사관 김일손(金馹孫)의 사초를 문제 삼아 훈구세력이 일으킨 무오사화 때, 연산군은 죽은 사관을 부관참시하고 살아있는 사람을 능지처참했지만 실록을 보지는 못했다.

역사가 자신을 어떻게 평가하고 있는지 궁금해 하는 것은 인지상정이다. 신하들의 반대가 완강하면 할수록 왕이 실록을 보고싶어 했던 것은 실록의 서릿발 같은 비판 때문이었다.

실록이 단순한 사실 기록이라면 그렇게 안달복달할 필요가 없을 것이다. 실록에는 왕이나 재상 같은 중요인물, 특정사건이나 정책 등에 대한 사관 자신의 평가가 붙어 있다.

　사관은 측근에서 마치 녹음하듯 왕의 말과 행동을 기록해 춘추관 창고에 보관하고, 퇴근해서는 그에 대한 자신의 생각과 평가를 적어 따로 보관했다. 양심의 명령에 따른 기록이었다.

　가장사초(家藏史草)라 불리는 이 역사비평은 실록편찬의 필수 자료였기 때문에 왕과 권력자들이 신경을 곤두세우지 않을 수 없었다.

　이토록 엄정한 비판정신의 산물인 조선왕조실록은 어느 나라 실록보다 훌륭한 사서라는 평가를 받고 있다. 조선 25대 472년의 살아있는 기록인 조선왕조실록의 외형은 888책 1,893권이다.

　중국의 명 또는 청 왕조 실록에 비해 부피는 적지만, 내용은 비교가 안될 만큼 훌륭하다. 일본 베트남 같은 나라에도 실록이 있으나 유독 조선왕조실록만이 유네스코에 의해 세계 기록유산으로 지정된 것은 추상 같은 비판정신이 높이 평가된 때문이다.

　조선의 역사는 태조부터 순종까지 27대 519년이지만, 실록을 25대 472년간만 치는 것은 고종과 순종, 마지막 두 임금의 실록이 일본인 편찬관에 의해 왜곡되었기 때문이다.

　이런 역사편찬의 전통을 가진 나라에서 대통령이 바뀔 때마다 역사 교과서 문제로 시끄러운 것은 역사에 부끄러운 일이다. 전 정권은 공과를 고루 언급하고 현 정권은 치적 중심으로 기술한 편향성이 문제가 된 것도 그렇고, 현 정권을 제외하자느니 포함시키자느니 하는 논란과 책임공방도 민망하기는 마찬가지다.

　문제는 얼마나 공정하고 객관적으로 기술하느냐에 달렸다. 집필과 검정에 작용하는 불순한 의도를 차단하면 그만이다.

　역사는 승자의 기록이라는 말이 있다. 권력이 부단하게 역사를 자기 편으로 만들려고 노력한 것도 하나의 역사다. 그러나 한가지 잊지 말아야 할 교훈이 있다. 권력은 당대를 침묵시킬 뿐, 후세 사관들의 붓을 꺾지는 못한다. 그래서 역사가 하늘보다 무섭다는 것이다.

2002. 08. 09

21세기의 '당랑거철 우화'

제(齊) 나라 장공(莊公)이 사냥을 가다가 이상한 벌레 한 마리가 앞다리 두개를 쳐들고 수레를 막아서는 것을 보고 물었다. "이놈이 무슨 벌레이기에 이렇게 당돌한가?" "예, 사마귀란 곤충인데 앞으로 나갈 줄만 알지 물러설 줄은 모릅니다. 제 힘은 요량도 못하고 대드는 묘한 놈입니다." 신하의 대답을 들은 장공은 "이놈이 군사였다면 천하의 용사가 되었을텐데…"하면서 뒤로 수레를 물려 피해갔다.

며칠 전 보도된 북한의 공동사설을 읽다가 중국 춘추전국 시대의 당랑거철(螳螂拒轍) 우화가 떠올랐다. 매년 정초 당보·군보·청년보에 같이 실리는 공동사설이란 것은 그 해 북한이 지향하는 정책방향을 가늠케 하는 김정일의 신년사다. 제목부터 '강성대국 건설' '혁명적 공세' 같은 전투적인 어휘로 점철된 사설은 "핵 문제를 평화적으로 해결하려는 입장은 일관하다"고 하면서도, 미국이 위협적으로 나오면 초강경으로 대응할 것이라고 섬뜩한 적의를 드러냈다.

'총적인 투쟁과업'으로 정한 3대전선 가운데는 주민 사상사업 강화, 충성심 고취, 사회주의 위해요소 척결이 들어있다. 사회주의 혁명의 미몽에 취해 있으면서도 왕조시대의 충성심을 강조하다니 실소를 참기 어렵다. 세상 모든 나라가 대문 활짝 열고 공동의 표준(글로벌 스탠다드)을 찾기에 분주한 시대에, 혼자 앵돌아져서 딴 세상을 살고 있으니 정말 보기 딱하다.

올해는 좀 달라지지 않을까 내심 기대하던 터여서 이번 공동사설에 대한 실망이 더 크다. 경제개선 조치를 통해 시장경제 체제를 일부 도입하기 시작한 김정일이 얼마 전 남쪽 자본가들을 홀대하지 말라는 지시를 내렸다는 보도가 있었다. 무언가 변화가 있으리라는 예측이 따랐다. 채산성을 살리지 못하는 기업소와 기관은 합쳐서라도 채산성을 높여야 한다면서 "남쪽 기업인들을 너무 속이고 홀대해 장사가 안 되는 것"이라 했다는 김정일의 교시가 그런 기대를 부풀렸던 것인데, 역시 김칫국부터 마신 꼴이다.

북한은 세상의 변화를 똑바로 읽어야 한다. 미국이 악의 축으로 규정한 독재자들 가운데 변하지 않은 사람은 김정일 뿐이다. 이라크와 아프가니스탄의 비극적인 종말은 말할 나위도 없고, 그토록 강고하던 이란과 리비아도 미국의 압력에 굴복하고 말았다. 카다피가 자존심이 없어서 핵무기 개발을 포기했겠는가. 이란은 무엇이 무서워서 핵확산금지조약(NPT) 부속의정서에 서명하고 유엔 핵사찰단 입국을 허용하고 말았는가. 자신과 국민의 생명을 지키고 민생고의 늪에서 벗어나는 길이 그것뿐임을 왜 모르는가. 여럿이 어울려 사는 마을에서 혼자 외톨이가 되어 따돌림 받고 사는 것이 얼마나 큰 고통인지를 왜 모르는가.

얼마 전 북한을 다녀온 사람들과 점심을 먹다가 들은 말이 귓전을 맴돈다. 굶주림에 지친 어른들은 혼이 빠져나간 것 같은 표정이지만, 아이들은 애초에 혼이란 게 없이 태어난 사람처럼 보이더라는 얘기였다. 개성공단 땅을 둘러보고 시가지 구경을 하고 온 동료는 할 일 없이 처마 밑에 앉아 해바라기하는 주민들의 퀭한 표정을 보고 가슴이 미어졌다고 말했다.

2004년은 김정일 정권의 존망이 걸린 해가 되리라고 내다보는 전문가들이 많다. 외교안보연구원은 최근 근본적인 개혁정책과 대규모 외부지원이 없는 한 북한 체제의 경착륙 가능성이 높다는 보고서를 내놓았다. 회생불능의 경제난, 꽉 막혀버린 외화조달 창구, 끊겨버린 식량과 에너지 지원…. 어디서 희망을 찾을 건가.

시간이 없다. 너무 늦었다. 북한은 미국의 선거와 한국 대통령의 곤경 등을 이용해 시간을 벌고, 줄타기 묘기를 통해 실리를 찾는 벼랑 끝 외교의 유혹을 떨쳐내야 한다. 미국은 두 번 속지 않는다. 제 나라 장공은 당랑을 기특히 여겨 피해 갔지만, 부시의 수레는 깔고 넘어갈 것이다. 지금 당장 불장난을 멈추지 않으면 파멸뿐이라는 것을 똑똑히 보지 않았는가.

2004. 01. 09

파병, 뭐가 그리 급한가

 국무총리 주재로 정부가 이라크 교민 안전문제를 논의한 2일, 국회 현지조사단은 이라크 치안에 별 문제가 없으니 파병을 서두르자는 보고서를 내놓았다. 이라크 뿐 아니라 전 중동지역 근로자들의 철수까지 논의될 만큼 교민안전이 긴박한 상황인데, 현지조사를 다녀온 국회의원들은 딴 소리다. 여기에 화답하듯 노무현 대통령은 3일 지체 없이 파병 동의안을 국회에 상정시키겠다고 말했다. 안방에서 나오는 말과 건넌방에서 들리는 말이 이렇게 다르니, 대체 어느 말에 귀 기울여야 하나.
 국회 현지조사단의 결론을 요약하면 "일부 지역의 치안이 불안한 것은 사실이지만 북부와 남부지역 민생치안은 안정되어 가고 있다. 그러니 일정지역을 맡아 치안유지와 의료 및 재건지원을 임무로 하는 독립 혼성부대를 되도록 빨리 보내는 게 좋다"는 것이다. 과연 그런가. 우선 치안문제부터 눈을 크게 뜨고 들여다볼 일이다.
 조사단은 인접국 쿠웨이트를 거쳐 서희·제마부대 소속 특전단 요원들의 호위를 받으며 육로로 이라크에 들어갔다. 바그다드 입성 때는 미군 장갑차 3대의 엄호를 받았다. 그러고도 가장 안전하다는 그린 존 지역에 있는 호텔에 투숙 중 위층에 로켓포탄이 날아드는 아찔한 순간을 맞았다.
 송영길 의원이 조사활동 중에 쓴 일기에 따르면 현지인들은 이구동성으로 치안공백 상태를 입에 담는다고 한다. 우리 공관과 기업체 직원 면담 때 6명 중 4명이 최근 크고 작은 민생범죄를 당했다고 밝혔으며, 파병이 불리하다는 현지 업체의 건의도 있었다고 썼다. "우리는 외국 군대를 반대한다. 다국적군도 환영 받지 못할 것이다." 이라크 과도통치위원회(IGC) 하킴 의장이 조사단에게 한 말도 일기에 적혀 있다. 이런 사정인데 파병을 서둘러야 하고, 가장 위험하다는 모술의 치안이 안정되고 있다니….
 10월 말부터 열흘동안 활동한 정부 2차 현지조사단은 치안이 '매우 불안정한 상태'라는 결론을 발표한 바 있다. 정부 조사단은 이라크 지도층과 지식인 등 40여명의 유력인사 면접조사 결과, 이라크 국민들이 파병보다는 재건지원을 요구하고 있으며, '미군의 친구는 우리의 적'이란 말로 한국군의 파병을 경계하고 있다고 보고했다.

외국인들의 견해도 다를 바 없다. 영국 옥스퍼드 대학 국제연구소가 최근 이라크인 3,200여명을 대상으로 실시한 설문조사를 보면 79%가 미군과 영국군 등으로 구성된 연합군을 신뢰하지 않으며, 미군이 이끄는 임시행정처와 그 영향 아래 있는 이라크 정당들에 대한 불신도 높다. 영국 신문 파이낸셜 타임스의 현지르포 기사에는 "잠들었던 이라크 인들의 지하드(성전) 정신을 부시와 블레어가 일깨워주었다"는 이라크인의 코멘트가 보도되었다.

일정지역을 맡아 치안유지와 재건을 병행하자는 것도 무책임한 제안이다. 치안은 절대 우리가 떠맡을 일이 아니다. 치안이란 현지사정을 잘 아는 그 나라 경찰 소임이지, 외국 군대가 맡을 수는 없다. 현지인의 불법행위나 질서교란 행위를 제지하고 단속하는 과정에서 반드시 마찰이 일어나게 되고, 그게 커져 충돌이 된다. 그렇게 되면 한국군도 미군과 똑 같은 점령군으로 인식될 것이다. 서희부대와 제마부대가 쌓아놓았다는 좋은 이미지는 하루 아침에 물거품이 된다.

되도록 빨리 파병하자는 국회 조사단 제안과 파병동의안을 빨리 상정하겠다는 대통령 발언도 국민을 불안하게 한다. 미국 회사 하청을 받아 공사장으로 가던 한국인들이 백주대로를 달리는 차 안에서 총격을 당했고, 주민들의 적대행위가 두려워 현지 한국군 부대가 영외활동을 중지하고 있다. 갖은 위협과 협박 끝에 대사관이 두 번씩이나 사무실을 옮기는 곳에 파병을 서두를 이유는 없다. 우리 젊은이들의 피를 기꺼이 바쳐야 할만큼 이라크 파병이 마땅하고 급한 일은 아니다.

2003. 12. 05

전투병 파병은 안된다

 "미군 한 명을 죽이면 내가 죽어도 좋다. 이라크 사람 열이 미군 하나를 죽이면 언젠가는 물러가지 않겠는가." 이 섬뜩한 말 속에 이라크 대미항전의 원인과 배경이 스며있다. 이라크에서 의료지원 봉사활동을 하고 돌아온 우석균씨는 그들의 반미감정을 이 말 한마디로 전했다. 지난 5월과 7월 두 차례 현지에서 활동한 지원단 요원들에 따르면, 그들은 "후세인이 물러간 뒤에 더 큰 악이 왔다"고 말한다는 것이다.
 그 말들 속에 우리의 파병문제를 푸는 열쇠가 숨어있다. 미국에 대한 증오가 그 정도라면, 미군의 역할을 떠맡게 될 동맹국 군대를 어떻게 대할 것인지 짐작하기 어렵지 않다. 사타르 카셈이라는 팔레스타인의 대학 교수는 최근 한겨레 신문에 기고한 글에서 "아랍세계 대중들은 미국의 요구에 응해 군대를 보내는 것을 아랍에 대한 침략행위로 본다. 한 움큼의 달러를 위해 희생을 치르는 바보 짓과 다름 없다"고 썼다.
 우리 군대가 주둔할 지역이라는 모술이란 도시는 더욱 위험하다. 한국인으로는 유일하게 그곳에서 3개월동안 급수지원 봉사활동을 하다가 신변의 위협을 느껴 철수한 여행가 한비야씨는 모술의 치안문제에 대해 "자원봉사자들까지 짐을 싸는 상황이라면 알 만하지 않느냐"고 말한다. "이라크인 사이에 외국인을 도와주면 죽을 줄 알라는 협박이 일상화되어 있다"는 말은 모든 외국인을 미군의 협력자로 생각한다는 뜻이다. 얼마 전 방영된 TV 현지 르포 프로그램은 무정부 상태란 말이 실감나는 치안부재 상황을 생생하게 보여주었다.
 미국 말을 잘 듣는 외국 공관들과 유엔 관계자들마저 철수하는 상황을 '점차 치안상태가 좋아지고 있다'는 현지조사반 보고서로 얼버무리는 것은 우리 젊은이들 등을 떠밀어 사지로 몰아넣는 행위다. 우리도 대사관 직원이 한때 납치 당하고 협박을 당한 끝에 공관을 옮기지 않을 수 없었다. 현명한 결정을 요구하는 오늘 이 시간의 현실이다.

그런 곳에 전투부대를 보내야 한다고 주장하는 사람들은 언필칭 국익이라는 명분을 입에 담는다. 미국의 눈에 나지 않는 것이 좋고, 재건사업에 우리 기업을 보낼 수 있다는 눈 앞의 이익을 의식한 것이리라. 그러나 한국이 이라크 국민 모두의 적으로 변하게 될 사태는 왜 내다보지 못하는가. 사타르 교수도 지적했듯이, 아랍 세계 전체의 반감을 사면 파병에서 얻을 이익보다 훨씬 많은 것을 잃게 된다. 손익 여부를 떠나, 남의 고통을 이용해 이익을 챙기려는 파렴치한 나라가 되어서는 안 된다.

이라크 입장에서 보면 점령군으로 돌변한 미국을 돕는 군대는 침략군이나 다를 바 없다. 기울어 가는 주권회복을 위해 떨치고 일어났던 대한제국 시대 의병활동을 생각해 보라. 그들을 압살한 일본군과 미군 역할을 대신할 한국 전투부대가 다를 바가 무언가. 아랍 사람들은 미국에 저항해 주권을 되찾는 투쟁을 성전(지하드)이라 말한다. 유럽 여러 나라에 흩어져 살고 있는 이슬람 젊은이들이 지하드에 참여하기 위해 떼지어 이라크로 몰려들고 있다. 그런 분쟁에 끼여들기를 자청할 이유가 어디 있는가.

그보다는 이라크 국민이 원하는 것을 제공하는 인도주의 사업에 앞장서는 것이 평화민족의 도리일 것이다. 첨단무기 사격연습 하듯 한 미국의 무차별 공격으로 기간시설이 크게 파괴되어 이라크 국민생활은 극도로 피폐해 있다. 공병대나 의무부대를 더 보내 우물을 파 주고 끊어진 교량과 파괴된 전기시설을 고쳐준다면 그들은 우리를 진정한 이웃으로 맞아줄 것이다. 부족한 의약품을 지원하고 의료진 일손을 도와준다면 더 고마워할지 모른다.

우리는 자라는 세대에게 한민족은 남의 나라를 침략한 일이 없는 평화민족이라고 가르쳐 왔다. 정부와 국회는 조상과 후손에게 부끄럽지 않은 결정을 내리기 바란다.

2003. 11. 07

정치가 망치는 고속철도

아니나 다를까. 우려가 현실이 되었다. "경부 고속철도 울산 역 신설은 당연하다"는 노무현 대통령의 언급이 있은 뒤, 경기 평택, 충북 오송, 경북 김천 등의 고속철도 역 신설 논란이 재연되고 있다. "왜 울산은 되는데 우리는 안 되느냐"는 해당지역 주민들의 요구도 당연하다. 그들은 울산보다 자기 지역 고속철도 역이 더 필요하다고 생각할 것이다.

대구-부산 구간 중 천성산 금정산 관통노선이 환경을 해친다는 일부의 주장을 받아들인 노 대통령의 노선 재검토 지시로 몇 달 동안 공사가 중단됐다가, 원래 노선대로 하기로 결정된 것이 얼마 전이다. 개국 이래 최대의 국책사업이 이렇게 정치의 힘에 좌지우지되면 그만큼 공사가 늦어지고 사업비가 늘어날 수 밖에 없다.

늘어나는 역의 수 만큼 고속철도 운행시간도 늘어나게 된다. 정차시간을 1분으로 잡아도 차가 서려면 멀리서부터 속도를 줄여야 하고, 출발 후에는 한 동안 제 속도를 내기 어려워 한 정거장 서는데 7분이 소요된다. 역이 4개 생기면 운행시간이 28분 늘어나 서울—부산을 1시간 40분대에 주파하겠다는 목표를 달성하기 어려워진다.

평택은 미8군 이전 후보지이기 때문에, 오송은 청주 등 중부 내륙 주민들의 교통편의 때문에, 김천은 대구역과 너무 멀어서…. 이런 이유들이 부당하다고 누가 말할 수 있겠는가. 그래서 그런지 건설교통부 당국도 "중간 역을 일부 늘리는 것도 바람직하다"고 운을 떼고 있다. 예산이 마련되는 대로 착공하리라는 보도도 나왔다. 그러면 2단계 사업기간은 또 얼마나 늘어질지, 예산은 얼마나 더 들게 될지 모른다.

공사가 시작된 지 12년이 된 시점에서, 내년 4월 개통을 앞두고 시운전을 하고 있는 단계에서, 어떻게 이런 일이 있을 수 있는지 정말 이해하기 어렵다. 그렇지 않아도 경부고속철도 사업은 정치의 힘에 의해 노선이 휘고 공사에 차질이 빚어지는 등 기억하기도 불쾌한 일들이 많았다.

우선 경주를 경유해 돌아가는 노선 자체가 정치적인 결정이었다. 처음 검토된 노선은 당연히 대구에서 부산으로 직진하는 것이었다. 그러면 총 300여㎞ 거리다. 그런데 관광 1번지 경주를 거치지 않을 수 없고, 포항·울산지역 주민들의 편의도 고려해야 한다는 정치논리가 끼여들어 100여㎞를 돌아가게 된 것이다.

착공을 너무 서둘러 수많은 시행착오를 거듭하고 사업비를 엄청나게 낭비한 것도 모두 정치의 개입 때문이었다. 고속철도 기본설계가 진행 중이던 1990년 실무자들은 차량과 노반공사 설계를 한꺼번에 하는 토털 시스템을 택했다. 경험이 없으니 선진국에 맡기자는 안이었다. 그러나 토목공사는 우리도 할 수 있지 않느냐는 반론이 제기돼 노선도 확정되지 않은 상태에서 착공을 서둘렀다. 임기 안에 착공을 하고싶었던 노태우 정권의 과욕이었다. 노선결정을 서두르다 현장확인 절차가 생략된 졸속안이 나왔다. 수 많은 폐 갱도가 있는 화성 상리터널 구간이 대표적인 오류였다.

92년 6월 착공당시 고속철도 용지 매수실적은 10%도 안되었다. 차량선정이 안된 상태에서 노반 실시설계를 했다가, 차량이 프랑스의 TGV로 결정되자 설계를 차량에 맞도록 고치는 법석을 떨었다. 대전과 대구 통과노선 지하화 문제가 몇 번씩 왔다갔다 하는 동안 공사가 3년 이상 늦어졌고, 사업비도 1조원 이상 추가되었다. 공정이 50%도 안된 시점에서 전동차부터 도입한 것은 한편의 코미디였다. 이런 시행착오로 당초 4조원 대였던 사업비가 20조원을 훨씬 넘었다.

경부 고속철도는 이름 그대로 서울과 부산을 최단시간에 잇는 철도다. 중간에 여러 번 서면 고속철도가 될 수 없다. 제발 정치는 고속철도 사업에서 좀 물러가 주었으면 좋겠다.

2003. 10. 03

주 5일제, 또 다른 걱정

늦은 여름휴가 길에 신음하는 자연의 모습들을 목도하며 마음이 아팠다. 강원도를 구석구석 누비고 다니면서 개발이란 이름으로 위장된 인간의 탐욕과 부주의로 훼손된 자연의 상처를 너무 많이 보았다.

울산바위의 아름다움을 다른 각도에서 감상하려고 미시령 기슭에 갔다가, 설악의 위용을 압도할 듯 우뚝 솟은 고층건물에 놀랐다. 대기업 로고가 붙은 콘도였다. 건물의 크기도 기가 질릴 지경이었지만, 가운데 타워 부분의 높이는 정말 충격이었다. 국립공원 설악산 자락에 어떻게 저런 건축물이 들어설 수 있나···. 울산바위와 키 재기라도 하려는 듯 높이 치솟은 건물을 어떻게 거기에 설계할 수 있으며, 허가관청은 왜 그 흉물을 허가해 주었는지, 놀라운 일이 한 둘이 아니었다.

월정사 입구에 들어선 고층호텔도 오대산 모습을 완전히 가려놓았다. 1997년에 완공된 이 호텔은 건축공사 때부터 수상한 설계변경, 관련서류 조작설 등의 혐의로 검찰의 수사를 받았다. 준농림 지역에 호텔허가가 난 일부터 말썽이 되었는데, 오대산의 경관을 망치는 고층건물이 들어섰으니 조용할 수가 없는 일이었다.

당국이 앞장서서 자연을 훼손하고 있는 현장도 많다. 백담사에 다녀오는 길에 목격한 미시령 도로확장 공사는 차라리 눈을 감고싶었다. 아름다운 설악산 고개에 터널을 뚫고 계곡에 구름다리를 놓는 공사가 지금 한창이다. 골짜기마다 높은 교각이 들어서고 산허리에는 콧구멍 같은 쌍굴이 뚫리는 중이다. 잘려나간 나무와 불도저에 쓰러진 나무들이 골짜기를 메우고, 여기저기 흙과 암석이 패인 산허리는 뻘건 속살을 감출 줄 모른다. 영동고속도로 대관령 구간처럼 굽은 길을 펴고 넓히는 공사일 것이다.

그렇게 하여 단축되는 거리가 얼마일까. 서울-속초 주행시간이 10여분 단축된다고 치자. 많은 돈을 들여 설악산을 망친 투자와 자연훼손을 무엇으로 보상해준다고 누가 장담할 것인가. 굽이굽이 돌아 경치구경을 하며 달리는 지금의 미시령 길이 더 좋다는 사람들의 전망권은 어떻게 되나. 다른 고개 길도 그렇게 넓혀달라는 주민요구가 생기면 어떻게 물리칠 건가. 국토의 등뼈에 구멍을 뚫는 자연도살 행위는 대관령 구간 하나로 그쳐야 한다.

강릉 삼척 고성 등 동해안 지방을 달리다 보면 산불과 분별 없는 난개발로 망쳐진 국토의 모습을 얼마든지 볼 수 있다. 내륙지방 오지에도 이제 비포장 도로를 찾기 어렵게 되었다. 국도와 지방도는 말할 것도 없고, 웬만한 군도(郡道)까지도 포장이 되었다. 산간 오지 마을들을 서로 이어주는 길까지 넓히고 포장하는 공사가 한창이다. 길을 넓히느라 깎아 내린 절개면은 비만 오면 산사태를 초래해 이중으로 자연을 해친다. 그렇게 생긴 도로변에 제일 먼저 생겨나는 것은 음식점과 숙박업소다. '가든 공화국'이니 '모텔 나라'니 하는 말이 과장이 아니다.

길이 뚫리고 휴양시설이 생기면 사람이 끓게 마련이다. 사람이 모이면 그 수만큼 먹고 마시고, 그만큼 배설물과 쓰레기가 생겨난다. 그렇게 산과 물이 오염되어 자연이 죽고 병 드는 손해를 몇 푼의 밥값과 숙박비 수입에 비교할 수 있을까. 자연은 한번 죽으면 다시 살리는 데 오랜 시간과 노력이 든다. 터널 같은 공사는 영구히 복구할 수 없는 자해행위다.

주5일 근무제가 시행되면 더 많은 사람들이 자연을 찾아갈 것이다. 그 수요를 노려 더 많은 호텔과 콘도와 음식점이 생겨날 것이다. 골프장과 별장과 명승지를 찾아가는 주말행락객 주머니를 노리는 레저산업이 때를 만날 것도 불을 보듯 뻔한 일이다.

자연은 있는 그대로의 모습이어야 아름답다. 그래야 떳떳하게 후세에 물려줄 수 있다. 지금 내 권한이 미친다고 영원히 내 것, 우리 것이 아니다. 개발허가와 결정권을 가진 나리님과 지주님들, 제발 그것이 무엇보다 소중한 자원이라는 사실을 깨달아주시기 바랍니다.

2003. 09. 05

"안됩니다" 라고 말할 사람

　맹사성(孟思誠)은 조선 초기의 대표적인 청백리였다. 어느 날 그를 방문한 병조판서는 집이 너무 좁고 낡은 데 놀랐다. 마침 비가 와 천정에서 떨어지는 물방울에 옷을 적시고 돌아간 판서는 "재상의 집도 그런데 하물며 아랫사람이 이런 걸 가질 수 없다"면서 짓고있던 사랑채를 헐어버렸다.
　그 시절 관리들은 나라에서 받은 녹미(祿米)를 먹고 살았는데, 녹미란 게 오래 묵어 누렇게 변질된 쌀이었다. 하루는 밥상에 새하얀 쌀밥이 오른 것을 보고 맹 재상이 부인에게 물었다. "쌀이 너무 찌들어 도저히 먹을 수가 없기에 이웃집에서 좀 얻어왔다"는 대답에 그는 호통을 쳤다. 손님이 찾아오면 그는 의심을 사서는 안 된다고 반드시 문을 열어놓고 맞았으며, 공무를 논의할 때도 그랬다.
　그래서 그는 세종임금이 관례를 깨고 선왕의 실록 사초(史草)를 보려고 할 때 단호하게 안됩니다 라고 말할 수 있었다. 하늘을 우러러 한 점 부끄러움이 없는 처신을 했기에 군왕의 부당한 일을 저지할 수 있었던 것이다.
　인조 때 영의정 이원익(李元翼)은 너무 초라한 집에 살아 산지기에게 망신 당한 일화로 유명하다. 어린 소년을 산림법 위반자라고 붙잡은 산지기가 멍석에 앉아 짚방석을 짜고 있는 사람에게 소년을 잠시 맡겨놓았는데, 이원익이 딱한 사연을 듣고 풀어주었던 것이다. 산지기 눈에 정승이 시골 촌로로 보일 만큼 청렴했음을 말해주는 일화다. 권 근(權近)·유 관(柳寬)·박팽년(朴彭年)·윤두수(尹斗壽)·이언세(李彦世)·남이웅(南以雄)·김안국(金安國) 같은 이들의 염결(廉潔)과 강직함도 여러 문헌에 전하여 온다.
　가장 가까이서 대통령을 모시던 한 공직자의 독직사건을 보면서 옛날 청백리들의 일화를 다시 읽어보았다. 그가 출세에 눈이 어두운 평범한 공직자였다면 화제 삼을 이유가 없다. 그러나 그는 선비의 후예임을 자처하며 학문의 길을 걷다가 세상을 바꾸어 보겠다고 나선 사람이다. 대통령을 그림자처럼 보필하는 사람이 어떻게 그런 자리에 갈 수 있으며, 설혹 재가를 받았다 한들 그렇게 질펀하게 놀 수가 있단 말인가. 대통령 몫이라는 국화베개를 받아 들고 온 행위는 박사학위 소지자의 인품을 의심케 하고도 남는다.

소득 1만 달러 시대에 학자출신이라는 이유로 조선시대 선비들 같은 청빈을 강요할 수는 없다. 그러나 형사사건 연루 혐의를 받고 있는 유흥업소 주인이 제공하는 호화판 향응을 아무렇지도 않게 즐겼다면, 그리고 값 비싼 선물 보따리를 들고 올라와 집으로 가져갔다면, 문제는 달라진다. 뇌물을 받고 청탁을 들어주었다는 의심을 받아도 할 말이 없을 것이다.

이에 못지않게 국민을 실망시킨 것은 대통령과 그 주변 사람들의 사건 처리다. 향응파동이 보도된 뒤 노무현 대통령은 부끄럽고 미안한 일이라고 말하면서도 "후속보도가 무서워 아랫사람 목을 자르고싶지는 않다"면서 자체조사 결과가 나올 때까지 사표수리를 미루었다. 아랫사람의 분명한 잘못을 두고 언론과 힘 겨루기를 한 것은 대통령이 취할 태도가 아니다.

그의 청주방문이 지역 인터넷 언론에 보도된 뒤의 형식적인 청와대 자체조사가 파동의 시초였다는 점에서 민정비서실의 부실조사 책임은 크다. 대통령에게 보고하지 않고 덮어둔 비서실장도 그렇다. 더 큰 문제는 청와대 사람들이 마지막까지 그를 두둔했다는 사실이다. 4월에도 같은 업소에서 같은 사람들과 술판을 벌인 사실과 대통령 친구 둘이 참석한 것을 감추었고, 가혹하다, 억울하다 했다. 직장 동료로서 인정상 동정심을 가질 수는 있다. 그러나 자신들이 얼마나 엄격한 도덕률을 요구 받고 있는지, 국민에게 어떤 기대를 품게 했는지 벌써 잊었는가.

앞으로는 좀 나아지리라는 희망조차 가질 수 없을 때 국민은 절망하고 만다. 그것이 얼마나 무서운 일인지 정말 모르는 것일까. 아닙니다, 그래서는 안됩니다. 윗사람에게 이렇게 말할 사람은 정녕 없는가.

2003. 08. 08

삼청교육은 天刑이었나

"지금도 회원들이 계속 죽어가고 있습니다. 달포쯤 되었나, 부산지부장 김해순이 전화로 형님, 나 위자료도 못 받아먹고 죽게 생겼소 하더니, 다음 날 죽었다는 연락이 왔어요. 돈이 없어 병원에도 못 가보고 비참하게 죽었습니다. 그 앞 부산지부장은 소송 낸 다음날 죽었고, 전남 지부장은 지금도 홧술 때문에 정신병원 출입을 하고 있어요"

삼청교육피해자동우회 문동수(文東秀) 회장은 이 말을 하면서 '불쌍하다' '비참하다'는 말을 몇 번씩 반복했다. 더 오래 된 4·3 사건도 해결해주면서, 국가권력이 무고한 사람을 잡아다 가두고 폭행을 저지른 그 천인공노할 일을 왜 모른 체하느냐고 했다.

그러면서 그는 10년 넘게 보상투쟁을 하느라고 돈은 돈대로 쓰고, 아내를 먼저 보내 딸 집에 얹혀 사는 신세를 한탄했다. 언제 죽을지 모를 여든 넷 나이에 기약 없는 투쟁을 한다고 딸과 사위에게 부담만 주는 미안함을 두고 하는 말이었다.

그가 지금 혼신의 힘을 다해 매달리고 있는 것은 정부에 삼청교육 피해자 보상을 요구하는 소송이다. "정부가 피해보상을 약속하고도 후속조치를 취하지 않아 국가에 대한 원고들의 신뢰를 깨트렸으므로 국가는 그들의 정신적인 손해를 배상할 의무가 있다"는 2001년 7월 대법원 판결이 자극제가 되었다. 자신의 피해는 물론, 되도록 많은 동지들을 불러모아 집단소송을 제기하는 데 많은 비용과 노력이 들었다.

몇 건의 판결에 울고 웃는 사이, 의문사진상규명위원회가 삼청교육의 폭력성과 위법성을 인정했고, 국회와 국방부에 특별법 제정을 권고하는 인권위원회 결정이 있었다. 그러나 정부는 물론 국회도 아무런 움직임이 없는 가운데, 피해자들은 한을 품은 채로 죽어가고 있다.

피해자들은 "대통령이 명예회복과 피해보상을 약속하는 특별담화를 발표하고, 이 방침에 따라 국방부장관이 피해를 신고하라는 신문공고까지 냈던 1988년의 일을 생각하면 이제는 실망할 기력도 없다"고 말한다. 대통령의 약속에 따라 89년 11월 여당 의원들 발의로 국회에 상정됐던 피해보상 특별법을 시작으로, 14대와 15대 국회에서도 유사한 법률이 발의되었다. 그러나 번번이 계류상태로 있다가 국회 회기종료로 자동 폐기되곤 했다. 법원의 판결을 기다려볼 필요가 있다느니, 예산사정이 어렵다느니 하는 국방부의 딴죽걸기 때문이었다.

국민의 정부에서는 99년 12월 집권당 당직자 보고를 받던 김대중 대통령이 삼청교육 피해자와 해직언론인 등 국가직무상 불법행위를 모두 보상하는 포괄입법을 지시했다. 그래서 새 천년 민주당에 기획단까지 설치되었으나 또 유야무야되고 말았다.

참여정부 아래서는 지난 3월 인권위원회가 국가에 의해 조직적으로 자행된 대규모 인권침해에 마땅히 명예회복과 보상이 있어야 한다면서 특별법을 제정하도록 정부와 국회에 공식 권고했다.

기다리다 지친 피해자들이 가두시위 중 자해소동을 일으켜도 관계당국은 아무 반응이 없다. 메아리 없는 진정과 탄원에 지친 피해자들이 찾아가면 국방부는 기다리라는 말 뿐이다.

"나는 살만큼 살았으니 아무래도 좋습니다. 그러나 한을 품고 먼저 세상을 등진 아들의 원혼을 죽어서 어떻게 만날지 두렵습니다."

문 회장은 환갑이 지난 나이에 아들과 함께 끌려가 곤봉으로 맞아가며 지옥 같은 8개월을 보냈다. 반 병신이 되어 꼼짝없이 누워 있던 아들이 자살을 하고 난 뒤, 그는 아들의 원을 풀어주려고 이 운동에 매달려 왔다.

4만여 피해자들의 한 맺힌 사연을 외면하는 정부와 국회가 과연 국민을 위한 존재라 할 수 있을까. 두 대통령이 국민 앞에 한 약속을 지키지 않는다면 국민은 무엇을 믿고 고단한 삶을 지탱해 갈 것인가. 차라리 그것이 천형이라면 권리주장을 포기하겠다면서 그들은 피멍 든 가슴을 치고 있다.

2003. 07. 11

남북 철도연결을 보면서

신문사가 쉬었던 지난 주 토요일 휴전선 동서 양단에서는 역사적인 일이 있었다. 경의선과 동해선 남북 철도를 연결하는 행사였다. 다음다음 날인 월요일 아침 신문에 보도된 기사를 보고 놀라지 않을 수 없었다. 그 행사 기사가 너무 담담하게 처리되었던 것이다. 1면에 사진만 났거나, 2면 또는 사회면에 간략한 스트레이트 기사만 실렸다.

50년 넘게 끊겼던 국토의 대동맥이 이어졌다는 의미도 크지만, 이어진 철로 위로 국군과 인민군 장교들이 웃으며 걸어가는 모습을 전하면서, 어떻게 그런 편집을 할 수가 있는가. 뉴스 가치판정의 속성상 묵은 기사는 뒤로 밀리게 마련이다. 그러나 이건 아니다. 옛날 같으면 당연히 호외 거리였을 역사적인 사건을 그렇게 취급하다니….

행사는 양측 관계자들이 레일 이음매 장치를 고착시키고 그 의미를 선언한 간단한 이벤트였다. 장관급 참석행사로 하자는 북측 제의가 거부돼 행사의 격이 떨어진 것도 이해할 수 없는 일이었다. 행사 준비과정에서 보도된 남북 군 관계자 접촉 장면은 예사 일이 아니었다. DMZ를 넘어와 공사현장을 답사하는 인민군들 모습을 보면서 6·25의 참극을 떠올린 사람이 나 혼자였을까. 붉은 줄로 장식된 인민군 군관모자의 네모 꼴은 '북한 괴뢰군'의 상징이 아니었던가. 그 모자를 쓰고 우리 측 관리구역으로 넘어온 그들이 남측 장교의 브리핑에 귀를 기울이는 모습은 달라진 세상의 상징이었다.

이해하기 어려운 일은 철도연결 다음날에도 이어졌다. 6·15 남북 공동선언 3주년 기념 공식행사가 남쪽에서 생략된 일이다. 일요일인 이날 민간단체들은 도라산 역에서 기념행사를 가졌으나, 노무현 대통령은 안보 팀과 함께 골프를 쳤다. 전임자가 한 일이지만 화해정책의 계승을 선언한 이상 조촐하게나마 기념하고 넘어가는 것이 도리가 아니었을까.

그러나 북측은 민족통일 대축전, 과학토론회, 예술공연 등 다양한 행사로 평화공세를 폈다. 국제여론을 의식한 제스처로 보는 시각도 있지만, 말끝마다 평화와 대화를 외쳐온 우리가 그렇게 무신경했던 것은 잘한 일이 아니다. 북쪽이 더 평화지향적이라고 국제여론이 역류한다면 어떻게 설명할 것인가.

비록 전 구간 복원이 아니라 해도 남북 철도 연결의 의미가 폄하되어서는 안 된다. 보수 논객들은 전쟁의 위험이 가시지 않은 상황에서 급하지도 않은 남북철도 연결을 부각할 필요가 무어냐고 묻고 있다. 그것으로 남북 철도가 완전히 이어진 것도 아닌데 떠들 것 없다는 말이다. 더 과격한 주장에는 6 · 15 합의를 폐기해야 한다는 것까지 있다.

그러나 전쟁의 위험이 크면 클수록, 복구공사 미착공 구간이 길면 길수록, 철도연결의 의미는 강조되어야 한다. 비무장 지대가 어떤 곳인가. 반세기동안 인간의 통행을 거부해 야생동물 천국이 된 곳이 철길로 이어진 것은, 인체로 말하면 끊어진 동맥의 봉합이다. 가장 중요한 부위가 이어졌으니 남은 구간은 마음먹기에 달렸다.

북한 핵 문제가 꼬여가는 가운데 쉰 세번 째 6 · 25가 돌아오고 있다. 그 이틀 뒤에는 제7차 이산가족 상봉행사가 금강산에서 열리며, 다시 이틀 뒤는 서해교전 1주년이다. 지금 서방 강대국과 아시아 인접국가 들은 북한 압박을 가속시키고 있다. 우리까지 나서서 북을 몰아붙인다면 그들은 정말 막 나갈지도 모른다. 북한 외무성은 18일 성명을 통해 "미국의 대 조선 고립 압살 전략에 대한 정당방위 조치로 핵 억제력 강화에 더욱 박차를 가하겠다"고 선언했다. 우리는 인질을 잡고 흉기를 휘두르는 범인의 가족과 같은 입장이다. 아니, 잡혀있는 인질 신세이기도 하다. 범인이 스스로 사살당할 위험을 느끼도록 꾸준히 설득하고, 흉기를 내려 놓기를 기다리는 일 밖에 우리가 할 수 있는 일이 무언가. 경찰이 총을 쏘지 못하게 하려면 인질이 적극적으로 호소할 수 밖에 없다.

2003. 06. 20

정의가 강물처럼?

정의가 강물처럼 흐르는 세상을 만들겠다더니…. 김대중 전 대통령 비서실장과 민주당 대표를 지낸 거물 정치인이 뇌물 먹은 혐의로 구속되어 수감되는 모습을 보면서, 또 한번 배신감을 느끼지 않을 수 없었다.

뇌물 먹고 잡혀가는 정치인이 한 두 사람이랴만, '개혁'과 '양심'을 버릇처럼 입에 달고 살아온 사람이어서 너무 충격이 크다. 대통령 비서실장이 수뢰혐의로 구속된 것을 본 적이 없어 더욱 놀랍다.

오래 야당생활을 해온 그는 이전 정권의 부정과 부패를 앞장서 규탄해온 사람이다. 좋은 대학 나오고, 의리 있고 깨끗한 이미지를 가졌던 그가 고등학교 후배 기업인에게서 청탁성 돈을 받은 혐의로 나락에 떨어질 줄 누가 알았으랴.

그것도 대통령 비서실장 집무실과 공관에서 뇌물을 받았다니, 공사(公私)를 가릴 줄도 모르는 무뢰배였단 말인가. 그는 돈을 받고 경제수석 비서관을 만나도록 주선해주었다 한다. 그 기업에 2조원이 넘는 공적자금이 투입됐으니 국민의 세금으로 먹자판 잔치를 벌인 셈이다.

더욱 놀라운 일은 같은 사건으로 김대중 전 대통령의 큰아들과 또 다른 비서관 이름이 들먹여진다는 사실이다. 이용호 게이트에 연루되었던 대통령 아들의 한 측근은 15일 퇴출 위기에 몰린 기업인에게서 거액을 받은 혐의로 구속영장이 청구되었다. 스포츠계에 종사하는 그가 돈을 먹은 것은 그리 놀랄 일이 아니다.

그러나 김 전 대통령 큰아들에게 가는 돈을 받았다는 것이 문제다. 대통령 아들과 대학 동문에 동향 출신이라는 막강한 배경을 가진 사람이니 그런 심부름을 한다는 것이 이상할 것도 없다.

김대중 정권의 부패상이 그 정도 뿐이던가. 근래 갖가지 비리 혐의로 구속된 사람을 대충 훑어보아도 가히 기록적이다. 개혁의 전위부대인 공정거래위원회, 금융감독위원회, 국세청 3기관의 장이 갖가지 독직사건으로 구속 또는 불구속 기소되었다.

보건복지부 장관도 수뢰혐의로 기소되었고, 불구속 기소된 국세청장의 전임자는 이용호 게이트 관련 혐의가 드러나자 해외로 도망쳐 버렸다. 역대 어느 정권에도 없던 경제 3기관장 형사처벌은 아마 세계적인 희귀사례가 아닐까.

좀 더 거슬러 올라가면 김 전 대통령의 2남과 3남이 돈 먹은 혐의로 한꺼번에 구속된 전대미문의 사건이 있었고, 검찰총장 두 사람의 독직사건도 기록에 남을 일이었다. 사정 민정 같은 핵심요직 비서관들의 독직도 들어보기 어려운 일이고, 대통령의 부인이 연루된 옷 로비 사건도 희귀한 사건이었다. 대통령의 분신이라던 동교동 가신의 맏형과 대통령 집사가 구속된 일은 이제 기억의 저편에서 가물거린다.

"정의가 강물처럼 흐르는 세상을 만들겠습니다." 5년여 전 김대중 대통령이 취임할 때 이 말을 듣고 나는 행복했다. 정의가 강물처럼 도도히 흐르는 세상이라니…. 얼마나 고대하고 열망해온 세상인가. 불의와 비리가 발붙일 땅이 없어지고, 의로움으로 세상이 충만해진다는 것은 상상만으로도 가슴 설레는 일이 아닐 수 없다.

민주주의 세상에 태어난 기쁨, 내 손으로 대통령을 뽑는 보람이 뒤섞여 가슴이 울렁거렸다. 탄압 받은 정치인의 징표처럼 다리를 저는 사람, 민주화 운동의 상징 인물이 대통령이 된 것 그 자체만으로도 얼마나 멋진 일이었던가. 그 말을 액면 그대로 믿을 사람이야 없었겠지만, 대통령 측근들이 공직에 나가지 않겠다고 선언하고, 대통령과 관료들이 IMF 구제금융 수렁에 빠진 나라를 건지겠다고 밤낮없이 뛰는 모습에서 희망의 싹을 볼 수 있었다. 한국의 첫 노벨상이 그에게 돌아갔을 때의 축하도 충심이었다.

그런데, 그런데 이게 무언가. 어떻게 이럴 수가 있는가. 건강이 안 좋다는 것은 알지만, 김대중 전대통령님, 무어라 한마디 있어야 하는 것 아닙니까.

2003. 05. 16

'바그다드 효과'와 北의 선택

바그다드 효과(Baghdad Effect)란 말이 생겨났다. 바그다드 함락 직후 미국 경제주간지 <비즈니스 위크>가 "동북 아시아 지역에 바그다드 효과가 나타나고 있다"고 보도한 것이 시작이다. 미국은 전쟁을 전후해 북한 핵 문제와 날로 확산되는 반전여론 및 반미감정 때문에 고전했으나, 9일 바그다드가 함락된 뒤 미국을 대하는 동북아 국가들의 태도가 달라진 것을 그렇게 표현한 것이다. 이 잡지는 특히 북한의 김정일이 벼랑 끝 전술에서 실용적인 접근법으로 선회할 가능성이 크다고 내다봤다.

이 전망은 정확하게 들어맞았다. 바그다드 함락 직후인 11일 북한 외무성은 "미국이 조선 적대정책을 전환할 용의가 있다면 대화의 형식에 구애 받지 않겠다"고 선언했다. 내각 기관지 <민주조선>도 16일 시사논평을 통해 똑같은 말을 되풀이했다. 미국과의 양자대화만 고집하며 빗장을 걸어 잠갔던 북한에게는 엄청난 변화다. 바그다드 효과의 상징이라 할만하다.

미국의 가공할 파괴력에 겁먹은 나라가 어찌 북한 뿐이겠는가. 바그다드를 향한 충격과 공포는 전세계로 퍼져나갔다. 전쟁이 기정사실로 굳어지자 밀사를 보내 김정일을 설득한 나라는 중국이었다. 앞장서 전쟁을 비난하던 러시아와 프랑스 독일에 대해 미국은 수십억 달러씩 되는 대(對) 이라크 채권을 포기하라고 요구했다.

그래도 세 나라는 아무 소리도 못하고 있다. 12억 달러가 넘는 건설채권을 가진 우리나라도 같은 처지다. 뒤늦게 이라크 파병을 추진하는 나라도 많다.

결사항전을 외치던 사담 후세인이 삭은 짚단처럼 무너지는 모습을 보고 겁을 먹지 않는다면 이상한 일이다. 마치 눈이 달린 것처럼 정확하게 목표물을 찾아가 타격하는 첨단 폭탄과 미사일 우박 앞에, 공화국 수비대의 충성심과 모래폭풍의 위력이 무슨 소용이던가. 개전 첫날 대통령 궁과 군 지휘부 등 1,400개 목표물을 중점 폭격 당해 신경기능이 끊어진 이라크 군은 자전거와 오토바이를 타고 작전명령을 하달한 전쟁이었다. 다툴 쟁(爭)자가 들어가는 '전쟁'이란 말도 쓰지 못할 일방폭행이 아니던가.

바그다드 효과에 만족해서 그런지, 미국의 태도가 갑자기 너그러워진 것은 참 다행이다. 이라크 다음은 북한 차례가 될 수도 있다고 엄포를 놓던 미국은 전쟁 중 조금씩 말을 바꾸었다. "북한은 이라크와 다르다"는 말이 나오더니, 북한이 다자대화를 수용하자 부시 대통령은 즉각 "매우 좋은 소식"이라고 응답하기에 이르렀다. 이 말을 신호로 다자회담 실무접촉이 열려, 오는 23일 베이징(北京)에서 북한 미국 중국 3국이 첫 회담을 열기로 합의되었다. 동북 아시아 평화를 위협하던 북한 핵 문제를 평화적으로 해결하게 되었다니 이보다 반가운 소식이 또 있으랴.

문제의 본질이 북핵 위기의 평화적 해결에 있으므로, 한국이 회담 테이블에 앉지 못하는 것을 그리 애석해 할 일은 아니리라. 그러나 그것이 자존심을 세우려는 북한의 뜻 때문이라면 걱정하지 않을 수 없다. 지금 북한은 그런 사치스런 감정에 사로잡힐 때가 아니다. 잠시도 바그다드 쇼크를 망각해서는 안 된다. 지금 북한이 매달릴 절체절명의 과제는 살아 남는 길을 모색하는 것이다. 이라크처럼 당한다면 핵이 무슨 소용인가.

고개를 들어 주위를 둘러보라. 한국 일본 중국 대만, 북한을 둘러싼 모든 나라가 극한상황을 딛고 일어나 잘 사는 나라가 되지 않았는가. 동유럽 여러 나라들과 베트남을 보라. 핵 개발에 쓸 돈을 민생을 위한 경제개발에 쓴다면 북한도 할 수 있다.

핵 개발을 포기하면 한국을 비롯해 여러 나라들이 도와주겠다는 의사를 밝히고 있지 않은가. 그것이 진정한 체제보장의 길이다. 선택의 날은 빠를수록 좋다.

2003. 04. 18

지하철, 달라진 게 무언가

1995년 6월 서울 삼풍 백화점 붕괴사고는 9개월 전 성수대교 붕괴사고의 교훈을 무시한 데 대한 징벌이었다. 성수대교 사고는 부실하게 지어진 다리가 힘에 겨운 하중을 이기지 못해 무너질 징조가 일어났지만, 관리 책임자들이 이를 무시해 재해를 막지 못한 '한국병'의 전형이었다. 500명이 넘는 목숨을 앗아간 삼풍 백화점 참화는 이 땅의 모든 부실 구조물과 안전 불감증에 대한 엄중한 경종이 되었다.

그런데도 삼풍 백화점은 관심이 없었다. 이 건물은 설계도도 없이 착공부터 되었고, 시방서를 무시한 날림시공, 잦은 설계변경 등 '부실 백화점'이라 할 만큼 엉터리로 지어졌다. 그래도 허가당국은 주저 없이 준공검사 도장을 찍어 주었고, 그 뒤 업주는 불법증축 용도변경 같은 자살행위를 일삼았다.

대구 지하철 참사 한 달을 보내면서 이런 생각이 떠오른 것은 세상이 그 때와 너무 닮은 꼴로 돌아가고 있기 때문이다. 지난 17일로 참사 한 달이 지났지만, 그 기억은 우리의 뇌신경에서 멀리 벗어났다. 신문과 TV 뉴스에서 그 사고와 관련된 보도가 사라진 지 오래다. 어쩌다 실려도 1단 2단짜리 단신 수준이다. 오죽 답답했으면 유족들이 제발 관심 좀 가져 달라고 대구에서 서울까지 천리 길을 걸어서 왔을까.

곳곳에 널려있는 위험요소가 방치돼 있는 것도 그 때의 복사판이다. 우선 전동차 내부의 가연성 물질이 하나도 제거되지 않아 하루 수 백만 명의 승객을 불안하게 한다. 없애기는커녕 전동차 안, 역 구내 벽면과 기둥 등에 가연성 재질의 광고물이 더 늘어나고 있다. 비상구 표지등의 밝기를 높여 유사시에 잘 보이도록 하는 간단한 조치 하나 이루어지지 않고 있으니, 탈 때마다 제발 무사해 주기를 빌게 되고, 내릴 때는 용케 무사했구나 싶어진다.

이틀이 멀다 하고 일어나는 갖가지 지하철 사고와 고장을 겪고 나면, 더욱 살아있는 게 천행이란 생각이 든다. 언제 어떤 사고가 일어날지 모른다는 두려움에 짓눌려, 가능하면 기관사와 의사소통이 가능한 맨 앞 차량에 타는 버릇이 생겼다. 어쩔 수 없어 중간 차량에 타더라도 출입문 가까이 서 있으려는 심리, 그러고도 비상시에 대비해야 한다는 압박감에서 벗어날 수 없는 노심초사가 현대 한국인들 정신건강의 현주소다.

지하철 종사자들의 말을 들어보면 그것이 괜한 걱정이 아니라는 것이 입증된다. 건설한지 오래 돼 설비가 낙후한 서울 지하철 1~4호선을 제외하고는, 전국의 지하철과 전철이 기관사 1인 승무 시스템을 고수하고 있다. 서울의 경우 운행시간을 새벽 1시까지 연장하고도 인력 충원이 되지 않아 사고 위험성이 높아졌다. 신규 채용없이 다른 파트에서 빼낸 인원으로 기관사 수만 늘린 때문이다. 차량 정비와 선로보수 같은 부서는 일할 시간도 인원도 줄어 안전이 심각한 위협에 노출되어 있다. 지하철 공사 자체 안전점검에서 무려 1,236건의 문제점이 발견됐으니, 큰 사고가 일어나지 않는 것을 요행이라 할 것인가.

한국 지하철은 세계에서 가장 값싸고 빨리 건설한 기록을 가지고 있다. 그 전통을 이어받은 탓인지 전동차와 각종 설비 역시 가장 싸구려다. 우리보다 훨씬 가난한 나라들도 한 대에 16억원이 넘는 전동차를 한국에서 수입해가는데, 우리 지하철에 공급되는 것은 반값도 안 된다. 그러고도 계속 예산 타령이다. 서울지하철공사는 1~4호선 전동차 좌석을 불에 안 타는 소재로 바꾸는 것을 포함한 종합 안전대책 추진에 1조 3,000억원이 소요된다면서 바꾸고 싶어도 돈이 없어 못한다고 말하고 있다.

대구에서 관계장관 회의가 열린 것이 한 가지 달라진 모습인가. 겉 모습의 변화보다 당장 필요한 것이 무언지 가려내 확 바꾸는 것을 보지 않는 한, 아무도 불안감에서 벗어날 수 없다. 정말 좀 마음 편하게 살아볼 수 없을까.

2003. 03. 21

다시 보는 히로시마의 교훈

핵 폭탄의 위력은 어느 정도일까. 얼마나 무서운 무기이기에 자고 나면 온통 그 얘기 뿐인가. 이런 의문에 간단히 답해줄 자료가 여기 있다.

"히로시마(廣島)는 폭격 당한 도시로 보이지 않는다. 마치 거대한 증기 롤러가 깔아뭉개고 지나가 도시를 완전히 없애버린 것 같다. 이 사실이 세계적인 경고가 되기를 희망하면서 기사를 쓰고 있는 내 눈에, 미군의 융단폭격을 당한 태평양의 섬들은 마치 에덴의 낙원 같다…. 히로시마에 도착해 사방을 둘러보니 25~30 평방 마일 이내에 건물 한 채도 보이지 않는다."

군국 일본을 굴복시킨 히로시마 원자폭탄 피폭현장을 최초로 보도한 1945년 9월 4일 영국 신문 <데일리 익스프레스>의 기사는 철저히 파괴된 히로시마의 겉 모습을 이렇게 묘사했다. 호주 출신 윌프레드 버체트 기자(1911~1983)가 쓴 첫 현지르포 기사 제목은 '세계에 보내는 경고'이지만, 엄정한 객관성을 의식한 때문인지, 묘사는 너무 드라이하다.

참사의 순간에 대한 묘사도 메마르기는 마찬가지다. "사망자들 가운데 많은 사람들은 폭탄에서 발생한 무서운 열에 타버려 남녀노소를 구별할 수조차 없었다. 폭발의 중심부에 좀 더 가까이 있었던 수 천명은 흔적조차 남지 않았다. 그대로 사라져 버린 것이다. 히로시마 사람들 얘기로는 원자열이 너무 높아 사람들이 순식간에 재로 변했다는 것이다."

이에 비하면 부상자들이 신음하는 병원 르포기사는 너무 처절하다. "폭탄이 터졌을 때는 아무 상처도 입지 않았던 사람들이 괴상한 후유증으로 죽어가는 것을 나는 병원에서 많이 보았다. 뚜렷한 이유도 없이 그들의 건강은 악화했다. 식욕이 없어지고, 머리카락이 빠져나가고, 몸에는 푸른 반점이 생겼다. 그 다음에는 귀와 코와 입에서 출혈이 시작됐다. 그러다가 주사 맞은 자국부터 살이 썩어가다가 예외 없이 죽는 것이었다."

이 날 아침 히로시마에 공습경보가 울렸지만 나타난 것은 폭격기가 아니었다. 비행기 두 대가 사라지고 나서 사람들이 출근을 서두르고 있는데, 한 대가 되돌아오더니 낙하산 같은 것을 떨어뜨렸다. 번개처럼 빛이 번쩍 하는 순간 사람들은 뜨거운 열 폭풍에 나뒹굴었다.

하늘에는 거대한 연기구름이 피어 오르고, 그 중심부에 진홍 빛 선이 생겨 나더니, 구름 전체가 빨갛게 변했다. 공원의 소나무 숲까지 불덩어리가 된 연옥 속에서 열기를 견디지 못한 시민들이 강물에 뛰어들어 죽어갔다. 35만 시민의 3분의 1이 죽었고, 실종자 파악은 불가능했다. 살아남은 사람들은 지금도 치명적인 후유증으로 고통을 당하고 있다. 사상자 가운데는 한국인도 많다.

히로시마 원폭은 지금 미국이나 러시아가 갖고있는 것에 비하면 장난감 수준이다. 북한이 현재 핵무기를 가졌는지는 알 수 없다. 설혹 가졌다 하더라도 히로시마에 사용된 '리틀 보이' 수준이거나, 약간 향상된 정도일 것이라고 북한 관측자들은 보고 있다.

그렇다면 그것을 믿고 미국에 대드는 것은 그야말로 범 앞에 까부는 하루강아지 꼴 아닌가. 지금 평양에서는 아침 저녁 공습 사이렌이 울리고, 대피훈련과 등화관제 훈련이 벌어지고 있다고 한다. 지난 7일 BBC 방송은 '신성한 전투'에 떨쳐 나서자는 선동 포스터가 평양거리 여기저기 나붙었다고 보도했다. 북한은 "만일 전쟁이 일어난다면 핵전쟁이 될 것이고, 그 피해는 남과 북을 가리지 않을 것"이라고 공언하고 있다. 핵무기의 그 가공할 파괴성 앞에서 어떻게 한반도 핵전쟁을 입에 담을 수 있는가.

강대국이 가진 핵이 대포라면 북한이 가지려는 핵은 딱총 수준이다. 주먹에는 주먹, 칼에는 칼로 맞서는 것이 싸움의 속성이다. 부시의 미국은 까불면 정말 갈겨버릴 나라가 되었다는 것을 북한은 꼭 알아야 한다.

2003. 02. 18

북한이 핵을 버려야 할 이유

　〈지난 40년 동안 미국은 다량의 핵무기를 가진 소련과 중국에 "핵을 사용하면 대량보복을 당할 것"이라고 겁을 주어 얌전히 있도록 할 수 있었다. 그런 마당에 이라크나 북한 정도가 무슨 위협이 될 수 있겠는가.〉
　북한 핵 문제를 공부해 보려고 통일문제연구소 서가에서 찾아낸 '북한과 핵 폭탄'(North Korea and the Bomb)은 이런 질문으로 서두를 풀어가고 있다. 미국 전략국제문제연구센터(CSIS) 국제 안보전략 프로젝트 담당자 마이클 J 마자르는 이런 의문을 소개하면서, 북핵 문제의 연원(淵源)에서 시작해 세계의 이목을 끌어온 북한 핵 문제 전모를 파헤치고 있다.
　한국전쟁이 교착상태로 빠져든 1953년 초 중국과 북한은 미군이 철수할 날을 기다리면서 판문점 휴전협상에 시큰둥한 태도를 보인다. 실망한 아이젠하워 미국 대통령은 그 해 5월 국가안전보장회의에서 "한국전을 끝내려면 핵을 사용하는 것이 가장 효과적인 방법"이라고 말한다. 이에 겁을 먹은 중국과 북한은 휴전협상을 서두르게 된다. 이것이 북한이 핵무기를 갖고 싶어하게 된 첫번째 동기라고 마자르는 분석하고 있다.
　1958년 미국은 북한측의 정전협정 위반을 경고하기 위해 280mm 핵 장착 포탄과 핵 탄두 장착 로켓을 한국에 반입했다. 이듬해엔 사정거리 1,100㎞ 순항 미사일을 배치했고, 61년에는 1,800㎞ 메이스 미사일을 들여왔다. 60년대 후반에는 핵 지뢰까지 갖추어 완전 핵무장을 마쳤다.
　이른바 닉슨 독트린이라는 정책의 이름으로 미국이 주한미군 병력감축을 입에 올리기 시작한 70년대 한국도 자체방위 강화를 위해 핵 개발을 서두르게 된다. 이런 외부 요인들이 북한의 핵개발과 무관할 수는 없을 것이다. 독일통일 직후 공개된 동독 외교문서에는 북한이 얼마나 남한 쪽의 핵무기를 두려워했는지 잘 드러나 있다. 동독 지도자 호네커를 만난 자리에서 김일성은 "남한에서 팀 스피리트 훈련이 시작되면 응전태세를 갖추느라고 국가기

능이 완전마비 상태에 빠지곤 한다"고 털어놓았을 정도다.
 북한 핵 프로그램은 64년 소련으로부터 입수한 소형 원자로를 영변에 시설한 것에서 출발했다. 70년대 확충기를 거쳐 80년대에 접어들자 영변의 시설들은 미국 위성에 사진으로 포착될 만큼 본격화·대형화하였다. 핵 폭탄 제조를 시도 중이라는 망명자의 증언이 나오기도 했다. 발전용 원자로라고 주장했지만, 송전시설과 연결돼 있지 않은 사실이 핵 개발 의혹을 뒷받침했다.
 90년대 전반기는 북한 핵 문제로 온 세상이 시끄러웠다. 단일 이슈로 그렇게 오래 인구에 회자된 사건이 또 있었을까. 5년을 끈 협상이 타결되어 한숨을 돌리는가 했더니, 똑같은 문제가 다시 터졌다.
 북한은 억울할 것이다. 내로라 하는 강대국들은 말할 것도 없고, 이스라엘 파키스탄 같은 나라들도 핵을 가졌는데, 왜 우리만 가지고 문제를 삼느냐는 항변은 충분히 일리가 있다. '나는 가져도 되지만 너는 안 된다'는 식의 강대국 어거지 논리가 횡포라고 생각되기도 할 것이다.
 그러나 북한은 바로 자신의 생존과 안전을 위해 핵 개발을 포기해야 한다. 도올 김용옥 기자가 김정일 위원장에게 보낸 공개 서간문에서도 지적했듯이, 북한이 핵을 가지면 일본은 그 다음날로 핵무장을 하게 된다. 그렇다면 한국은 가만 앉아서 구경만 할 것 같은가. 비핵지대가 된 한국과 일본이 핵을 갖게 되면 북한이 원하는 '핵의 정치학'은 아무 의미가 없어진다.
 무엇보다 파탄 난 경제를 되살리기 위해, 백성을 더이상 굶기지 않기 위해서라도 북한은 핵을 버려야 한다. 경제개선 사업과 신의주·개성 특구 사업도 핵 문제를 안고서는 될 일이 없다. 믿을 수 없는 나라에 누가 투자를 하겠는가. 90년대처럼 협상을 오래 끌다가는 한 치 앞을 기약할 수 없게 된다는 것을 왜 모르는지, 정말 답답한 일이다.

2003. 01. 21

"천천히 한발 한발" 나아가기

가는 곳마다 이번 대통령 선거가 화제다. 당선자와 낙선자에 대한 개인적인 감상 끝에, 변화의 속도에 놀란 얘기가 뒤 따른다. 돈과 조직이 분위기를 좌우하던 옛날 선거와 너무 달라져 믿어지지 않는다는 것이다. 특히 군중집회와 음식접대가 사라진 자리에 TV 토론과 인터넷 통신이 파고들어 일으킨 바람의 위력에 기성세대는 놀라고 있다.

그러나 그 전에 더 큰 변화가 있었다는 것을 우리는 간과해 왔다. TV 토론에 나온 3명의 유력 후보는 전과는 너무 다른 사람들이었다.

한 평생을 정치판에서 늙은 '정치 9단'들이 물러간 자리를 전문 직업인 출신의 '정치 신인'들이 차지하게 된 것 자체가 엄청난 변화였다. 권위주의 같은 묵은 질서와 거리가 먼 그들의 등장은 50년 구태정치의 청산을 예고하고 있었다.

그 가운데서도 단연 돋보이는 것은 노무현 당선자의 솔직함과 서민성이다. 그는 너무 솔직해서 우리가 일상에서 마주치는 평범한 동창생이나 옆집 아저씨, 또는 친구 삼촌이나 동생 친구 같은 이미지다. 너무 꾸밈이 없어 손해를 보는 것은 아닐까 하는 생각이 들 정도다.

그의 고백 에세이집 <여보 나좀 도와 줘> 첫 머리는 "변호사는 그렇게 해서 먹고 사느냐"는 사건 의뢰인의 항변으로 시작된다. 변호사 개업 초기 사기혐의 구속자 사건을 맡았는데, 며칠 뒤 합의가 됐으니 수임료 60만원을 돌려달라는 요구에 불응하자, 구속자 부인이 그런 말을 하고 갔다는 것이다. 사무실에 돈이 떨어져 어쩔 수 없었지만, 화살처럼 가슴에 꽂힌 그 말 때문에 오래 고통에 시달렸다는 고백이다.

이 책에는 가난한 집안 사정 때문에 중 고교 진학 때마다 겪은 고통과 대학을 포기한 슬픔, 새 필통이 탐나 어수룩한 친구를 꼬여 필통을 바꾸었다가 창피당한 일등이 진솔하게 묘사돼 있다.

좋은 책가방 가지고 다니는 아이가 샘 나서 체육시간에 교실 당번을 서며 면도칼로 책가방을 그었던 비행, 교내 서예대회 때 심사의 공정성에 항의하기 위해 2등상을 반납했던 반항아 기질까지 숨기지 않았다.

고교 때부터 술 담배를 배웠고, 성적은 중간 이하였으며, 젊어서는 부부싸움을 자주 했고, 간혹 손찌검도 했다는 발가벗은 고백이 친근감의 원천이 아닐까.

물론 그 뒤 생각이 바뀌어 이해와 영욕을 가리지 않고 옳다고 믿는 일을 밀고 나가다 바보 소리까지 듣게 되었다는 것이 이 책의 큰 줄거리다. 누구나 숨기고싶은 그런 일들을 털어놓은 것이 바로 신뢰의 단서이기도 하다.

차마 털어놓기 어려운 것을 다 말해버린 사람에게 무슨 속셈이 있으랴 싶어지는 것이 듣는 사람의 마음이다.

마찬가지로, 성급하고 경솔했던 일들도 숨기지 않았다. 3당 합당 때 정치 스승 김영삼을 불필요하게 '악담' 한 일, 89년 명분없는 의원직 사퇴와 10여 일간 잠행 끝의 번의파동 등을 경솔함의 사례로 제시했다. 그런 성급함은 선거운동 기간 "깽판 친다" 같은 비속어로 나타나 표를 잃기도 했다.

그것을 의식한 때문일까, 당선 제일성은 뜻 밖이었다. 역전승이 굳어진 19일 늦은 밤 민주당사에 나타난 그는 소감을 묻는 기자들에게 대통령이 되었으니 천천히 한발 한발 나아가겠다고 말했다. 제주도 휴가에서 돌아와 23일 선대위 회의에서는 "개혁적인 인물이라고 불안해 하는 사람들이 많으니 내각은 안정적으로 운영하겠다"는 구상을 밝혔다.

바로 그것이다. 국민에게 약속한 대통합과 화합을 이루려면 불안해 하는 사람들을 안심시켜 입을 다물게 하는 일이 급선무다. 솔직하다는 인상과 천천히 한발 한발 나아가는 자세에 믿음이 실리면, 변화는 반 이상 이루어진 것이나 다름 없다.

2002. 12. 24

제도가 조장하는 불법체류

"도금공장에서 일하다 손을 다쳤습니다. 병원비 달라 하자 당장 그만 둬, 합니다. 그럼 월급이나 주세요, 했더니 돈 없어 다음에 와, 합니다. 공장장님 월급 좀 받게 해 주세요, 하고 호소한다고 막 때립니다. 기숙사로 도망쳐 숨었더니 쇠꼬챙이로 문을 열고 들어와 또 때렸습니다. 친구들이 말리자 칼로 찌르려고 해, 피하다 문 밖으로 떨어져 더 크게 다쳤습니다."

'대~한민국' 함성이 지축을 흔든 월드컵 4강전 날, 방글라데시 사람 자한길 씨는 안산 외국인 노동자센터를 찾아 이렇게 호소했다. 그런 사람이 너무 많아 외국인 노동자센터가 생겼을 정도다. 임금을 안 주려고 불법 체류자로 고발하는 회사까지 있어 많은 외국인이 무관심의 그늘에서 울고 있다.

불법 체류 외국인 가운데 3년 미만 체류자 10만 7,000명의 강제출국 시한을 1년 유예한 엊그제 정부조치는 고육지책으로 이해할 만 하다.

지난 7월 26만 명에 가까운 불법 체류자들을 한꺼번에 출국 시킨다는 방침이 발표된 이후, 그들이 단속을 피해 잠적해버려 중소기업마다 극심한 인력난에 시달리고 있다. 국가경제야 어떻게 되건 법대로 하겠다면 몰라도, 공장을 닫아야 할 극한상황을 외면만 할 수는 없었을 것이다.

그런데 유예를 해주는 대신 10만 명의 외국인력을 조기 도입하겠다는 것은 무언가. 그 중 5만 명은 이른바 취업관리제라는 형식으로 불러들일 재중동포 등이고, 나머지 5만 명은 산업연수생 신분이다.

산업연수생은 도입인원이 두 배로 늘고, 지금까지 없던 농축산업과 건설업종까지 추가되었다. 이 제도가 신 노예제도나 다름없다고 폐지를 권고한 인권위원회와 노동단체 인권단체의 주장이 무참하게 묵살된 셈이다.

장기간 불법 체류자들을 모두 내보내고 그만큼 새 인력을 들여오겠다는 결정은 종기의 근을 놔두고 언저리만 치료하는 것과 다를 바 없다.

새로 들어올 사람들이 떠날 날이 오면 똑 같은 일이 반복될 것이기 때문이다. 한국에 오래 체류한 사람들을 골라 내보내고 새 인력을 받는 것은, 숙련자를 해고하고 미 숙련자를 채용하는 결과가 된다. 기술 숙련도 뿐만 아니라, 우리말 소통력과 적응력도 그만큼 떨어져 이중삼중으로 손해다.

외국인 근로자를 불러들였다가 얼마 안되어 불법 체류라고 내쫓아버리는 소동의 반복은 산업연수생이라는 희한한 제도 탓이다. 한마디로 정부가 외국인 근로자의 불법체류를 조장하고, 고용주와 관리업자는 그들의 임금을 착취하는 부끄러운 제도다.

한국과 일본에만 있는 이 제도는 일정기간 산업기술을 연수한 뒤 짧은 기간의 취업을 인정하는 형식이다. 기술을 배울 수 있으니 열악한 근로조건을 참고 견디라는, 노골적인 임금착취 의도를 드러내고 있는 셈이다. 명분은 그럴 듯 해보이지만 그들은 한국인이 기피하는 3D 업종의 단순노동에 종사하는 대가로 월 30~40만원의 임금을 받고 있다.

용돈 수준의 임금에 장시간 노동, 인권유린까지 밥 먹듯 하고 있어 1994년 제도 도입 첫해부터 반 이상의 연수생이 배정된 일자리를 이탈하고 있다.

그 결과 공식 연수생 5만 명보다 불법 체류자가 몇 곱절 많아졌다. 제도가 불법체류를 조장하는 것과 다를 바가 무언가.

해결책은 근로기준법 적용을 못 받는 산업연수생 제도를 고용허가제로 바꾸는 길 뿐이다. 중소기업인 단체는 "그렇게 되면 인건비가 너무 올라 기업이 망한다"고 말한다. 그렇다고 언제까지 외국인을 그렇게 학대할 건가.

외국에서는 자국인의 80% 수준으로 외국인 근로자 임금을 정해 법으로 보호하고 있다. 스스로 인권국가를 자처하는 나라가 외국인 학대 제도라는 비난을 받고 있는 산업연수생 제도를 고집하는 건 정말 부끄러운 일이다.

2002. 11. 26

그린벨트가 '개발벨트'인가

　기어이 우려했던 일이 터지고 말았다. 그린벨트에 관한 몇 가지 뉴스에 접하면서, 우리의 자연환경이 질식사 단계에 접어든 것 같은 걱정에 사로잡히게 되었다. 특히 어느 전직 시장의 그린벨트 부동산 투기 기사에서 느낀 것은 초병이 총을 거꾸로 들고 쳐들어온 것 같은 배반감이었다.
　늘 대하는 부정 부패 유형이라면 한번 낙담하고 넘어가련만, 환경과 국가경제에 끼칠 해독을 생각하면 전 안산시장 사건은 너무 질이 나쁘다. 그는 그린벨트 해제순위 1번의 토지를 59억원에 사서 240억원에 되팔았다. 그 계약금으로 받은 돈으로 또 다른 해제 예정지 토지를 사들였다. 비싼 땅에 지은 아파트는 비싸질 수 밖에 없다. 주택 건설업자는 당연히 높은 분양가와 고층화를 요구할 것이고, 제 발이 저린 행정당국은 청을 들어주지 않을 수가 없을 것이다. 그린벨트나 녹지가 어느 날 숨막히는 아파트 숲으로 변하는 배경에 이런 비리가 있다는 것을 극명하게 보여 주는 사례다.
　서울 강북 재개발 뉴스도 큰 충격이었다. 생활여건이 나쁜 강북지역 재개발 계획을 탓할 사람은 없다. 그러나 왜 하필이면 시범지역이 북한산 자락이어야 하는가. 산수화보다 아름다운 진관내·외동과 구파발지역 144만 여 평을 아파트 숲으로 만들겠다는 것이 정말 민선시장의 아이디어인지 믿어지지 않는다.
　당초계획은 30여만 평만 해제한다는 것이었다. 그러나 '뉴 타운'이라는 이름의 개발계획이 구상되면서 대상지역이 5배 가까이로 늘어났다. 서울시는 20% 이상을 녹지로 보전하고 경관보호를 위해 구릉지에는 빌라, 저지대에는 5~7층 규모 저층 아파트를 배치하겠다고 말한다. 그러나 집들이 숲 속에 숨은 듯 한 동네에 아파트가 빽빽이 들어서는 것이 경관보호일까.
　그린벨트 해제를 선거공약으로 내건 이 정권이 집권직후 그린벨트 해제를 서두를 때 반대하는 사람은 없었다. 불합리한 지구지정으로 30여년동안 겪어온 주민들의 고통을 이해하기 때문이었다. 증·개축은 언감생심, 지붕이 새도 마음대로 수리도 할 수 없는 제약은 너무 큰 고통이다. 그런 아픔을 해소해주자는 것이니 환경 지상주의자라 한들 무슨 명분으로 반대할 것인가.

　물론 해제대상을 최소화 하고, 해제한 땅은 반드시 녹지로 묶어 개발을 최대한 억제하겠다는 정부의 약속이 뒤따랐다. 그러나 곧 말이 달라지기 시작했다. 택지가 없으니 임대주택은 허용해야 한다느니, 학교나 공설운동장 같은 공공시설은 괜찮지 않으냐는 목소리가 정부 안에서 먼저 나왔다. 여기에 개발업자 들이 끼어들어 사업성과 공공성을 주장하더니, 기어이 둑이 무너진 꼴이 되었다. 서민용 임대주택 건설을 명분으로 정부가 앞장서 해제 예정지 11곳 276만여 평을 택지개발 예정지구로 지정한 것이다.

　택지지구에 절대보전 대상지인 환경평가 2등급지가 30% 이상 포함된 곳도 있고, 임대주택보다 분양용 주택용지가 더 많은 것도 문제다. 그러더니 중앙도시계획위원회 심의사항으로 돼 있는 그린벨트 해제권한이 지방자치단체장에게 넘어가고 말았다. 호랑이에게 날고기를 통째로 던져준 꼴이다. 그 결과가 시장의 그린벨트 투기 사건, 서울시의 그린벨트 뉴 타운 계획이다.

　그린벨트 지역 난개발 우려는 환경론자들의 이상론이 아니라, 일반시민과 해당지역 주민의 공동관심사가 되었다. 서울과 수도권 도시 해제대상지 주민의 해제반대 청원운동 끝에, 군포·의왕·하남 주민들이 택지개발 예정지구 지정 취소 청구소송을 낸 사실이 민심동향의 상징이다. "돈도 싫다. 지금처럼 농사 지으며 이웃끼리 오손도손 모여 사는 것이 좋다"는 것이 그들의 소송이유다. 금전상의 이득이나 문명의 혜택에 연연하지 않는 사람들에게는 환경이 최고의 가치다. 그린벨트는 좋은 자연환경 속에서 살고싶은 사람들을 위한 생명벨트가 되어야 한다.

2002. 10. 29

김정일의 꿈을 이루려면

2002년 9월 17일 평양. 이 때와 장소가 북한이 변하기 시작한 기점으로 역사에 기록될 것인가. 이 날부터 거의 매일 신문과 방송뉴스를 장식하는 북한의 변화 시그널을 보면서 반추하는 상념이다.

사상 첫 북일 정상회담이 열린 이 날 오전까지 바깥 세상에서는 그리 큰 관심을 갖지 않았다. 고이즈미 준이치로(小泉純一郎) 일본총리가 도착한 평양 순안공항 분위기는 썰렁하기만 했다. 김정일 국방위원장의 출영도 환영인파도 없는 것을 보고 "회담성과를 기대하기 어렵겠다"는 관측이 나왔다. 그 날 아침 노동신문은 고이즈미 방북기사를 1면 오른쪽 하단에 깔아 버렸고, 중앙방송 아침뉴스도 12개 아이템 중 10번째로 밀어 내렸던 것이다.

그러나 결과는 정반대였다. 김정일은 오후회담에서 일본인 납치사실을 인정하고, 사망자와 생존자 명단을 넘겨주었다. 대남공작을 위해 그랬다고 이유를 설명하면서 미안하다고 말했다. 많은 피납자들의 죽음에 충격을 받은 일본측은 회담을 깨려다, 솔직한 태도에 놀라 마음을 바꾸었다 한다.

그로부터 이틀 뒤 북한이 신의주를 경제특구로 지정한다는 뉴스가 나왔다. 특구에 입법 사법 행정권을 위임하고, 50년간 토지 임대를 보장한다는 신의주 특구 기본법은 '상전벽해'란 말을 유행시킨 김정일의 상하이 방문 결실로 이해되었다. 더욱 놀라운 것은 그 뉴스의 속보들이었다. 얼마나 빨리 변하는지 보여주려는 듯 매일 쏟아내는 속보 가운데, 외국인인 양빈(楊斌)을 신의주 특구 행정장관에 임명한 것은 상상의 한계를 뛰어 넘었다.

한껏 고조된 월드컵 열기를 한 순간에 얼어붙게 한 서해도발이 불과 3개월여 전이다. 얼마 뒤 김정일의 유감표명이 있었지만 그걸 진심으로 본 사람은 없었다. 그래서 변화의 속도를 상품화한 '김정일의 세일'이 아직 신뢰를 얻지 못하고 있다. 그 화려한 변화 공세가 사람들을 감동시키지 못하는 이유는 주민이주와 장벽 때문이다.

양빈 장관은 회견을 통해 기존주민 20만명을 2년 내에 다른 지역으로 이주시키고, 내국인 출입을 철저히 막기 위해 장벽을 설치하겠다고 밝혔다. 주민이주는 이미 착수되었다는 보도도 있다. 사상적인 동요를 막기 위해 노동당원을 중심으로 한 성분 우량자들을 받아 들이기 시작했으며, 시가지 외곽지역과 용천군에 기존주민 이주단지를 만들고 있다는 것이다.

밖으로는 문을 열고 안으로 장벽을 친다면 쪽문을 열고 대문을 걸어 잠그는 것과 다를 바 없다. 개방초기의 중국보다 훨씬 과감하다는 평가도 이 점 때문에 빛이 바래고 만다. 1979년 중국 경제특구 제1호로 문을 연 선전(深圳)은 그렇지 않았다. 호구관리를 철저히 해 외지인의 이주를 막았을 뿐, 강제이주는 없었다. 특구 내 기업 취업자에게는 이주를 허용, 특징 없던 변경도시가 700만 인구의 대도시가 됐다. 활력 넘치는 고학력 젊은이 도시다.

일본정부의 납치사건 진상조사단이 평양에서 활동 중이고, 부산 아시안게임에 대규모 북한 선수단이 참가한 가운데, 모레는 부시 미국 대통령 특사가 서해항로를 이용해 북한을 방문한다. 핵사찰과 대량 살상무기 문제의 매듭이 풀릴지도 모른다는 전망이 제기되는 것도 북한의 변화 속도와 무관하지 않다. 일본과의 화해, 미국과의 관계개선은 꼭 필요한 일이다. 그러나 더 급한 것이 남한 민중과의 화해라는 것을 김정일은 알아야 한다.

1953년 7·27 휴전 이후 50년간 북한이 저지른 수 많은 도발과 테러와 파괴공작에 관한 해명과 사과 없이 화해는 불가능하다. 잘못한 사람이 뉘우치지 않으면 친해질 수 없는 개인관계와 같은 이치다. 특히 피해당사자와 보수계층의 마음을 사지 못하면, 신의주 개방도 원맨 쇼가 되고 말 것이다.

2002. 10. 01

영광과 오욕의 불가사의

첫 캄보디아 여행은 충격 그 자체였다. 그 말밖에 달리 그 감동을 표현할 수가 없다. 휴가를 이용한 늦여름 여행의 동기는 앙코르와트가 얼마나 대단하기에 유네스코가 세계 7대 불가사의 건축물로 꼽았을까, 하는 궁금증이었다. 이집트의 피라미드, 로마와 그리스 석조건물 같은 것들을 대충 둘러본 터여서, 동양과 서양 석조건축의 차이를 찾아보고 싶기도 하였다.

4박 5일 일정 가운데 이틀간 둘러본 앙코르 왕국 유적은 이제 좀 살만해진 나라 관광객의 교만을 압도했다. 12세기 전반 37년동안 건설되었다는 힌두교 사원 앙코르와트는 우선 그 규모부터 상상을 절하였다. 사원은 190m 폭의 사각형 해자로 둘러싸여 있는데, 해자의 크기는 동서 1,500m에 남북이 1,300m. 그렇게 구획된 땅에 동서 1,000m 남북 815m 길이의 석벽을 높이 쌓고, 그 안에 3중 회랑과 본전을 배치한 구조는 거대한 피라미드로 보였다. 제3회랑 위에 떠받들어진 본전은 5개의 석탑을 이고 있는 형상인데, 제일 높은 탑이 높이 65m다. 보조 자재없이 그 거대한 돌집을 짓는 것이 가능한 일인가.

크기에 압도당한 가슴은 그 화려한 부조(浮彫)의 예술성에 결정타를 맞는다. 길이 760m의 제1회랑 벽면이나, 돌산같은 건축물 외벽과 기둥 천정 등에 새겨진 그림에는 크메르 왕국의 역사와 전설, 왕의 위업과 서민생활을 포함한 그 시대 생활상이 장편 서사시처럼 묘사되어 있다. 유네스코가 왜 세계 7대 불가사의 가운데 예술성이 가장 뛰어난 건축물로 평가했는지 이유를 알았다. 전장으로 행군하면서 뒤를 돌아보며 장난치는 병사나, 닭싸움 도박에 정신이 팔린 서민들 표정에는 오늘의 일과 같은 생생한 현실감이 넘쳐난다. 암질이 무른 사암이라 하지만 어떻게 그리 떡 주무르듯 할 수 있단 말인가.

더 놀라운 것은 이렇게 훌륭한 석조 건축물이 앙코르와트 하나가 아니라는 사실이다. 이 지역에만 그런 유물이 100개 정도 있는데, 그 가운데 하나인 앙코르 톰(도성)은 한 변의 길이가 3,000m다. 그 안에는 왕궁 유적을 비롯해 사원 제단 사열대 등 수많은 석조유물이 남아있다. 특히 바이욘 사원 50개 석탑을 장식한 4면 관음상의 미소는 남방 불교미술의 정수(精髓)라 할 만하다. 그러나 거기에 힘없는 백성들의 고통과 한숨이 배어있음을 잊어서는 안 된다.

이런 놀라운 건축예술 작품들이 500년 동안이나 세상과 유리되어 있었던 것도 불가사의다. 아니, 그보다 더 큰 불가사의는 그런 민족이 인류역사상 가장 잔인한 살육극인 '킬링 필드'의 주인공들이란 사실이다. 마침 앙코르와트 가까운 곳에 킬링 필드의 현장이 있어 잠시 둘러 보았다.

시엠립 시내에 있는 와트마이 사원에는 이상적인 '농민천국'을 꿈꾸던 폴 포트의 살육 광란기에 희생된 1,000여명의 유골이 유리로 칸을 막은 제단 안에 차곡차곡 쌓여 있다. 손상된 두개골과 사지의 골편은 크메르 루주의 잔혹성을 증거하고 있다. 폴 포트의 어린 농민전사들은 농민천국 건설에 장애가 된다고 생각되는 주민들을 붙잡아 조사하고 심사하는 과정에서 마치 생선 다루듯 사람들을 죽였다. 그렇게 사라진 사람이 200만이라고도 하고, 300만이란 설도 있다. 구 정권의 군인과 경찰을 죽인 것은 있을 수 있는 일이라 하자. 그러나 빈농을 제외한 모든 계층을 모조리 처단한 것을 어떻게 보아야 하나.

영어를 말할 줄 안다는 이유로, 만년필이나 볼펜을 가졌다는 이유로, 하물며 안경을 꼈다는 이유로 대창으로 찔러 죽였다. 그래서 오늘의 캄보디아는 문맹률 90%의 국가가 되었다.

이 영광과 오욕의 불가사의는 절대권력자 한 사람에 의해 연출되었다. 인류사에 그런 일은 흔하지만, 대명천지가 되었다고 안심만 할 수는 없는 일이다. 여행을 마치고 돌아와 권력에 눈먼 진흙탕 속 싸움을 보면서 느끼는 감회다.

2002. 09. 06

월드컵, 희망을 보았다

 축제는 끝났다. 온 세상을 열정과 흥분과 감동의 잔치마당으로 만들었던 21세기 첫 월드컵은 아쉬움 속에 지나갔다. 하루 아침에 변해버린 세상이 실감나지 않듯, 지나간 한달 동안의 변화가 도저히 믿어지지 않는다.
 우리가 정말 그렇게 멋지게 지구촌 최대의 행사를 치러낸 것인가. 정말 그 엄청난 월드컵 효과라는 열매를 따먹게 되는 건가.
 외국 언론 매체들이 다투어 쏟아내는 한국예찬과, 그로 인한 이미지 변화를 계량화할 수 있을까. 경제 전문가들은 이번 월드컵의 직·간접 경제효과가 1년 국가예산에 필적하는 100조원에 달한다는 계산을 내놓았다.
 세계 30위 권을 맴돌던 국가 이미지가 경제규모에 걸맞게 12~13위로 치솟게 됐다는 평가도 있다. 해외 무역관을 통해 외국 바이어 1,000여명을 상대로 실시한 중앙일보 조사에 따르면 월드컵 기간 중 한국의 국가 이미지 점수는 평균 81.9점으로, 대회 전보다 9.4점이나 상승했다 한다.
 그 많은 수확 가운데 나는 우리 모두가 놀라고 만 민주시민 역량과 체질화한 자신감이 가장 값지다고 단언하고 싶다.
 백만 군중이 모인 시청광장 녹지대의 꽃 한 송이 나뭇가지 하나 손상되지 않은 질서와, 장대비 속에서 뒷사람을 배려해 우산을 펴지 않은 시민의식을 누가 상상이나 했으랴.
 6월 10일 대구경기장, 6월 25일 상암 경기장 스탠드에서, 그리고 퇴근길 광화문 네거리 붉은 인파 속에서 나는 번번이 확인할 수 있었다. 우리 모두가 이번 월드컵 대회의 진정한 승자라는 것을.
 구두를 밟히거나 떠밀려 넘어지지나 않을까, 만일 경기에 지면 큰 소란이 일어나지는 않을까. 군중 속에서 내내 그런 걱정에 마음이 편하지 않았다. 그러나 상암동 가는 지하철 역에서부터 뇌리를 점령한 그 걱정은 기우였다.
 입장하면서 길게 줄을 서있는 동안, 그리고 경기가 끝난 뒤 인파에 파묻혀

맥주 집을 찾아가는 동안 한번도 구두를 밟히지 않았고, 떠밀리지도 않았다. 홈 구장 관객이 경기에 지고도 그렇게 양순할 수 있다는 새로운 사례를 이 날 목격했다.

아무런 위축감을 느끼지 않는 듯 '대~한밍구'를 외치는 독일인들을 보면서 가슴 뿌듯한 자긍심을 느꼈다.

지난 날을 생각하면 이건 천지개벽과 같은 변화다. 1960년 1월 설날 귀성객이 몰린 서울역에서 31명이 압사한 참사가 일어났다. 먼저 열차를 타려고 뛰던 승객 한 사람이 계단에서 넘어지자 뒤 따르던 인파가 덮친 것이 원인이었다.

그 전해에는 부산에서 시민위안의 밤 행사장에서 67명이 압사했고, 개학날 초등학교 계단에서도 비슷한 사고가 80년대까지 일어났다. 경기장 스탠드의 잡상인 횡포와 무질서, 관중의 음주소란은 또 어떠했던가.

그런 기억을 가진 한국인에게 일본인의 절제는 도저히 따라잡을 수 없는 경지로 보였다. 1982년 1월 1일 도쿄 메이지(明治) 신궁은 온종일 300만 명이 넘는 참배객으로 붐볐다. 그 인파 속에서 구두를 밟히기는커녕, 옆 사람과 옷깃 한번 스치지 않은 불가사의한 질서를 경험하면서 등골이 오싹한 공포를 느꼈다. 이러니 우리가 당할 수 밖에 없었구나 싶었다. 그런데 이제 우리가 그렇게 되었다.

경기가 끝난 뒤 축구장 앞에서 밤늦도록 생맥주를 마시며 우리는 그 이유를 분석했다. 결론은 'W 세대' 또는 'R 세대'라 명명된 10대~20대 젊은이들의 자신감과 건강한 공동체 의식이었다.

전쟁과 굶주림을 모르는 그들, 데모진압 경찰에 쫓겨본 일도 없는 그들은 가슴 가득 여유를 품은 걸까. 이 세상 어디에도 굽힐 것이 없고, 그래서 머뭇거릴 까닭이 없는 걸까.

한일 월드컵은 온 한국인과 지구가족에 희망을 보여준 대 서사시였다.

2002. 07. 02

히딩크의 원칙이 뜻하는 것

2002년 6월 4일 한국 축구 '부산대첩' 같은 감동이 한국인에게 또 있을까. 1945년 8월 15일 일제의 압제에서 풀려난 광복의 날, 독재 정권을 무너뜨린 1960년 4·19 학생혁명의 날에 비견하는 말이 과장으로 들리지 않는다.

신분과 계층, 출신지와 세대를 아울러 온 한국인을 감격의 용광로 속에 몰아넣은 쾌거는 우리 기억 속에 그리 흔하지 않다.

일주일이 넘도록 꺼지지 않는 축구 화제의 한가운데 거스 히딩크 감독이 있다. 골 넣은 선수들보다 외국인 감독 한 사람이 이토록 많은 한국인 입에 회자되는 이유는 무엇인가.

용병의 달인이니, 훈련과 작전의 귀재니 하는 찬사가 신문 잡지 제목을 장식하고 있다. 그러나 원칙에 철저한 선수 기용과 약속을 중시하는 성실성에 더 큰 의미를 두어야 할 것이다.

그는 철저히 능력 위주로 선수를 선발하고 기용했다. 자신이 요구하는 기준을 제시하고 이에 도달한 선수가 아니면 아무리 유명해도 쓰지 않았다.

우선 전후반을 풀로 뛸 수 있는 강인한 체력과 기술을 요구하고, 기초훈련부터 시작했다고 한다. 그리고 승리를 위해 몸을 던진 성실성이었다.

대 폴란드 전 엔트리를 보고 축구에 별 관심이 없던 사람들까지 생소한 이름이 많은 데 놀랐다. 유명한 선수들이 많이 빠진 탓이었다.

히딩크 이전의 대표팀 선발과 기용에는 감독과의 연고가 강하게 작용했다는 것이 축구계의 공공연한 비밀이다. 축구계의 오랜 병폐였던 학연과 지연 문제였다.

축구 명문고와 유명대학 출신들을 안배한 위에 지연까지 작용했고, 교제에 능한 선수들도 끼어 들었다.

이런 불공정한 인사에 반발한 선수들이 이길 게임을 일부러 져버렸다는 풍문이 심심찮게 나돌 정도였다. 자격이 없는 선수 기용이 팀 전체의 정신력을 떨어뜨린 것이다.

　히딩크 축구의 두 번째 비밀은 감독 자신의 성실성이다. 그에게는 한 때 '오대영 감독'이란 명예롭지 못한 별명이 있었다.

　2001년 5월 컨페더레이션 컵 축구대회에서 프랑스에게 5대 0, 그 해 8월 유럽 전지훈련에서 체코에게 또 5대 0으로 패하고 얻은 별명이다.

　휴가를 자주 간다는 비난을 받기도 했고, 해외 원정경기에 여자친구를 동반한 것이 구설수가 되기도 했다. 그러나 그는 동요하지 않았다. 2002년 6월에 대비한 중·단기 훈련계획을 묵묵히 시행해 나갈 뿐이었다.

　다른 분야도 히딩크 식 원칙주의가 자리 잡혔다면 우리는 선진국 문턱을 바라보며 이렇게 오래 질척거리지는 않을 것이다. 우선 정치에서 지연과 학연이 추방됐다면, 이름도 가물가물해진 무슨 무슨 게이트 같은 비리 부패극이 발 붙일 틈이 없었을 것 아닌가.

　이틀 남은 지방선거가 이토록 푸대접을 받지도 않을 것이다. 정부나 지방자치단체, 공기업이나 기관 단체, 심지어 사조직에도 히딩크 원칙이 지배한다면 시기심과 패배주의로 인한 갈등과 비효율은 없을 것이다.

　그를 대통령으로 추대하자는 말에서부터 동상을 세우자, 부산구장 이름을 히딩크 구장으로 바꾸자, 한국인으로 귀화 시키자는 등, 끝 없는 히딩크 예찬론에는 거부감이 느껴지지 않는다.

　그러나 정치인들까지 그의 이름을 들먹이는 것은 정말 듣기 역겨운 공해다. 대선 후보들이나 정당 대표들이 저마다 우리 정치의 히딩크가 되겠다고 외친다.

　자치 단체장은 물론 기초의원 후보들도 제각각 '우리 고장의 히딩크'가 되겠단다. 그러나 그 한마디를 빼고 나머지는 지연과 학연을 자극하는 말의 홍수다.

　남을 헐뜯고 자기만 잘났다는 말들 뿐이다. 히딩크의 성공을 보고도 그 요체가 무엇인지 모른다면 그의 이름을 입에 담을 자격도 없다.

2002. 06. 11

권력이 한 사람에 집중되면

을지문덕 장군이 어떻게 수(隋) 나라 30만 대군을 무찌를 수 있었을까. 수의 100만 대군이 10분의 1도 못 되는 고구려 군대에 궤멸 당했다는 것은 지나친 과장이 아닐까.

초등학교 국사시간에 배운 단편적인 지식이 못내 의심스러웠다. 청천강 상류에 보를 막았다가 수 나라 병사들이 강을 건널 때 터뜨려 정예군 30만을 몰살시켰다는 살수대첩(薩水大捷)이란 민족적 자긍심 고취를 목적으로 부풀린 이야기로 치부해 버렸다.

뒷날 독서를 통해 그것이 모두 정확한 사실이었음을 알고 그런 의심을 품었던 일이 죄스러웠다. 근래 이덕일의 <오국사기>를 읽고부터는 그럴 수 밖에 없었던 당위성을 깨닫게 되었다.

고구려 정벌이란 숙원을 풀기 위해 수 양제가 동원한 전투부대 병력은 정확히 113만 3,800명이었다. 보급품 수송을 맡은 후방 지원병력까지 치면 300만 명이 동원되었다니, 인류 역사상 최대규모 병력이라는 말이 과장이 아니다.

양제는 이 전쟁을 위해 중국대륙을 남북으로 관통하는 대 수로를 뚫었다. 병력과 물자수송을 원활히 하려는 목적이었다. 치밀한 전쟁준비와 훈련에 국력을 아낌없이 쏟아 부었지만 결과는 무참한 패배였다. 그 이유는 여러 가지로 분석되고 있다. 출정시기를 잘못 잡아 날씨와의 싸움에서 졌고, 보급로가 멀고 험했던 것도 중요한 패인이다.

고구려 영양왕의 지략이 뛰어나고 을지문덕 같은 용장이 있었던 것도 그렇지만, 결정적인 패인은 권력이 제왕 한 사람에게 집중된 수 나라의 경직된 시스템이었다.

양제는 일선에서 전쟁을 지휘하면서 장수들에게 모든 전진과 후퇴는 자신의 허락을 받도록 엄명을 내렸다. 어렵게 요하를 건넌 수군은 고구려의 요동성 공략에 성공해 항복을 받아내게 된다.

그러나 중요한 행위는 재가를 받으라는 어명을 의식한 장수가 항복 수락 여부를 묻기 위해 전투를 중지하고 황제에게 보낸 사자를 기다리는 사이, 고구려 군은 전열을 정비해 항전태세를 갖추었다. 황제를 만나는 절차가 번거로워 오랜 시간이 걸렸기 때문이다. 공격을 재개해 고구려 진영에서 백기가 오르면 또 같은 일이 반복되었다. 그러다 몇 달이 흘렀다.

양제의 행재소(行在所)는 글자 그대로 움직이는 궁전이었다. 황제와 수행원 수 백 명이 머무르는 거대한 지휘대 밑에 수레바퀴를 달아 움직이게 하였다. 숙영할 때는 행재소 주변에 이동식 성벽이 둘러쳐졌는데, 그 길이가 3km였다 하니 사자의 황제알현 절차가 얼마나 까다로웠는지 알만하지 않은가.

평양성 공격도 마찬가지였다. 바닷길로 대동강 하구에 도착한 수군은 육군의 도착을 기다려 합동작전을 하라는 황제의 명령 때문에 시간을 허송하며 군량만 축 냈다.

"모든 병사는 100일분 식량을 지고 가라"는 황제의 명령 한 마디에 노무자로 변한 주력부대 30만 명이 평양성 밖에 도착했을 때, 그들은 강병도 정예군도 아니었다. 병기와 기본 보급품을 휴대하기도 벅찬 판에 100일분 식량을 지고 강행군을 거듭했으니 사기가 어떠했겠는가.

"여기서 철군하면 왕을 모시고 행재소에 입조(入朝) 하겠다"는 을지문덕의 제안을 명분 삼아 원정군은 철수를 서둘렀다. 그 때를 기다려 을지문덕은 살수에서 통쾌한 수공작전을 전개해 청사에 남은 위업을 달성했다.

권력집중 제도의 폐해가 비단 전쟁에만 국한되는 것일까. 정권 말기면 대통령 가족과 친인척들이 구설수에 오르고, 집사장과 비서관들이 줄줄이 오랏줄에 묶여가지를 않나, 가신이란 사람들이 같은 신세로 전락하는 것도 권력이 한 사람에게 집중돼 있기 때문이다.

대통령이란 용어부터 바꾸자는 논의가 나올 정도로 제왕적 대통령 제도의 문제점이 커졌다.

선거에만 정신을 팔 것이 아니라, 대통령 권력의 분산을 포함한 시스템 개선에 중지를 모을 때가 되었다.

2002. 05. 07

'말하는 돌'과의 만남

"고인돌? 그거 어디에 쓰는 겁니까" 고인돌을 세계 문화유산으로 지정하자는 운동이 일어날 때 해당지역 군수님이 보인 반응이다.

"고인돌이라면 옛날 하늘에 제사 지내던 젯상 말입니까" 이렇게 말을 받은 군수도 있었다.

우리가 가진 세계 제일의 선사 유물에 대한 우리 국민의 인식 수준을 말해주는 에피소드다. 그런데 그 돌무지가 문화유산으로 지정된 뒤에는 서로 고인돌 축제를 주관하겠다고 다투어 골치가 아플 지경이라 한다.

식목일 연휴 계획을 강원도 쪽 산행으로 잡았다가 남도 역사문화 탐방으로 바꾸었을 때, 고인돌에 관한 내 생각도 그와 크게 다를 것 없었다. 그것이 문화유산으로 등록된 사실을 다행으로 여기고, 우리나라에 그것이 가장 많다는 사실 정도만 아는 수준이었다.

여행 첫날 전북 고창의 고인돌 군락을 둘러보는 순간 왜 그것을 '말하는 돌'이라 하는지 까닭을 알았다. 그 소중한 문화유산에 대한 무관심과, 피상적인 상식을 내세워 다 아는 것인 양 여겨온 교만도 부끄러웠다.

그리고 무지의 바다에서 역사의 보물을 건져올리는 일에 몸과 마음과 돈을 바친 사람들이 많음에 깊이 감사하였다. 특히 세계거석문화협회를 만들어 이 운동을 주도하면서 고인돌에 미쳤다는 소리를 듣는 유인학(柳寅鶴) 한국조폐공사 사장과, 김병모(金秉模) 한국전통문화학교 총장의 열정은 감탄스러울 따름이었다.

한국의 고인돌이 세계문화유산으로 잉태된 계기는 김 총장과 유네스코 한국위원회 허 권 문화부장과의 우연한 술자리였다. 1997년 5월 경주문화엑스포 준비모임에 참석했다가, 그냥 헤어지기 섭섭해 가까운 음식점에서 소주잔을 나누다 고인돌 얘기가 나왔다.

"밑져야 본전인데 말도 한번 못해 봐?" 의기투합한 두 사람은 즉석에서 문화유산 지정신청을 하기로 했다.

　세계 고인돌의 50%에 달하는 수만 기가 우리나라에 군집해 있고, 종류와 형태가 다양한데다, 가장 큰 것도 있으니 신청해볼 만 하지 않으냐는 것이었다.

　다음은 거석문화협회를 결성해 유 사장을 총재에 앉히고, 유네스코의 지정을 밀어 부친 일이었다. 뜻을 같이 하는 사람들의 열정과 헌신으로 목적이 이루어지자 고인돌은 급격히 사람들과 가까워졌다.

　그것은 까마득한 선사시대에 우리 조상들이 어떻게 살았는지를 말해주는 유일한 역사자료다. 기록으로 확인되는 우리 역사는 고작 2,000년도 못되지만 이 돌무덤들은 기원 수백 년, 또는 1,000여년 전의 일을 정직하게 증명하고 있다.

　우리나라에는 남한에 2만 5,000기 북한에 1만 4,000여기의 고인돌이 있는데, 전북 고창군에는 죽림리 상갑리 일대를 중심으로 2,000여기가 밀집돼 있다.

　이 가운데는 상석(上石) 무게가 300톤이 넘는 것도 있다. 까만 옛날 그 무거운 돌을 어떻게 운반해 무덤을 만들었을까.

　그것도 자연석이 아니라니, 어떻게 그 큰 돌들을 두부 모처럼 잘라냈을까. 이런 상상에 이르면 그 돌이 무엇을 말하고 있는지 답이 나온다.

　학자들은 청동기를 이용해 바위에 한 줄로 여러 개의 구멍을 파고 목질이 단단한 쐐기를 박아 물을 부어 바위를 가르는 전문 직업인들이 있었다고 본다.

　돌 밑에 원목을 깔아 수천 명이 당기고 미는 방법으로 운반했으리라는 추정에서는 그 시대 공동체 사회의 규모가 드러난다.

　고인돌에서 나오는 화살촉 방추차(紡錘車) 같은 유물들은 청동기 시대 문화의 수준을 보여준다. 선사시대 문명의 단면을 말해주는 사료(史料)로 이보다 귀중한 것이 있을까.

　이 소중한 유물은 고창·강화·화순군 것들만 문화유산으로 지정됐을 뿐, 다른 지역에서는 지금도 개발이라는 이름 아래 크레인의 완력에 떠들려 사라져 가고 있다.

　이번 여행은 그 돌무지들을 제발 그대로 두어, 돌들의 말을 기다려야 할 절박한 필요성을 깨우쳐주었다.

2002. 04. 16

일본 천황과 서울 월드컵

역사상 한반도에서 일본에 건너간 사람 가운데 제일 출세한 사람이 누군 줄 아느냐는 질문을 받으면 어떻게 대답해야 할까.

10여년 전 어느 대학 교수가 일본에서 학자들과 만나 이런 질문을 받고 머뭇거렸다. 한참동안 대답을 기다리던 질문자는 "바로 일본천황"이라고 말했다.

사석에서 농담처럼 한 말이지만, 그리고 절대 공식적으로는 입에 담지 않는 말이지만, 일본 학계에는 천황의 한국 혈통설이 낯설지 않음을 말해주는 일화다.

그 터부를 깬 사람은 놀랍게도 천황 자신이었다.

아키히토(明仁) 천황은 지난해 연말 기자회견에서 일본과 한국의 오랜 교류역사를 언급하면서 "간무(桓武)천황의 생모가 백제 무령왕의 자손이라고 속일본기(續日本紀)에 기록돼 있는 데서 나 자신 한국과의 연을 느낀다"고 말했다. 간무 천황 때 황태후 장사 치른 일을 기록하면서 "황태후의 조부는 백제 무령왕 아들 순타"라고 한 기사를 근거로 한 말이다.

그 때 우리가 주목했던 것은 그 사실 자체의 뉴스성보다, 그가 왜 그런 말을 했느냐 하는 배경이었다.

당시 일본 언론의 보도로는 미리 작성된 답변자료에 백제나 무령왕에 관한 언급은 없었다. 일본 정부와 사전에 그 문제 논의도 없었다니, 천황 자신의 '기획'으로 볼 수 밖에 없다. 정부측의 반대를 의식한 즉석답변으로 보는 것이다. 그 회견이 일본에 어떤 반응을 일으켰는지를 보면 분위기를 짐작할 수 있다.

아사히 신문을 제외한 대다수 일본언론은 간단하게 보도하고 말았다. 황실 일이라면 미주알 고주알 옮기기로 유명한 TV 방송들도 혈통 부분은 보도하지 않았다.

더 주목해야 할 것은 왜 그런 말을 했느냐는 것이다. 천황은 평소 한국에 많은 관심을 표명해 왔다. 즉위한지 얼마 안돼 반대를 무릅쓰고 도쿄 국립박물관에서 열린 가야(伽耶) 문화전을 참관한 사실을 보도한 기억이 새롭다.
　한국 대통령과 만날 때마다 그는 일본이 한반도로부터 많은 문물을 받아들인 역사적 사실을 강조해 왔다. 역사교과서 문제로 양국 국민간에 감정의 골이 깊었던 2001년 4월에는 한국의 창작오페라 <황진이> 공연을 참관해 스포트 라이트를 받았다.
　이런 배경으로 볼 때 그의 혈통 발언은 일련의 사교적 제스처의 연장으로 볼 수도 있다. 그러나 한일 공동주최 월드컵 개막을 6개월 여 남겨둔 타이밍으로 보면 다분히 의도된 언급으로 보아야 한다. 혈통발언 끝에 월드컵과 관련한 양국민의 협력과 신뢰회복을 강조한 말로도 그 속셈은 분명해 보였다.
　20일자 뉴스 위크 보도를 보면 황실 측근인사는 "천황은 진심으로 월드컵 개막식에 참석하기 원한다. 그 발언은 자신의 생각을 반영한 것이다"고 말했다 한다.
　재위 13년 기간 중 가장 의미심장하고 정치적인 발언이라는 평가도 있다.
　그가 한국에 오고싶어 하는 데는 전후처리의 완결이라는 역사청산의 의지도 작용할 것이다.
　미국 영국 네덜란드 같은 전쟁 당사국들을 두루 방문한 일본 황실외교의 블랙 홀은 한국이다. 전후 반세기가 넘는 갈등과 반목의 역사가 그렇게 만들었다.
　우리 대통령의 공식초청을 받아놓고도 일본은 마음을 먹지 못한다. 흔쾌히 가슴을 열지 못하기로는 우리도 마찬가지다. 언제까지 이렇게 갈 것인가. 이 절호의 화해 찬스를 놓치고 말 것인가.
　며칠 있으면 고이즈미(小泉純一郎) 총리가 온다. 천황 방한문제가 그의 보따리 속에 들었는지는 모르지만, 길을 닦을 기회도 이번이 마지막이 될지 모른다.
　영국에서도 네덜란드에서도 아키히토 천황은 시위대를 만났다. 한국에서도 그럴 것이다. 그러나 그것을 겁낸다면 역사의 청산은 요원하다. 진정 새 시대를 열어갈 의지만 있다면 못 갈 곳이 어디겠는가.

2002. 03. 19

'외국인 노예'를 부리는 나라

"제발 때리지 마세요"
이런 피켓을 들고 서있는 외국인 근로자들의 모습이 각 신문 1면에 실린 일이 있었다.
달포쯤 전 인권위원회가 출범한 날 청사를 찾아간 그들의 표정에는 고단함과 원망의 빛이 역력했다. 외국인을 때리다니…. 얼마나 많이 맞았기에 저렇게 무리 지어 그런 피켓을 들고 갔을까.
내국인에게도 폭행은 큰 사건인데, 도대체 외국인들을 그렇게 때리는 사람은 누굴까.
이런 의문은 머지 않아 풀렸다. 외국인노동자대책협의회란 민간단체가 세밀에 펴낸 외국인 노동자 인권백서를 읽고 나니, 한국인이란 국적이 부끄러울 지경이었다.
이른바 3D 업종에 종사하는 외국인 근로자들이 임금을 착취당하고 차별을 당한다는 것은 종종 신문에 보도된 사실이다. 그러나 폭행이나 욕설은 일상사이고, 임금을 떼이고 산업재해를 당해도 치료를 받지 못하는 그들의 억울함은 '현대판 노예'란 표현으로도 부족할 지경이다.
한국에 파견될 근로자를 대상으로 극기훈련과 뺨 맞는 모욕 견디기 훈련을 소개한 인도네시아 TV 프로가 침소봉대가 아니었음을 알았다.
백서에 소개된 100건의 인권유린 사례 가운데 범죄수준 아닌 것이 없다.
하루 열 두시간을 휴일 없이 일해야 월 50만원을 주는 노예계약에서, 야간작업만 26일간 계속한 사례, 1년 6개월동안 한푼도 임금을 받지 못했거나, 성 폭행을 당하고도 호소할 데가 없는 여성근로자, 산재를 당하고 강제출국 당하는 사례들은 신빙성을 의심케 했다.
고용업주가 그들의 직장이탈을 막기 위해 임금을 강제적립 시키거나 여권을 빼앗아 두고, 고달픈 노동을 견디지 못해 회사를 떠나면 노예사냥처럼 잡아다 린치를 가하고 임금도 여권도 주지 않는다는 대목에서는 일제에 징용당했던 우리 선대의 비명이 들리는 듯 했다.

그렇게 임금을 뺏기고 몸까지 상한 사람들이 지금도 일본을 상대로 보상투쟁을 하고 있는데, 우리도 그런 나라라면 어떻게 남의 나라에 도덕적 책임을 추궁할 수 있겠는가. 그들의 임금을 착취해 돈 버는데 눈이 먼 일부 중소기업인 몇몇이 일으키는 문제라면 이렇게 떠들 일이 아니다.

그들을 고용하는 업체와 그 업체들의 모임인 협회, 그 인력의 사후관리를 맡은 업체, 불법 체류자를 단속하는 경찰, 외국인 노동정책과 관리를 담당하는 정부에 이르기까지, 어느 한 곳도 이 문제에 떳떳한 곳이 없다는 사실이 너무 얼굴 뜨겁다.

산업기술연수생이란 제도 자체가 구조적으로 임금착취와 인권유린의 소지를 안고 있는 데 문제의 심각성이 있다.

3D 업종 구인난이 심해진 90년대 초 정부는 값싼 외국 노동력을 도입하자는 업계 요구를 받아들여 산업기술연수생 제도를 만들었다. '기술연수 2년+취업1년'이란 틀을 정해놓고, 미숙련 연수생이란 이유로 임금을 착취할 합법적인 길을 열어 준 것이다.

중소기업이 연수생을 고용하려면 1명당 32만 6,000원을 협회에 내야 한다.

7만명이 넘는 현재 인원으로 따지면 연간 230억 시장이다. 그들의 관리를 책임지는 사후관리 업체도 1인당 매달 2만 4,000원의 관리수당을 받는다.

이들 업체가 부담하거나 받는 돈이 모두 그들의 임금에서 나오는 구조이니, 그들이 받는 대우를 짐작하기 어렵지 않다.

정부는 2002 월드컵의 해가 밝아오던 지난 연말에야 비로서 대책을 내놓았다. '연수 1년+ 취업2년'으로 틀을 바꾸고, 그들에 대한 보건 후생혜택의 폭을 넓힌다는 것 등이었다.

국가가 노동력 도입과 관리를 책임지는 노동허가제 도입 여론을 끝까지 외면한 결정이다. 현대판 노예를 부리는 나라라는 국제적인 비난에 어떻게 대처할 작정인지 정말 답답한 노릇이다.

2002. 01. 08

보통만 되어 주세요

"잘못한 거요. 많이 잘못한 겁니다. 고발이 없어서 손을 대지 못한다고 미온적이던 검찰이 이제는 손을 대다가 마는 것 같습니다…검사는 기개와 윗사람 눈치보지 않는 소신이 있어야 해요. 일제 때도 이렇지는 않았고, 건국 초기에도 이렇게 검사들이 뼈다귀 없지는 않았어요"

'대꼬챙이 검사'로 불렸던고 최대교 변호사가 수서사건 수사가 한창 질척거릴 때 인터뷰에서 한 말이다.

그가 지금 살아 있다면 오늘의 검찰에 대해 어떤 말을 할지 궁금하다.

문민시대라는 민주화 첫 관문을 거쳐 평화적 정권교체에 의한 국민의 정부라는 시대에도 그리 달라지지 않은 모습에 절망한 나머지, 인터뷰에 응하지 않았을지도 모른다.

대전 법조비리 사건 처리를 둘러싼 갈등과 불화가 남긴 묵은 상처는 젖혀두자. 국민을 절망 시킨 최근의 일들만 들추어도, 검찰은 정말 너무 한다는 비난을 감수해야 한다.

총수의 동생과 조카 등이 추악한 스캔들에 관련되어 입 방아에 오르지를 않나, 전직 총장의 전화 한 마디에 구속 대상자를 풀어주지 않나, 그 일로 해서 높은 직위의 검사님들이 줄줄이 기소 당하고 사표를 내는 불상사가 터졌는데도 검찰은 변할 낌새가 없다.

화제가 '녹취록'에 이르면 그 저질스러움과 눈 먼 출세욕에 절망하지 않을 사람이 없다. 조직폭력배가 관련된 기업간 고소사건 수사를 지휘하는 간부검사가 사건 관련자와 식사하면서 나눈 얘기가 숨소리 하나 가감 없이 활자로 살아났다.

"이 정부 들어와 가지고 깡패들이… 정치인들과 다 연결돼 가지고 말이야" "인사라는 게 있어…정치권에서 끝까지 노 하면 검사장 못하는 거야"

부장검사가 어떻게 사건 관계자와 단 둘이 식사를 할 수 있는가. 부득이 그런 자리가 됐다 한들 어떻게 그런 말을 할 수가 있는가.

"봉투에 10만원짜리 100장을 해 가지고 갔어요… 그거를 드리니까 부장님도 안받으시네…그래서 저를 멀리 하는구나 하는 생각을 한 거예요"

사건 관계자의 이 말들이 차라리 브로커와 거간꾼이 활개치는 밑바닥 세계의 일이었다면 얼마나 좋을까.

돈을 받지 않았으니 되지 않았느냐고 할지 모른다. 그러나 "명절이 두 번이나 지나갔는데 왜 인사가 없느냐 해서 봉투를 만들어 가지고 갔다"느니, "전에는 제 성의로 받아 주셨는데" 는 무엇인가.

정치인의 면책특권을 제한해야 한다는 검찰총장의 발언은 정말 귀를 의심케 한다. 국회의원이 직무와 관련해 국회에서 한 발언을 밖에서 책임지지 않는다는 것은 세상이 다 아는 정치인의 특권이다. 국정감사나 분과위원회에서 한 질문도 면책특권에 포함된다는 것을 검찰총장이 모를 리가 없다.

정치문제에 가장 중립적이어야 할 검찰 총수가 그런 말을 하고 있으니 검찰중립 원칙은 어떻게 되나.

분당 백궁지구 용도변경 사건에 대한 수사 촉구에는 증거가 없어 수사를 할 수 없다더니, 이용호 게이트 배후로 소문난 여권 인사 실명공개 사건은 면책특권 논란의 소지에도 불구하고 즉각 수사에 착수할 태세다. 검찰개혁안에 아무리 좋은 내용을 담아 그럴 사 하게 포장해 내놓아도 믿을 사람이 없는 이유를 알 것이다.

국민은 최대교 변호사 같은 결벽증 검사를 원하지 않는다. 검사도 유혹에 약한 사람이니까 정의감과 사명감으로 뭉쳐진 완벽한 검사상을 바랄 수도 없다.

그러나 양심과 상식이 통하는 보통 검사는 기대할 수 있지 않을까. 90점, 100점은 몰라도 최소한 60점은 되어 달라는 것이 국민의 염원이다.

동 시대 인구에서 가장 우수한 두뇌를 가진 사람들이 사리분별을 못해서 그런다고 볼 수는 없다. 윗사람에게 잘 보이고 싶은 출세 지상주의 근성에서 벗어나, 명예를 먹고 사는 공익의 대표자라는 긍지를 되찾지 못하는 한, 보통 검사를 바라는 국민의 기대 초차 이루어지기 어려울 것이다.

2001. 10. 23

쌀은 우리 목숨이고 혼이다

대풍이 들어 쌀 막걸리를 담아먹게 됐다고 온 국민이 좋아하던 기억이 새롭다. 20여년 전 일이다. 쌀을 수입해 겨우 먹고 살던 시대에 쌀 자급자족의 비원을 이룬 기쁨을 국민과 함께 나누자는 것이었다.

통일벼 같은 다수확 품종 위주의 증산정책과, 농지를 늘리려는 간척사업이 맺은 결실이었다. 쌀 막걸리를 먹지않아도 그 격양가(擊壤歌) 같은 소리에 괜히 마음이 푸근하고 배가 불렀다.

그 후 20여년간 한 두 해 흉년을 제외하고는 대개 쌀이 남아 돌았다. 공무원들이 나락 알갱이를 세어가며 증산을 다그친 결과였다. 올해도 봄 가뭄이 심해 한 때 농사를 망칠 위기에 처했으나, 농민들의 노력으로 풍년을 맞게 되었다.

풍년 소리가 나오기 무섭게 남아도는 쌀 걱정이 신문 지면을 장식하더니, 지난 주에는 쌀 증산정책을 포기한다는 정부 발표가 나왔다. 쌀이 너무 남아 보관비가 더 들고, 우리 쌀값이 국제시세보다 5배 이상 비싸 외국에 팔 수도 없다는 것이다. 쌀 소비량이 해마다 줄어 그런 고육지책을 쓰지 않을 수 없다는 정부의 설명을 이해하지 못할 사람은 없다.

그러나 올 봄까지도 증산정책을 유지하던 정부가, 바로 얼마 전까지도 쌀 증산에 꼭 필요하다고 새 만금 간척사업의 불가피성을 역설하던 입으로 그런 선언을 하니 너무 느닷없고 갑작스러워 정말일까 싶어진다.

우루과이 라운드(UR) 이후 쌀 시장을 개방하고 추곡 수매량을 계속 줄이면서도 증산정책을 지속해온 속내가 궁금하기도 하다. 쌀 소비를 늘리고 생산을 줄이려는 노력이라도 있었다면 또 모르겠다. 사정이 이렇게 급박하니 농민의 생존과 벼 농사 기반 유지를 위해 쌀밥을 많이 먹어야 한다고 호소해왔다면, 국민의 식생활 패턴이 달라졌을지도 모를 일이다.

쌀 소비를 늘리는 것은 어느정도 정책의지에 달렸다. 묵은 쌀만 쓰는 군대

311

와 사회시설과 학교 급식에 새 쌀을 쓰도록 지원하고, 북한과의 무역과 거래 대금을 쌀로 결제할 수있도록 모색하는 것도 한 방도가 될 것이다. 인도적인 지원 명목으로 묵은 쌀을 보내주면 남북 모두에게 좋은 일 아닌가. 묵은 쌀로는 술과 떡을 빚게 하고, 쌀국수 쌀라면 쌀과자 등등 쌀을 원료로 한 식품 개발과 보급을 행정·재정적으로 지원하면 왜 일등 곡물인 쌀이 창고에서 썩어가겠는가. 그래도 남으면 휴경제, 소득안정 보조제, 고품질 쌀 장려 같은 정책을 써야 한다.

수천 년 전부터 벼 농사를 지어온 우리 민족에게 쌀은 단순한 곡물이 아니다. 그것은 우리의 문화이고 역사였다. 경제요 정치요 사회 그 자체였다. 모든 가치의 으뜸에 있는 그것이 우리의 목숨이요 혼이었음은 강조할 필요도 없다.

그것을 생산하는 논은 생태계 중의 작은 생태계로, 우리의 생활환경과 떼어놓을 수 없는 자연이다. 물을 가두어 홍수를 막아주고 지하수를 공급해 준다. 물과 공기와 흙을 정화시켜주는 벼논의 공익적 가치가 쌀 총생산량의 두 배가 넘는다는 연구결과도 있다.

증산 포기정책의 핵심은 몇년 안에 추곡수매 제도를 없앤다는 것이다. 그렇게 되면 쌀 농사 지을 농민은 없어질 것이고, 논은 밭으로 변해 들판이 온통 비닐하우스 천지가 될것이다. 공장과 아파트와 러브호텔 차지가 되지 않는다는 보장이 있을까.

비상시에 대비하는 식량안보는 걱정하지 않아도 되는 것인지, 도무지 안심할 구석이 없다. 민족의 혼이기도 한 쌀 정책까지 산술적인 경제논리로 풀려는 사람들에게 한 차원 다른 농정철학을 기대할 수는 없을까.

2001. 09. 11

천사의 탈을 쓴 '일본의 스승'

　<후쿠자와 유키치(福澤諭吉)의 아시아 인식>이란 책을 읽고 큰 충격을 받았다. 일본 '근대화의 아버지', '국민의 스승'이라고 추앙 받는 인물이 정말 그런 양두구육(羊頭狗肉)의 인물일까.
　아니면 천사의 탈을쓴 악마였을까. 그를 재조명하는 작업이 왜 사후 100년에야 이루어지는 것일까. 우리는 그의 진면목을 얼마나 알고 있으며, 그에 관한 연구는 어느수준일까….
　이런 의문들이 끝없이 이어지다가 오늘의 일본이 지향하는 정치대국 군사대국의 뿌리가 무엇이며, 왜 후쿠자와 재평가 작업이 늦었는지를 짐작하고 무릎을 치게 된다.
　그리고 일본의 우경화에 저항하는 우리의 밑천이 얼마나 보잘 것 없는 것인지 돌아보게 된다. 일본에 관한 글을 쓰는 사람으로서, 더구나 그가 설립한 대학과 인연을 갖고있는 사람으로서 소임을 다 하지 못한 것이 부끄럽기만 하다.
　지난 연말 나고야 대학 야스카와 쥬노스케(安川壽之輔) 명예교수가 쓴 이 책은 현대 일본인에게 투영된 후쿠자와의 모습이 얼마나 미화된 것이었는지를 잘 보여준다.
　정한론자로 알려져있음에도 불구하고 김옥균(金玉均) 일파를 도와 한국의 개화를 위해 힘써 준 '고마운 인물'로 인식되는 것은 개화운동을 긍정적으로 평가한 근대사 저술들의 방향 때문이리라.
　거기다 유길준(俞吉濬) 이광수(李光洙) 같은 선각자들에 의해 정신적 스승으로 추앙 받은 일이 그에 관한 인식을 왜곡시킨 결정적 계기였다.
　그러나 그가 수 많은 저술과 논설을 통해 빨리 조선을 정복해야 한다고 주장한 사실을 아는 사람은 많지 않다.
　그의 주장과 행동이 일본정부에 의해 어떤 정책과 조치로 나타났던가 하는 문제에 이르면, 왜 우리가 국권을 잃게 되었는지 알 수 있다.

강화도 조약, 동학군 토벌, 임오군란, 갑신정변 같은 근세 한일관계사의 이면에는 언제나 후쿠자와의 음험한 야심과 책동이 있었다. 그 것은 언제나 일본의 침략과 외교정책으로 결실되었다.

1882년 그가 창간한 〈지지신보〉(時事新報)의 사설은 그가 독점 집필하다시피했는데, 너무 노골적으로 한국과의 개전을 주장한 글이 외무성 검열에서 문제가 되어 두 번이나 사설 없이 발행되었을 정도다. 발행정지 처분도 있었다.

그가 얼마나 전쟁광이었는지 한 대목만 보자. 임오군란이 일어나자 그는 "(즉시 출병해) 조선 경성의 지나(중국)병을 몰살하고…해군과 육군을 대거 지나에 투입시켜 북경성을 함락 시키라"고 주장했다.

다음 날은 "수도뿐만 아니라 중국 400주를 유린하라"고 요구했으며, 천황의 친정준비를 촉구하는 다음 날 사설에서는 "천황의 위세로써 아군의 대공(大攻)을 기하는 것이 만전의 책"이라 하였다.

"조선인에게는 나라의 멸망이야말로 행복"이라는 망언도 서슴지 않았다. 말로만 한 것이 아니다. 갑신정변 때는 김옥균 일파의 거사를 돕기 위해 수십 자루의 일본도와 폭약을 보냈으며, 뒤에 이것이 문제가 되어 재판정에 불려 나가기도 했다.

야스카와 교수는 그의 책 서문에서 일본이 왜 다이쇼(大正) 데모크라시에서 쇼와(昭和) 파시즘의 길을 갔으며, 태평양 전쟁 이후의 민주주의가 왜 전쟁국가의 길로 귀착되었는지를 묻고 있다.

침략전쟁의 상징인 일장기와 천황치세를 찬미하는 기미가요를 공식 부활시킨 국기국가법과, 헌법개정 논의를 공식화하는 헌법조사회법 등의 제정을 전쟁국가의 전조로 본 것이다.

그런 보이지 않는 세력과 흐름의 근저에는 언제나 후쿠자와를 흠모하고 그리워하는 마음이 있다는 것이 그의 생각이다.

그것을 모르고 그때 그때 표피적인 대중요법으로만 일관해 온 우리가 그들에게 어떻게 보이겠는가. 우리 학계에는 아직 제대로 된 후쿠자와 연구서 한 권이 없는 실정이다.

2001. 08. 14

신사참배마저 강행하면

일본 정치인들의 야스쿠니(靖國) 신사 참배문제가 나올 때마다 그것이 왜 안될 일이냐고 묻는 사람들이 있다.

나라를 위해 목숨을 바친 호국영령의 영면을 기원하는 게 나쁠 게 무어냐는 논리다. 어느 나라나 국립묘지가 있기 마련이고, 현충일 같은 날 국가 지도자와 유족들이 그곳을 찾아 순국자들의 넋을 보살피는 일은 지극히 당연한 일이다.

그런데 일본 지도자들은 국립묘지를 두고 꼭 야스쿠니 신사 참배를 고집하는 데 문제가 있다.

역대 일본 총리 가운데 유례 없는 인기를 누리고 있다는 고이즈미 준이치로(小泉純一郎) 총리가 당선되면 총리자격으로 그곳에 참배하겠다던 자민당 총재선거 때의 공약을 기필코 이행하겠다고 벼르고 있다.

80년대 이전 수준으로 되돌아간 중학교 역사교과서 문제와, 러시아 남 쿠릴 열도 근해 한국어선 조업문제로 폭발직전 상황인 한일관계에 기름을 부을 일이다.

도쿄 궁성 옆의 벚꽃명소 치도리가부치(千鳥淵)에 신원불명 전몰자 유골을 수용한 납골시설이 있다. 태평양 전쟁 후 설립된 국립묘지 같은 성격의 묘원이다.

일본 야당의 제안대로 정식 국립묘지를 만들어 그곳에 참배한다면 우리가 된다, 안 된다 할 이유가 없다.

유골은 없이 위패만 있는 곳에 굳이 참배하겠다는 이유가 무언가. 바로 옆에 있는 국립묘지 같은 곳을 두고 꼭 이곳을 고집하는 속마음에 '대일본 제국주의' 시대를 그리워하는 마음이 숨어있는 건 아닐까. 이런 의심이 꼭 피해의식 때문일까.

왜 그곳에서 그런 피해의식이 연상되는가. 이런 질문에는 "그럴 수 밖에 없다"는 말 밖에 간단한 대답이 없다.

그곳은 제국주의 시대 일본과 천황의 상징이다. 신도가 일본의 국교였던 시대 메이지(明治) 천황에 의해 창설된 이 신사에 영혼으로 잠들 수 있는 자격은 오직 천황을 위해 싸우다 죽은 혼령 뿐이었다.

도쿄 구단(九段) 언덕 위에 있는 야스쿠니 신사에 한번 가본 사람은 위압적인 분위기에 압도당하지 않을 수 없다.

진보세력과 외국인을 배척하는 극우단체 가두시위의 출발점과 종점은 언제나 그곳이다. 옛날 제국 육군 군복 차림으로 황실문양이 새겨진 깃발과 시위차량을 앞세운 그들의 표정에는 지난 날에의 자부심과 오만이 흘러 넘친다. 군국주의 시대를 추억하고 기념하는 유물과 기념물들도 모두 그곳에 모여있다.

이 신사에 합사된 264만여 위의 혼령 가운데는 청일·러일·중일전쟁, 제1차 세계대전, 태평양 전쟁 같은 제국주의 팽창정책 희생자들과 함께 '한국진압' 희생자들도 들어있다. 한국진압이란 무언가. 일본의 강점에 항거해 봉기했던 의병들과 동학혁명군과의 전투에서 죽은 일본군을 말하는 것이 아닌가.

무엇보다 이웃의 신경을 자극하는 것은 이 신사에 태평양 전쟁 A급 전범들의 혼령이 잠들어 있다는 사실이다.

연합국 군사재판(도쿄재판)에서 A급 전범으로 선고된 전쟁광 도조 히데키(東條英機) 등 7명의 위패가 1979년 4월 은밀하게 이곳에 안치된 사실이 알려지진 뒤 일본 국내에서도 정치인 참배가 문제가 되었다.

수천 수억의 아시아 여러 나라 국민을 전쟁 피해자로 만든 범죄자들이 잠든 곳에 국가 지도자가 참배하는 것은 그 전쟁을 정당화하는 일로 비추어 진다. 일본의 유력신문은 엊그제 사설을 통해 그것이 헌법위반이라고 강조했다.

헌법위반 여부는 일본 국내문제이므로 관심이 없다. 다만 수 많은 전쟁 피해자와 그 유족들이 이웃에 살아있는 동안은 그것이 절대 도의적으로 용납될 수 없다는 것을 분명히 해둘 필요가 있다. 법에 우선하는 것은 사람으로서의 도리다.

2001. 07. 10

그 죽음 앞에 떳떳한 사람은

'대도'라는 별명으로 유명했던 조세형씨가 수감생활중 온몸을 던져 세상을 향해 외치고 싶은 일이 있었다.

엄상익 변호사가 그와의 면담을 근거로 98년 시사월간지에 기고한 글을 보면, 청송교도소 재소자 시절 조세형은 박영두라는 재소자가 아무 잘못 없이 교도관들에게 맞아죽은 일을 세상에 알리기 위해 탈주극까지 벌였다.

이 충격적인 사실이 변호사 이름으로 고발되었지만, 세상은 그 일에 별로 관심을 갖지 않았다.

필자도 예외가 아니었다. 범죄자의 말이라고 믿고싶지 않았던 것은 아니다. 그보다는 그 글의 주인공인 조세형 석방 여부가 달린 항소심 선고공판에 세속의 관심이 집중된 때문이었다.

그런데 진상은 엉뚱하게 밝혀졌다. 대통령 직속 의문사진상규명위원회 직권조사 결과 박영두의 사인이 교도관들의 집단폭행이었다는 사실이 지난 주 보도되었다.

엉뚱하다는 것은 살인자들과 그 조직원들의 조직적인 은폐공작에도 불구하고, 현장을 목격한 교도관이 양심의 가책을 못 이겨 17년 만에 의문사진상조사위원회에 제보를 했다는 점이다. 성공적으로 은폐했다고 믿었던 일도 그렇게 폭로될 수 있다는 좋은 사례.

"저 새끼들이 박영두 얼굴에 타월을 뒤집어 씌우고 개 잡듯이 몽둥이로 두들겨 팼어. 박영두가 세번이나 기절을 했는데도 찬물을 끼얹어 가면서 패고 또 패고… 한 쪽에 나를 붙잡아 세워놓고… 나더러 똑똑히 보라 이거지, 나쁜 00들…." 엄 변호사 글에 나오는 목격자의 울부짖음이다.

84년 10월 13일 청송교도소의 한 말썽꾸러기 재소자는 교도관들이 자신을 겁주기 위해 비교적 양순한 동료를 불러내 의도적으로 그렇게 한 것이라면서, 온 감방이 다 들리도록 큰 소리로 울었다.

그렇게 얻어맞은 박영두는 조세형의 옆방에 던져졌다. 처절하게 어머니를 부르며 살려달라고 애원하는 울부짖음을 들으면서 조세형은 "박영두가 죽어간다"고 소리쳤지만 교도관은 엄살이라면서 들은 척도 않았다.

다음 날 새벽 피멍과 말라붙은 피로 얼룩진 박영두의 시체가 교도관들에게 들려 나가는 장면이 조세형에게 목격되었다.

의문사진상조사위원회 조사기록에는 그때까지 손발이 결박된 상태였고, 바지에 똥이 묻어 있었으며, 윗니로 아랫입술을 깨문 채 죽어있었다고 적혀있다.

교도소측은 "기상시간에 박영두가 갑자기 쓰러져 의무과로 옮기는 중 숨졌다"고 속였다. 사인은 심장마비라 둘러댔다.

교도소측은 즉시 통영에 있는 가족에게 전보를 쳤지만, 다음날 형과 동생이 교도소로 달려갔을 때는 시체는 이미 매장된 뒤였다. 날씨가 더워 시신을 오래 보관할 수 없었다는 것이 유가족 동의 없이 시신을 처리한 유일한 이유였다.

검찰 지휘로 의사의 검안과 부검절차까지 거쳤다던 그의 시체는, 99년 유족이 이장할 때 관을 열어보니 양말을 신은 채 옆으로 누운 상태였다.

조사결과 그 때 박영두를 때려 죽인 살인자 무리의 주동자는 그 뒤 암으로 죽었고, 한 사람은 과테말라로 이민을 갔다. 몇 사람은 퇴직했고, 한 사람은 아직 재직중이다. 이민자는 현지 대사관을 통한 서면조사에서 폭행혐의를 부인했고, 퇴직자 한 사람은 그에게 수갑을 채우고 포승으로 묶은 사실까지는 시인했다. 교도소장 검안의사 등도 책임을 회피하고 있다.

엄상익 변호사가 조세형 변론과정에서 알게 된 이 사건을 문제 삼으려 했을 때 검찰과 법무부 고위 관계자들의 압력이 대단했다.

"확실한 증거가 있느냐"는 검찰의 으름장에 주춤할 수 밖에 없었다고 했다. 학교 선배인 한 고위관리는 "1만 2,000명 교도관의 명예를 위해 덮어 달라"고 부탁했다.

언론도 사실을 부인하는 법무부 측 보도자료를 근거로 기사를 쓰지 않았다. 아무 죄 없이 삼청교육대에 끌려갔다가 청송교도소까지 넘어간 이름 없는 재소자의 기막힌 죽음 앞에 부끄럽지 않은 사람은 누군가.

2001. 06. 12

北의 천지개벽을 위하여

천지개벽이 유행어가 됐다. 김정일(金正日) 북한 국방위원장이 중국방문 중 상하이(上海)를 둘러보면서 받은 충격을 표현한 말이다. 십 수년 전 방문 때와 너무 달라진 모습에 그렇게 놀라기도 했을 것이다.

북한이 요 몇 달 사이 그런 모습으로 변하고 있다면 믿을 사람이 있을까. 더구나 '먹고 사는 문제'에 천지개벽이 일어나고 있다면 더욱 이해하기 어렵다 할 것이다.

그러나 기근 문제가 풀려가고, 따라서 사회 분위기가 좋아지고 있는 것만은 사실인 것 같다.

한 시사 월간지 신년호에 실린 중국동포의 친척 방문기에 최근의 북한 실상이 잘 그려져 있다. 필자 정동구씨는 13쪽 분량의 방북기 말미에서 먹을 것이 조금 풀리니 청진역 일대를 떠돌던 수백명의 꽃제비들이 50여명으로 줄었더라면서, 정말 천지개벽이라고 썼다.

북-중 국경지대에서 날아오는 뉴스에도 탈북자 감소와 제재 완화, 국경무역 급증 같은 낭보가 많다.

중국 옌볜에 사는 정씨는 지난 10년간 해마다 곡식 수레를 끌고 함경북도 회령에 있는 삼촌과 고모 집을 방문했는데, 지난 11월에 갔을 때는 첫인상부터 활기찬 분위기가 전년과 너무 달라 마음이 놓였다고 했다.

중국 사는 조카가 왔다는 소문에 몰려든 일가와 이웃 사람들을 위해 큰 가마솥에 두 번이나 밥을 해내고, 두부 배추국에 중국 술을 곁들여 동네잔치가 되었다. 전 같으면 이런 먹자판을 상상이나 하겠는가.

99년 11월 일본의 시사 월간지에 실린 조선족 방북기에는 중국친척에게서 식량원조를 받는 사람들이 그 사실을 숨기기에 전전긍긍하는 모습이 잘 그려져 있다.

사실이 알려지면 식량을 나눠달라는 일가들의 부탁에 시달려야 하고, 절도나 강도 피해까지 걱정해야 한다는 것이었다. 식량을 꽁꽁 숨겨두었다가 조금씩 옥수수로 바꿔 죽을 쑤어 하루 두 끼를 때워야 했다.

그런데 이제는 끊겼던 배급이 다시 나오기 시작해 그럴 필요가 없다는 것이다. 9월까지는 한 달에 10일분이 지급되다가 11월부터는 20일 분으로 늘어 조금 여유가 생겼다.

30일분을 받을 때도 모자란다 했는데, 20일분으로도 부자살림 하게 됐다고 좋아하고 있다. 옥수수 야채밥이지만 희멀건 풀대죽 신세를 면하게 된 것이다.

다음날 아침 친척들은 모두 출근을 했다. 오랫동안 닫혔던 담배공장과 농기계 수리공장이 다시 돌고, 끊겼던 월급도 나오기 시작했다.

청진조선소와 성진제강소 같은 기간산업체 굴뚝에서도 연기가 솟고 있었다. 중국과의 통상문호가 개방돼 그 쪽에서 원자재가 들어오고, 제품이 나가고 하기 때문이다.

무료함을 달래려고 시장에 나가보니 점포마다 온통 중국제품으로 넘쳐 났다. 값은 상상을 초월할 정도로 비쌌지만, 자본주의 사회의 상징인 시장이 생긴 사실이 북한의 변화를 말해주지 않는가.

상하이의 천지개벽을 보고 돌아오는 길에 김정일은 신의주에서 2박3일간 공업단지를 둘러보면서 '현지지도'를 했다.

장쩌민(江澤民) 주석과의 정상회담 때 단둥(丹東)과 신의주를 묶어 경제특구를 만들기로 했다는 소식과 무관하지 않은 행보다.

북한 TV방송이 28일 김정일의 중국 방문 기록영화를 방영한 것도 중국식 개혁 개방에 대한 그의 집착을 보여주는 것이라 하겠다.

북한의 진정한 개방의지에 관한 논란이 정리되지 않았지만, 10년 가까운 식량난 끝에 문제가 풀려가는 것도 부분적인 개방정책의 산물이 아닐까.

북한의 진정한 천지개벽을 위해 체제 유지를 전제로 개방과 개혁에 도움이 되는 일들을 찾아내고, 여건을 조성하는 것이 우리가 할 일이라 생각된다.

2001. 01. 30

지난 시대가 그리운 까닭

 미국 신문 <시카고 트리뷴>은 꼭 100년 전인 1901년 1월 1일자에 19세기를 되돌아 보고 20세기를 전망하는 특집지면을 내놓았다. 환상적인 물질문명의 발전이 인류에게 큰 축복을 갖다 주었다는 것이 19세기 회고의 주조였다.
 환상적이란 표현으로 상찬한 물질문명의 발전이란, 방직기 같은 기계류의 발달, 자동차 기차 같은 교통수단의 발명, 전기와 통신수단의 발명 등을 이르는 말일 것이다. 한꺼번에 많은 옷감을 쏟아내는 기계와, 짧은 시간에 많은 승객을 멀리 실어 나르는 기차가 생활의 혁명을 가져다 주었으니 그렇게 흥분할 만 한 변화였으리라.
 여기에 종교·교육·사상의 자유를 얻어내 인간적인 생활을 할 수 있게 되었고, 의학과 위생학의 발전으로 생명의 연장이 가능하게 되었으니, 이 보다 더 큰 축복이 있겠는가. 다만 아름다움의 형상화와 음악·문학·건축 등 예술분야의 발전이 18세기만 못한 것이 애석하다 하였다.
 이런 변화를 근거로 20세기를 전망하면서 시카고 트리뷴은 "물질문명 발전에 대한 관심이 저하되고, 배금주의 풍조도 한 풀 꺾일 것"이라고 내다보았다. 물질문명에 염증을 느끼게 되는 세상에서는 아름답다는 것이 유용한 것보다 상위개념이 될 것이고, 물질보다 정신문명을 더욱 추구하게 될 것이며, 휴머니티와 인류애의 장(場)도 실현될 것이라는 꿈 같은 전망이었다. 방직기와 기차 정도로 더 이상 물질문명에는 관심이 없고, 아름다움에 더큰 관심을 갖고싶어 한 20세기 사람들의 순진성을 보는 것 같다.
 같은 시기 일본에서는 '미적(美的) 생활'이 화두가 되었다. 문예평론가 다카야마 초규(高山樗牛)가 <태양>이란 잡지(1901년 8월 호)에 '미적생활을 논함'이란 글을 쓴 것이 계기였다. 그는 물질의 풍요와 사회적 지위보다 귀중한 것이 있다면서, "가난하고 희망을 잃은 청년들아 슬퍼하지 말라, 미적생활이 복음이다"하고 외쳤다. 대유행이 된 미적생활이란 말은 한 수재청년을 죽음으로 내몰아 일본열도가 떠들썩하였다. 수재들의 집합소인 제일고등학교 학생 하나가 유명한 관광지 닛코(日光)의 폭포(華嚴瀑)에서 투신자살을 한 것이다. 불가해(不可解)란 말을 남긴 18세 청년의 죽음을 세인은 미적생활에 실패했기 때문이라고 해석하였다. 그의 자살은 많은 추종자를 불러 닛코는 자살의 명소가 되었고, 지금도 명맥을 이어가고 있다.

그 때 한국은 어떠했는가. 아름다움이니 휴머니즘이니 하는 배부른 소리를 할 형편이 아니었음은 굳이 되풀이할 필요도 없을 것이다. 극심한 흉년으로 유리걸식하는 무리가 넘쳐 나 없어졌던 혜민원을 다시 만들어 기민을 진휼한 것이 1901년이었다. 물질문명의 측면에서 보면 전년에 경인철도가 완전 개통되었고, 이 해에 경부선이 기공되었으며, 서울시내에 가로등이 처음 켜졌다. 정치적으로는 한반도를 탐내는 이리 떼 같은 열강들의 아귀다툼이 노골화되어, 러시아 정부가 열국들의 공동보호 아래 한국을 중립화하자는 제안을 내놓은 때였다.

이제 그렇게도 목마르게 기다려 오던 21세기가 시작되었다. 2000년대의 개막과 함께, 마치 요순시대가 기다리고 있는 것처럼 앞당겨 맞이하고 싶었던 새로운 세기다. 그러나 달라진 것이 무엇인가. 21세기의 여명에 100년 전을 되돌아 보는것은, 문명과 탐욕이 초래한 이 어지러운 세태가 너무 지겨워서다.

정치판의 돈 싸움- 특히 선거자금을 둘러싼 저 끝없는 진흙탕 싸움을 보고 있노라니, 타임 머신의 바늘을 100년 전으로 되돌리고 싶은 욕망이 간절하다. 저 순진한 19세기 사람들이 그립다.

2001. 01. 08

가신들이 주무르는 정치

일본의 대표적인 고전에 <추신구라>(忠臣藏)란 작품이 있다. 1700년대 초 에도(江戶·도쿄)에서 있었던 사건을 모델로 한 이 작품은 충의를 강조할 때 자주 인용되곤 한다.

억울하게 죽은 주군의 원수를 갚은 47명의 가신이 집단자살하고 마는 끔찍한 스토리다. 아코(赤穗) 번(藩) 영주 아사노 다쿠미노가미(淺野內匠頭)가 에도 성에서 자신을 괴롭히던 기라 고즈노스케(吉郞上野介)를 칼로 쳐 상처를 입히는 사건을 일으킨다.

이 하극상 사건으로 아사노가 할복자살 형을 받고 억울하게 죽자, 아코 번 가로(家老·가신의 우두머리) 오이시 구라노스케(大石內藏助)가 46명의 가신을 이끌고 기라 저택을 습격, 원수를 갚은 뒤 전원 할복자살하고 만다.

추신구라의 스토리를 장황하게 늘어놓은 것은 가신들이 죽은 주군의 명예 회복을 위해 목숨을 초개같이 버리는 그 처절한 충의정신을 강조하고싶어서다.

최근 며칠동안 이 땅의 가신이란 사람들이 보여준 행태와 너무 대조적이어서 자꾸만 그 일화를 곱씹게 된다.

앵커 출신의 여당 최고위원이 대통령에게 이 정권의 가로 격인 최고위원 한 사람을 지목해 퇴진시켜야 한다고 진언한 일을 계기로, 가신들 사이에 목불인견의 권력 싸움이 벌어졌다.

고양이 목에 방울을 단 용기로 비유된 이 발언으로 그간 세상에 나돌던 여러 가지 소문들이 일부 사실로 확인되었다. 금융기관 불법대출 의혹 같은 큰 사건이 터질 때마다 여권실세 개입설이 나돈다는 것, 고생한 사람들을 무마한다는 명목이지만 몇몇 실세들이 인사를 좌지우지한다는 것, 그래서 그 실세가 YS 정권 때의 김 현철처럼 투영되고 있다는 것 등이 퇴진사유로 거론되었다.

이권 개입설에 대해 당사자는 유언비어라고 얼버무렸고, 인사 개입설에 대해서는 민주화 투쟁 때 고생한 동지들 몇 사람 취직시킨 것을 가지고 그럴 수 있느냐는 반응을 보였다.

본인은 몇 사람이라 했지만 그의 측근은 "동지들의 취직은 100명 정도에 불과하다"고 말했다. 정부와 당, 민간업체 인사에까지 무성하던 특정인사 입김설이 사실로 확인된 셈이다.

정부에 공식직함도 없는 사람이 100명의 인사에 관여했다는 '자백'을 어떻게 해석해야 하나. '대통령이 일일이 인사문제를 챙길 수 없기 때문에 중구난방식 인사를 막기위한 최소한의 보좌'라는 것이 측근의 설명이었다.

당의 인사라면 관련 당직자와 기구가 있을 것이요, 정부 인사라면 해당 부처와 중앙인사위원회 같은 공식기구가 있는데, 어떻게 당 최고위원이 그런 막강한 권력을 휘두를 수 있는지 놀라울 뿐이다.

이 정권 출범 때 동교동계 가신이라 불리던 사람들은 대통령에게 부담을 주지 말아야 한다면서 일체 공직을 맡지 않겠다고 결의했었다. 그런데 같은 당 동료 입에서 제2의 김현철 이란 소리가 나올 정도로 국정에 깊숙이 관여하고 있으니, 차라리 책임 있는 공직을 차지함만 못하다. YS를 반면교사로 삼아 그 반대로만 하면 된다던 다짐들은 다 어디 갔나.

퇴진공방으로 인한 가신들의 주도권 싸움은 어느 쪽에도 이로울 것 없다는 판단에서인지 작전상 휴전에 들어갔다. 문제가 해결된 것이 아니라 미봉 상태로 설합 속에 넣어둔 꼴이니 언제 다시 터질지 모를 일이다.

이번 권력투쟁을 통해 우리는 나라가 시스템과 합의에 의해 굴러가지 않고, 비공식적인 사조직에 의해 움직여왔다는 사실을 확인했다.

그들에게 추신구라의 가신들처럼 붉은 충의정신을 요구할 생각은 없다. 그러나 자신들의 탐욕으로 주군을 곤혹스럽게 하고 나라를 위태롭게 했다는 것을 안다면, 할복은 그만두고 조용히 물러나 참회하는 것이 도리가 아닐까.

2000. 12. 11

의사 선생님, 제발 돌아와요

병원에 갈 일이 없던 젊은 날 우연히 의사란 직업을 존경하게 됐다. 가까운 친구가 술을 마시고 집에 가다 넘어져 머리를 크게 다쳤는데, 뇌에 충격이 컸던지 식물인간 상태가 되었다.

소생할 가망이 없다는 병원측 '선고'를 받고 가족과 친구들은 절망했으나 오래지 않아 그는 병상을 박차고 일어났다. 수련의(지금의 전공의) 한 사람의 헌신적인 보살핌 때문이었다. 친구와 그 의사는 의형제를 맺어 지금도 가까이 지내고 있다.

오래 전 어머니가 교통사고로 돌아가셨을 때도 의사의 고마움을 절감했다. 길을 건너다 택시에 치인 어머니는 무의식 상태에서 병원에 실려갔는데, 나중에 주검을 보니 머리에 수술흔이 있었다. 마지막까지 최선을 다 한 두개골 절제수술 자국이었다. 신원도 모르는 환자를 어떻게 해서든 살려보려고 노력한 이름 모를 의사가 너무 고마워 인술이란 말이 절로 떠올랐다.

몇 해 전 내가 사고를 당해 사경에서 목숨을 건지고부터는 의사에 대한 존경이 '신앙'으로 변했다. 강한 타박으로 늑골이 부러지면서 뼈 끝이 비장을 찔러 내출혈이 시작되었는데, 나는 지독한 통증이 가신 뒤 이젠 괜찮으려니 하고 사무실로 돌아가려 하였다.

그러나 갑자기 오한과 현기증이 일어나 몸을 지탱할 수가 없어서 응급실 간이침대에 누었다. 오한과 어지러움은 더욱 심해지고, 의식이 몽롱해지기 시작했다.

연락을 받고 달려온 가족의 눈에 내 얼굴색은 백지 같았다 한다. 응급수술 당시 내출혈량이 3,000cc였다 하니 수술이 조금만 늦었으면 살아날 수 없는 상태였다.

인간에게 목숨보다 소중한 것이 무엇인가. 부귀, 영화, 명예, 권력, 쾌락, 안락…. 인간이 추구하는 이 모든 가치도 목숨이 있을 때 소중한 것이지 죽고 나면 무슨 소용인가.

　죽어가는 목숨을 살리고, 병을 고치는 직업에 충실할 때만 의사가 존경 받는 것은 너무 당연한 일이다.

　2000년 한국 의사들이 여전히 그런 존경의 대상이 되느냐는 질문에는 대답을 머뭇거리지 않을 수 없다. 의료제도가 마음에 들지 않는다고 걸핏하면 일제폐업이요 툭하면 파업이니, 목숨이 위태롭거나 병고에서 벗어나고싶은 환자들의 절망과 고통이 어떻겠는가.

　존경과 고마움도 치료를 받을 때의 얘기다. 의사가 있으면서도 치료를 받지 못해 응급환자가 죽거나 입원환자의 병이 깊어지면 원망과 원한의 대상이 된다. 병원경영이 어려워져 적자가 쌓여가는 것을 왜 모른 체 하는가.

　의료제도에 많은 문제가 있음을 널리 알리는데 성공했으니 투쟁의 명분은 어느 정도 인정 받은 셈이다. 의약정 3자 협의가 타결된 마당에 합의안을 수용하지 않으려는 일부 의사들의 움직임은 수긍하기 어렵다.

　협상권을 위임한 대표단이 내린 결정이다. 다소 불만이 있어도 받아들이고, 그간의 노고를 위로하는 것이 구성원으로서의 도리가 아닐까. 소속과 직급과 신분에 따라 이해관계가 다른 그 많은 의사들을 골고루 만족시키는 합의안이 어떻게 존재할 수 있는가.

　의료 소비자인 수천만 국민과, 상대 업계인 약계가 있는데 어떻게 자신들의 이익만 내세울 수 있는가.

　의협 집행부와 의대교수 등 지도층은 합의안이 부족한대로 수용할 만 하다고 평가하고 있다.

　국민은 이쯤에서 투쟁을 끝내고 환자들 곁으로 돌아오기를 학수고대하고 있다. 남은 과제는 곧 구성될 대통령 직속 의료제도개혁특별위원회에 위임하고 지켜볼 일이다.

　오는 30일은 의사들이 '봉기' 한지 1년이 되는 날이다. 또 해를 넘겨 투쟁을 계속한다면 돌아선 국민의 마음을 되돌리기가 불가능하다는 것을 알아야 한다.

2000. 11. 20

어느 장애인의 죽음

　가난한 장애인이 생활고로 죽었다. 18일 충남 천안에서 단칸방에 세 들어 홀로 살던 40대 지체장애인이 농약을 마시고 목숨을 끊었다. 그는 "가족의 생계를 책임지지 못해 미안하다"는 유서를 남겼다.
　장례는 치르지 말라는 내용도 들어있었으나, 장례를 치를 형편도 못 되는 살림이었다. 아들이 둘 있지만 이제 열 일곱 살인 장남은 돈이 없어 학교도 다니지 못하고, 중국음식점 종업원으로 일하며 따로 살고 있다.
　국가가 모든 국민의 최저생계를 책임진다는 기초생활보장제도가 시행되자마자 가난한 사람이 그 제도 때문에 죽은 사실을 어떻게 이해해야 할 것인가. 생활보호 대상자였던 그는 지금까지 정부로 부터 월 21만원씩을 보조 받아 그럭저럭 살아왔으나, 새 제도 시행으로 보조금이 월 6만 2,000원으로 줄어 연명하기가 어렵게 됐다고 낙담했다 한다.
　생계 보조금이 깎인 이유는 중국 집에서 일하는 아들이 월 50만원의 수입이 있다는 것이었다. 학교에도 못 다니는 미성년자가 자신의 용돈조달을 목적으로 버는 것을 가족 생계비로 치부해 보조금을 그렇게 깎았으니 그가 새 제도를 얼마나 원망했을까.
　며칠 뒤 서울에서도 비슷한 사건이 있었다. 역시 월 21만원씩 생계보조금을 받던 장애인이, 아내의 파출부 수입을 이유로 7만원 밖에 못 받게 되자 아파트에서 뛰어내린 것이다. 그는 모자라는 생활비를 벌어 보려고 동사무소에 찾아가 취로사업을 지원 했으나 간질증세 때문에 안 된다는 말을 듣고 분을 참지 못했다고 한다.
　광주에 사는 한 장애인은 "10월부터 기초생활보장제가 시행된다는 기사를 읽고 눈물을 흘리며 좋아했는데, 장애인 카드를 반납하라고 하니 이런 제도라면 없는 편이 낫다"고 말하고 있다. 의료 등에 혜택이 큰 카드를 회수당하면 더 손해라는 것이다.
　정부는 이 제도 시행을 앞두고 참 많은 생색을 냈다. 2000년 10월이 되면 아무리 가난한 사람들도 4인 가족 기준으로 월 93만원의 생계비를 받게 된다고 큰 소리로 선전해 왔다. 국민은 최소한의 생활을 보장 받을 권리가 있고, 국가는 그것을 보장할 의무가 있다고 강조하면서 '복지국가'란 말을 자주 입에 올렸다.

가난 구제는 나라도 못한다는데, 그 많은 돈을 공짜로 준다니 정말 좋은 세상이 오는구나 싶었다. "그렇다면 땀 흘려 노동할 사람이 누가 있겠느냐"면서 돈을 너무 많이 주는 것 아니냐고 걱정하는 사람도 많았다.

그러나 그것은 가난한 사람들을 잠시 꿈에 부풀게 했던 남가일몽(南柯一夢) 같은 것이었다. 제도 시행을 목전에 둔 지난 9월 정부가 발표한 수급기준을 보고야 사람들은 선전과 실제가 크게 다르다는 것을 알았다. 재산도 수입도 없고, 가족 가운데 근로능력 있는 사람이 아무도 없는 경우라면 4인 가족 기준으로 월 70만원 정도를 받을 수 있다는 것이다.

이런 조건에 해당되는 경우가 많지않은 것이 현실이고 보면, 그것은 행정가들 서류 속에만 있는 혜택일 수 밖에 없다. 혼자 살던 장애인이 자살을 택한 사건이 이 제도의 허구성을 상징적으로 보여주었다.

꼭 혜택을 받아야 할 사람이 못 받고, 받아서 안될 사람이 받는 적정성 문제도 있다. 정부는 86만여 가구 194만여 명을 대상으로 5개월간의 조사 끝에 150만여 명을 보장 대상자로 선정했다. 이 과정에서 기존 생보자중 수입이 기준 이상인 부적격자 27만여명(18%)을 탈락시켰다.

생보자 혜택을 받다가 기초생활 보장 대상에서 탈락된 사람이 27만 명이 넘는다는 것은 새로 선정된 사람들 중에도 부적격자가 적지 않으리라는 짐작을 가능케 한다. 최근 한 국회의원이 일선 사회복지 전담직원 400여명을 대상으로 실시한 설문조사를 보면, 응답자의 63.6%가 "대상자 선정과정에서 기초 자치단체장이나 지방의원, 또는 담당 공무원으로부터 압력과 청탁을 받았거나, 그런 말을 들었다"고 응답했다. 조작된 극빈자가 많이 있을 수 있다는 개연성이 여기서도 발견된다.

이 제도마저 불평 불만의 대상이 되면 정말 큰일이다. 새 제도가 진정한 서민보호 장치가 되려면 억울한 사람과 뻔뻔한 사람을 찾아내 부단히 제도를 보완해 나가야 한다.

2000. 10. 30

달라진 것이 무엇인가

3년전 이맘 때 차를 바꾸었다. 외국근무를 마치고 돌아와 새로 뽑은지 3년 반 밖에 안된 차를 바꾼 것은 고장이나 싫증 때문이 아니었다. 기아자동차가 30% 할인판매 중이어서 새차를 싸게 장만할 좋은 기회였다. 위기에 처한 기아를 돕는다 의미도 없지 않아 1,000만원을 선뜻 써버렸다. 그리고 달포쯤 지나 IMF 구제금융 시대가 시작되어 두고두고 무모한 결정을 후회하곤 하였다.

한달 앞도 내다보지 못한 단견이 부끄러워 빛 바랜 그 때의 신문철을 뒤적여 볼 때가 있다. 97년 10월 초순에는 기아자동차 처리문제, 유가폭등으로 인한 경상수지 비상, 공기업과 정부 산하기관들의 비만증과 낙하산 인사 고발기사 등이 지면을 크게 장식하였다.

중순에는 김대중 국민회의 총재의 비자금 문제가 시끄러운 가운데, 정치 불안 때문에 한국기업 신뢰도가 아시아 최하위권으로 추락했다는 와튼경제연구소 조사결과, 외채위기를 걱정하는 특집, 주가 대폭락으로 인한 증시 공황상태, 기업들의 부도공포로 금융경색이 심화했다는 기사가 불안을 고조시키고 있다.

하순에는 세계증시 폭락으로 금융계가 공황상태에 빠졌고, 외환시장이 마비됐으며, 외국 투자가들의 집단이탈로 주가 500선이 무너졌다는 기사가 심상찮은 앞날을 예고하고 있다.

그러나 정부는 연말 종합수지가 80억달러가 될 것이라 장담했고, 한국개발연구원(KDI)은 98년 체감경기 호전을 전망했다. "우리 경제의 펀더멘털은 튼튼하니 걱정 없다"는 경제관료들의 유행어가 이때부터 시작되어 1,000만원 투자를 망설일 이유가 없었다. 그러나 다음달 외환위기가 닥쳐오고 보너스가 동결되면서부터 시작된 고통은 아무리 경제에 대한 무지를 탓해도 위로받을 길이 없었다.

월급인상이 동결되고 수당이 깎여도 칼바람같은 구조조정 한파에 살아남은 것만을 다행으로 여기며, 여차하면 중고차 시장으로 차를 몰고갈 각오를 하고 있었다. 직장을 잃은 동료들은 칼바람보다 더 매운 절망의 겨울을 맞아야 했다.

그 이후 우리 사회에는 큰 변화가 일어났다. 국가부도 위기 속에 치러진 대선에서 사상 처음으로 투표에 의한 정권교체가 이루어졌고, 국난을 극복하려는 눈물겨운 노력이 국민을 감동시켰다. 장롱 속에 보관했던 아이들 돌 반지류와 회사에서 받은 장기근속 금배지까지 모두 풀어내야 100만원어치도 안되었지만, 구국운동에 끼어든다는 참여의식이 길고 긴 고난의 터널을 빠져나가는 힘이 되었다.

고맙게도 국난은 극복되었다. 국제수지는 3년연속 100억달러 이상 흑자를 눈앞에 두고 있다. 유흥가와 행락지와 공항이 다시 붐비기 시작했고, 백화점 1층 점포들은 다시 수입품과 고가품으로 점령되었다.

그러나 크게 달라진 것은 없다. 남북관계가 크게 발전한 것을 빼면 세상은 나아진 게 없다. 아니, 어쩌면 3년 전 그 때와 그렇게 닮아갈까 하는 발견에 놀라게 된다. 잊어버린 악몽처럼 끔찍한 대우자동차 문제가 다시 터진 것은 그 때 없던 일이라 해도, 한보 망령이 되살아났으니 타임머신을 타고 그 시절로 되돌아간 기분이다.

사소한 문제로 정치권이 죽기 살기식으로 싸우는 것도 옛날 그대로고, 정부와 공기업과 기관의 요직을 특정지역 사람들이 독차지한다는 끝 없는 논란은 흘러간 노래 복사판 같다.

우리는 열심히 하는데 정치권이 싸우느라고 민생법안을 처리해주지 않아 경제문제를 풀 수 없다는 관료들의 푸념도 많이 들어본 말 아닌가. 포장마차에서는 제2의 IMF가 왔다는 한숨이 높아가는데, 보유외환이 넉넉하고 무역수지가 흑자인데 무슨 걱정이냐는 관료들의 낙관론은 펀더멘털론을 상기시킨다. 그러나 이제는 정부가 아무리 장밋빛 전망을 내놓아도 자동차 세일에 현혹되지 않을 자신이 생겼으니 그것이 달라진 것인가.

2000. 10. 09

감은사 쌍탑 앞에서

　감은사 터에 가보고 문명이란 무엇인가, 문화는 시대와 어떤 관계인가를 자주 생각하게 되었다. 경주에 갈 때마다 감은사 탑을 보러가리라 벼르기만 했을 뿐, 짬을 내기 어려워 답사를 미루곤 했다. 몇해 전 유홍준 교수의 문화유산 답사기 '아! 감은사, 감은사 탑이여!'를 읽고는 욕망이 더 커졌다.
　그리움을 잔뜩 키워 한겨울 추위속에 찾아간 신라 호국사찰의 폐허는 늦게 오기를 잘했다는 듯 여러가지 메시지를 한꺼번에 쏟아놓았다. 먼저 우리를 놀라게 한 것은 쌍둥이 석탑의 아름다움이 아니었다. 10m가 넘는 장대한 키와 거대한 탑신의 위용이었다. 그렇게 큰 돌탑이 1,300년을 넘게 마주 서 무엇을 보았고, 무슨 생각을 하고 있을까, 이런 착각이 들어 두려웠다.
　죽어서 용이 되어 왜구의 침략을 막겠다고 바다에 묻힌 부왕(문무대왕)의 은혜에 보답하려고 신문왕이 절 이름을 감은사라 했다는 이름의 유래는 상식에 속한다. 그러나 왜 그곳을 택했는지는 가보지 않고는 실감할 수 없으리라. 가람 앞을 흐르는 대종천에서 끌어들인 물로 못을 만들고, 법당 밑으로 물길을 연결해 용이 된 부왕이 드나들게 설계했다는 것도 전설처럼 여겼다.
　그러나 두 눈으로 그 유구를 확인할 수 있으니 엄연한 역사가 아닌가. 바다와 물길로 이어진 곳에, 생명과 생산을 상징하는 여근(女根) 모양의 산봉우리 정면에 터를 잡았다는 관광안내원의 설명을 듣고보니 그토록 치밀한 설계와 의도가 오늘의 일처럼 실감났다.
　얼마 전 신문 지면을 화려하게 장식했던 감은사 동탑 금동 사리함의 화려한 모습이 떠올라 신라 문화의 수준에 고개가 숙여진 것도 혼자만이 아니었다. 96년 도괴위기에 몰린 탑을 바로 세우려고 탑을 해체하다 발굴된 사리함 지붕에는 쌀알만한 풍경(風磬)이 다섯개 매달려 있었다.
　이 작은 풍경에 또 여러 개의 금 알갱이 장식물이 붙어있었으니, 어떻게 이런 미세한 금 가공이 있을 수 있는가. 굵기 0.01cm의 금실 고리를 어떻게 몸체에 꿰었으며, 어떻게 그 작은 탁설(鐸舌)을 풍경에 달아 소리가 나게 했는지 상상이 가지 않았다.

쌍둥이 탑의 꼭대기에 피뢰침처럼 삐죽하게 솟은 쇠꼬챙이는 왜, 언제 꽂아 놓은 것인지 궁금해 안내원에게 물어보고 또 한번 무식이 부끄러웠다. 그것은 나중에 만들어 꽂은 것이 아니라, 처음부터 있었던 찰주(擦柱)라는 설명이었다.

찰주란 탑의 상륜부를 지탱시키는 철근같은 것이다. 언제부턴가 상륜부가 훼손되고 쇠만 남았다는 것인데, 얼마나 단단하게 만들었기에 그 오랜 세월 비바람에 녹슬고 삭아 없어지지 않는단 말인가.

놀란 표정을 보고 안내원은 더 놀라운 얘기를 들려주었다. 에밀레 종을 옮길 때 종을 매달 쇠막대를 만들지 못해 옛것을 다시 쓸 수 밖에 없었다는 것이다. 원래 봉덕사에 있어 봉덕사 종이라고도 불리는 에밀레 종은 봉덕사 폐사후 봉황대로 옮겨졌다가, 1915년 구 경주박물관, 1975년 지금의 박물관으로 이사한 비운의 종이다.

75년 이사 때 종을 옮기기는 간단했으나, 새로 만든 종고리가 22톤 무게를 감당하지 못해 며칠만에 휘어버렸다. 종을 매다는 쇠막대도 직경 15cm는 되어야한다는 결론이 나왔는데, 종머리에 뚫린 구멍은 직경 9cm였다. 제작 의뢰를 받은 독일 철강회사에서도 '1975년의 기술수준으로는 제작불가' 통보가 왔다고 했다.

종고리위원회까지 구성하는 법석을 떨고도 1,300년전 종을 매달 고리와 막대를 만들지 못한 사실은 현대인의 부끄러움이기에 앞서, 신라문화 수준에 대한 놀라움일 수 밖에 없다.

용의 해라고 용의 전설이 얽힌 감은사 터에 관광객이 줄을 섰다고 한다. 그렇지 않아도 낙서와 방화로 민망하게 더럽혀진 국보 감은사 탑과 법당 유구는 더 짓밟히고 긁히게 되었다. 마주 서서 1,300년을 굽어본 석탑 형제가 이 부박한 현대인들을 보고 무어라 말할지 무서워 진다.

2000. 01. 17

이몽룡의 직권남용

춘향전은 한국의 대표적 고전문학 작품이다. 통쾌하게 탐관오리를 징치하고 애인을 구출해 금지된 사랑을 완성한 스토리가 모두에게 친밀감을 주어 영화와 무대공연물의 단골소재가 된다. 그러나 지루한 4·4조 사설의 연속과, 아직 10대인 이몽룡이 이별한지 1년만에 암행어사가 되어 옥에 갇힌 춘향을 구출한다는 비현실성이 소설적인 재미를 반감시킨다. 그런데도 춘향전이 국민적 사랑을 받는 것은 극적인 반전 끝의 권선징악적 해피 앤딩이 서민대중에게 적지 않은 위안이 되기 때문이리라.

우리가 이 소설을 읽고 이상하게 느끼는 것은 사설조 문장이 읽기에 지루하다는 정도였다. 그러나 외국인 눈에는 뜻밖의 문제점이 발견된다. 고려대에서 홍일식교수에게 춘향전을 배운 한 외국인 유학생은, 암행어사가 된 이몽룡이 곧바로 남원으로 달려가 제일 먼저 춘향을 구해낸 일을 두고 공직자로서 사적인 데 직권을 사용한 비리가 아니냐고 못마땅해 했다고 한다.

이런 안목으로 작품을 다시 읽어보면 공·사 구분이 없는 여러가지 부조리가 발견된다. 사위의 어사출도 소식을 들은 월매가 춤 추며 동헌으로 달려가면서 팬스레 관속들에게 행악하는 장면, 관속들이 월매에게 절을 하며 아부하는 장면, 몽룡이 다른 죄인은 젖혀두고 춘향만 구출하는 장면 등이 눈에 거슬린다. 남원부사 변학도의 생일잔치에 각 고을 수령들이 모여 질펀하게 먹고 마시고, 이몽룡이 춘향과 월매를 호화로운 가마에 태워 서울로 보낸 뒤에야 암행어사 일을 보러 떠나간 것도 직무태만과 직권남용의 전형으로 봐야 한다.

작품 속에서 이런 문제가 제기되지 않은 것은 그것을 나쁜 일로 보지 않는, 공직자 비리를 지극히 당연시했던 당시 국민일반의 의식을 말해주는 것이리라. 아름다운 사랑만을 강조하느라고 그렇게 쓴 것이라고 볼 수도 있다. 그러나 현실과 동떨어진 문학은 존재할 수 없다는 점에서 본다면 조선중기 공직기강의 실상을 말해주는 단서이기도 하다.

어찌 춘향전 뿐이랴. 민중에 대한 직접적 피해와 무관하다는 측면에서 보면 그것은 오히려 약과다. 민중의 고난을 소재로 한 민족문학의 대작들--홍명희의 <임꺽정>, 황석영의 <장길산>, 박경리의 <토지>, 조정래의 <아리랑>과 <태백산맥>같은 작품은 직위의 높낮이를 불문하고, 남에게 위해를 가할 수 있는 자리에 앉은 사람들이 어떻게 나라와 민중의 운명을 주물렀는지를 말해준다.

근래에 출간된 정완기씨의 역사소설 <붓과 칼>은 권력의 상징인 제왕조차 무반의 칼끝에 힘없이 목숨을 잃고 자리를 내쫓겼던 기막힌 역사를 소재로 하고 있다. 정중부는 문반들의 사치와 나태로 기울어지는 국운을 바로잡겠다는 명분으로 칼을 들었으나 새로 득세한 무반들의 횡포 앞에 무력했고, 심지어 물욕에 눈이 먼 아들과 사위조차 제재하지 않았다. 뒤 이어 칼로 권세를 잡은 이 고·이의방·이의민·경대승 같은 무반들은 사욕에 눈이 멀어 제 명에 죽지 못했다. 최충헌은 국정을 개혁하고 국방을 튼튼히 해 거란족 침략과 몽고의 위협을 이겨낸 큰 공을 세웠으나, 멋대로 임금 둘을 폐하고 넷을 세운 전대미문의 칼 권력을 휘둘렀다.

관속들이 사사로이 직권을 쓰고 백성들이 그것을 당연시하는 폐풍은 오랜 세월 한국인의 체질속에 쌓여 생리가 되었다. 지도층의 부정부패에 흥분하기에 앞서 잠시 눈을 감고 생각해볼 일이다. 나는 교통신호 같은 사회적 약속을 잘 지키고 있으며, 경찰이나 단속공무원에게 돈준 일이 없는지를. 나 자신과 가족을 위해 권한과 재량의 한계를 벗어난 일 처리는 없는지, 친구와 친지 동문 동향인을 봐주기에 월권을 한 일은 없는지도 한번 돌아볼 시간이다. 춘향전을 읽고 이몽룡의 직권남용을 지적해 내는 공익우선 의식을 가질 때만 2,000년대와 21세기는 우리에게 희망의 연대가 될 것이다.

1999. 12. 27

부하들만 책임지는 나라

　구속 21명, 불구속 13명, 비위사실 해당기관 통보 19명. 지난 주 인천지검이 발표한 인천 라이브Ⅱ 호프집 화재사건 수사결과다. 숫자만 보면 대단한 것 같지만 속을 들여다 보면 부하들만 잡혀가고 높은 사람들은 아무도 다치지 않은 사실을 알 수 있다.
　구속된 사람들은 업소 및 공사 관계자가 9명, 경찰관 5명, 시·구청 및 소방공무원 4명, 조직폭력배 3명, 기타 5명이다. 불법영업을 하고 불을 낸 당사자들이 많이 처벌받은 것은 당연하지만, 구속 공무원들의 직급을 보면 어떻게 이럴 수가 있는가 싶다.
　구속자중 간부급은 단속과 인허가 책임부서인 시청과 구청 및 소방공무원을 통틀어 구청과장 한 사람, 관할경찰서 계장 두 사람 뿐이고 나머지는 모두 하위직 공무원들이다. 국회의원과 경찰서장이 업주에게서 돈 받는 것을 봤다고 말한 고교생까지 명예훼손 혐의로 구속하면서, 뇌물 받고 허위공문서 만든 인허가 책임자를 아무도 문책하지 않은 수사결과를 어떻게 내놓을 수가 있는가.
　호프집 화재 인명피해는 사망 56명, 부상 81명으로 우리나라 화재사건사상 대왕코너 화재 다음으로 많았다. 수사 대상자가 100명을 넘는다던 수사 초기의 엄포는 다 어디 갔나.
　군청 과장 1명을 포함한 하위직 공무원 몇사람 구속으로 끝난 화성군 씨랜드 화재참사 수사와 너무 닮은 꼴이다. 이로써 아무리 큰 사고가 일어나도 한국의 고위 공직자는 아무도 다치지 않는다는 확고한 전통이 수립되었다.
　공무원들이 불법영업을 눈감아 주고, 시민신고를 묵살하고, 내장재 불연처리 의무 위반을 적발하지 않아 일어난 참사로 137명의 청소년들이 죽고 다친 사건을 이렇게 처리하면서 어떻게 재발방지를 입에 담을 수 있는가.
　사건이 일어난지 한달이 넘었는데도 인천시와 관할구청에서는 자체징계나 문책인사를 하지않고 있다. 행정자치부 장관이 시장에게 책임을 물었다는 얘기도 들어보지 못했다. 또 대통령은 왜 장관의 책임을 묻지 않는지 이해할 수 없다. 투표로 당선됐으니 시장은 아무리 큰 일이 터져도 책임이 없고, 국회에서 해임결의안이 부결됐으니 행자부 장관은 면죄부를 받았단 말인가.

지나간 시대에는 철도건널목 사고 책임으로 교통부 장관이 물러나고, 입시파동에 대한 책임을 지고 문교장관이 경질된 일이 있었다. 단순한 사고와 파동의 책임을 장관에게 묻는 것은 바람직하지 못하지만, 이번 참사는 공무원들과 악덕업주의 구조적 유착관계가 빚어낸 '사건'이었다.

읍참마속(泣斬馬謖)이란 고사성어가 있다. 촉나라의 명장 마속이 군령을 어겨 전투에 패하자 제갈량(諸葛亮)이 울면서 마속을 참형에 처한 고사에서 나온 말이다.

그후 제갈량은 임금에게 자신의 벼슬을 낮추어 달라고 상주해 승상에서 우장군으로 강등되었다. 우리도 경찰 최고책임자를 경질하지 않았느냐고 할지 모른다. 그러나 그것을 이번 사건과 연관지어 고개를 끄떡일 사람은 없을 것이다.

검찰의 수사결과 발표를 계기로 인천 화재사건은 화제의 중심에서 벗어났다. 시청 구청 소방서 경찰서 같은 관련기관 공무원들은 길게 안도의 숨을 몰아쉬며 평온한 일상으로 돌아갈 것이다. 재수없는 일이 또 터지지 않기만을 기원하면서. 그러나 대다수의 유가족들은 아직 악몽에서 벗어나지 못하고 있다. 아직 보상문제가 마무리되기도 전에 잊혀져가는 현실을 원망하면서.

분명한 것은 그런 원시적인 사고는 언제 어디서고 또 터진다는 것이다. 추상같은 책임추궁이 없는 한, 이에 자극되어 상하 관계자 모두가 거듭 확인하고 체크하는 반복적인 노력이 없는 한, 그것은 하나도 이상할 것 없다.

온 국민을 지치게 하는 이 세기말적 카오스도 따지고 보면 책임을 묻지않는 리더쉽 부재 때문이다.

1999. 12. 06

김 교사의 의로운 죽음 이후

잠결에 호흡곤란이 느껴져 눈을 뜨니 매캐한 냄새가 코를 찔렀다. 무슨 일인가 했더니 "불이야"하는 고함소리가 들렸다. 순간 여러 객실에 잠들었을 제자들이 큰일이라는 생각이 들어 용수철처럼 자리를 박차고 일어났다. 컨테이너를 쌓아 만든 가건물에 불이 나면 어떻게 될 것인가.

맞은 편 301호실 문틈으로 검은 연기가 새나와 앞이 안보일 정도였다. 문을 열어 젖히니 유독가스와 뜨거운 기운이 얼굴을 덮쳤다. "애들아 일어나, 불났다." 닥치는 대로 잠든 아이들을 걷어차고 손에 잡히는 대로 끌어 일으켜 아래층으로 내몰았다. 옷깃으로 코를 막고 정신 없이 이방 저방 다니며 아이들을 깨워 끌어내기를 30분여, 자기 반 아이들 40여명을 탈출시키기에 성공했다. 구출작업중 다리를 다쳐 활동이 불편했지만, 남은 아이들이 있을 것 같아 불길 속으로 뛰어들었다가 끝내 돌아오지 못하고 말았다.

6월 30일 화성군 씨랜드 화재참사 때 순직한 고 김영재(金永在·38·경기 마도초등학교) 교사의 마지막이다. 자신의 안전을 돌보지 않고 몸을 던져 42명을 구해낸 그의 유족이 지난주 정부로부터 국민훈장을 받았다. 그러나 이 사실은 세상에 알려지지 않았다. 이로써 그의 이름은 우리의 뇌리에서 지워지게 되었다. 그 의로운 죽음이 이렇게 허무하게 잊혀져도 되는 것인가.

교육부는 김 교사 순직후 교감으로 특별승진시켜 국가보훈처에 국가유공자로 등록했고, 보건복지부는 그를 의사자로 결정하기 위해 심사중이다. 의사자 결정이 나면 유족들에게 얼마간의 보상이 주어질 것이다. 민간에서는 한국교육신문과 씨알의 교육연구회 공동으로 추모사업회를 결성해 '김영재 교육상' 제정 등 기념사업을 구상중이다. 훈장과 유족보상, 민간의 추모사업으로 그의 죽음은 충분한 값을 한 것일까. 이 물음에 고개 끄덕일 사람이 얼마나 될까.

"김 교사 같은 의인이 한사람만 더 있었어도 우리 애들이 그렇게 죽지는 않았을 텐데…" 그의 살신성인(殺身成仁)이 화제가 됐을 때 희생자 유가족 사이에 이런 말이 터져 나왔다. 아이들이 잠든 사이 인솔교사들이 다른 곳에 있지 않았다면 그렇게 허망한 일은 없었을 것이라는 탄식이다. 옳은 말이다. 그러나 그런 의인을 기다리기 보다는, 그런 일이 일어나지 않도록 노력하는 것이 김 교사의 죽음을 헛되지 않게 하는 길이다.

수십명의 어린 생명을 앗아간 그 사건은 중하위직 공직자 몇사람 구속으로 책임문제가 매듭지워 졌다. 그리고 그것 보란듯이 4개월여 만에 더 끔찍한 화재가 일어났다. 인천 라이브Ⅱ 호프집 화재현장은 김 교사 같은 의인이 아무리 많아도 소용 없을 연옥 그 자체였다. 불 난 사실을 알고도 업주는 술값 받을 욕심에 출입문을 잠궈버렸다. 큰길로 면한 벽면에 보통 유리창이 있었다면 깨고 뛰어내릴텐데, 두꺼운 통유리로 막혀있어 탈출이 봉쇄됐다. 아이들을 밀실에 가두어 놓고 불을 낸 것이나 다름없는 상황이었다.

잠적했던 업주가 자수해 관련 공무원 수십명에게 뇌물을 줬다는 비밀을 털어놓았다. 담당 공무원 몇사람과만 결탁한 줄 알았던 우리는 결재라인에 있는 사람들은 물론, 조금만 관련이 있어도 뇌물과 향응을 주고받은 구조적 비리의 실상에 분노할 기력도 잃었다.

단속책임이 있는 경찰간부는 업주의 집에 공짜로 살고, 관할파출소는 그 업소의 불법영업 고발 신고를 번번이 '불발견' '사실무근'으로 처리했다. 구청 직원은 업주 소유 점포를 무상임대해 장사를 했다. "훈장을 반납하고 이민가는 하키선수가 부럽다"는 말이 호들갑으로 들리지 않는다. 참다못한 유족들은 정부가 나서라며 가두시위를 했다.

그래서 겨우 힘 못쓰던 경찰청장 한 사람 경질로 끝내려 하니 지하의 김 교사가 어떻게 눈을 감을 것인가.

1999. 11. 15

우장춘기념관에 담긴 뜻

1895년 10월 제물포를 떠나는 일본행 기선에 한국청년 한 사람이 숨어들었다. 주한 일본공사 미우라(三浦梧樓)가 낭인들을 동원해 명성황후를 시해한 을미사변 가담자 우범선(禹範善)이었다. 대한제국 훈련대 제2대장이던 그는 미우라에게 포섭돼 휘하 장병을 거느리고 낭인들의 범궐에 앞장선 반역자. 망명 밖에는 살 길이 없었다.

일본정부의 보살핌으로 도쿄(東京)에 정착한 그는 일본여자와 결혼해 1898년 4월 아들을 얻는다. 세계적 육종학자 우장춘(禹長春)박사의 탄생이다. 숨어살던 망명자가 8년만에 자객의 칼에 목숨을 잃자, 젊은 미망인은 어린 아들을 고아원에 맡기고 생활전선에 뛰어든다. 우장춘 소년에게 가난과 외로움과 차별은 숙명이었다. 도쿄제국대학 부설 전문학교 농학실과를 나온 그는 농림성 농사시험장에서 일하면서 <종(種)의 합성론>이란 논문으로 박사학위를 받았다. 그를 일약 세계적 육종학자로 밀어올린 이 논문은 다윈의 진화론을 수정·보완했다는 평가를 받았지만, 멸시와 차별에는 변함이 없었다.

그가 귀국을 결심하게 된 계기는 알려져 있지 않다. 그의 어머니는 늘 "네 아버지는 조선의 혁명가셨다"고 가르쳤지만, 그는 한번도 아버지를 입에 올린 일이 없다고 한다. 그렇다면 아버지가 어떤 평가를 받는지를 알고나서, 고국에 참회하고 차별에 항거하는 심정으로 귀국결심을 실행했다고 볼 수 있을 것이다. 스스로 오무라수용소에 들어가 추방당하는 형식으로 귀국선을 탔고, 귀국후 "피로써 피를 씻은 역사를 명심하자"는 말을 입에 담곤 했다는 사실이 이런 추론의 근거다. 광복 이후 그는 여러차례 오무라 입소를 시도했지만 번번이 실패, 김병규 초대 경남지사 등이 벌인 환국촉진 운동에 힘입어 50년 3월 8일 처음 고국땅을 밟았다.

일본인 부인과 자녀 여섯을 남겨두고 단신으로 부산에 도착한 우박사는 한국농업과학연구소 관사에서 혼자 살면서 책과 씨앗에 파묻혀 살았다. 농업과학연구소장, 임시농업지도요원양성소 부소장, 원예시험장장 등으로 일하며 종자개량과 농업지도자 양성에 힘썼다. 우리말이 서툴어 바깥출입을 꺼리게 되니 돈 들 일도 없어, 얼마 안되는 월급도 태반이 남았다. 그러나 그는 가족에게 그것을 보내지 않고, 연구와 후학지도에 필요한 책을 사는 데 썼다.

수도승같은 연구생활의 결실은 혁명적인 성과로 나타났다. 잎이 밖으로만 뻗쳐 속이 차지않던 재래종 배추가 단단하게 알이 들어 맛 좋고 큰 배추로 개량되었다. 농민들의 수입이 늘어난 것은 물론이고, 일본 밀수품에 의존하던 종자문제까지 해결되었다. 무 양배추 감자 오이 토마토 귤 등 수 많은 작물의 수확성이 최고 4배까지 늘어나고 병충해에 강해졌다. 장미 카네이션 국화 같은 꽃들도 그의 실험실에서 품종이 개량되었고, 생애의 숙원인 벼의 일식이수(一植二收) 연구에도 큰 진척을 이루었다. 후학들은 우박사의 이런 업적을 세종대왕의 농사직설에 버금가는 농업의 혁명이라고 평가한다.

지난 21일 부산 온천2동에 우박사 기념관이 문을 열었다. 동래구청이 6억원을 들여 그의 관사 터에 연면적 200평 규모의 2층건물을 완공한 것은 지난 2월이었는데, 전시품 수집이 늦어 개관을 미루어 왔다고 한다. 고인의 손때가 묻은 유품과 기념물이 많을수록 좋지만, 그가 선대의 욕된 역사를 씻기 위해 어떻게 일생을 살았는지를 잘 보여주는 것이 더 중요하다. 그가 모친상을 당했을 때 돌아오지 않을까봐 여권을 내주지 않았던 정부는 그의 임종을 사흘 앞둔 59년 8월 7일 건국후 두번째 국민포장을 주기로 결정했다. 이 소식을 들은 그는 "조국이 나를 안아주었다"고 기뻐했다. 일방통행식 고국애로 일관한 그의 생애는 후세들에게 나라와 겨레를 위해 어떻게 살 것인지를 말해주고 있다.

1999. 10. 25

법조인력 너무 부족하다

"묻는 말에만 대답하시오" "예, 아니오만 말하시오"
 우리나라 법정에서 사건 당사자들이 재판장이나 검사, 또는 변호사에게서 흔히 듣는 말이다. 피고인과 피의자는 물론, 말을 들어보자고 불려간 증인과 고소인도 하고싶은 말을 못하기는 마찬가지다. 가슴을 치며 답답함을 하소연해도 귀를 기울여주는 사람이 없으니 재판이란 그런 것이려니, 체념하게 된다.
 법정에서 하고싶은 말을 못하기는 변호사들도 마찬가지다. 변호사가 그곳에서 하는 일은 "준비서면 제출합니다"하는 말과 함께 변론문을 재판부에 내는 일이다. 변론을 서면으로 대신하게 하기 때문에 할말이 많아도 발언권이 없다. 시간절약을 위해 법정변론을 못하게 하고, 나중에 변론문 읽는 것으로 대신하기 때문이다.
 사건 당사자에 대한 신문도 미리 제출한 신문서에 들어있는 것만 해야한다. 신문서에 적힌대로 물으면 입회서기는 거기에 O X △ 표시만 한다. 긍정은 O, 부정은 X, 모른다는 △다. 말할 때의 표정이나 동작, 상대방의 반응 등을 살펴 입체적으로 판단하는 것이 아니라, 기록에 치중하는 재판이 된지 오래다. 미제사건이 쌓이면 무능판사로 찍히게 된다.
 검사도 마찬가지다. 경찰에서 송치되어 오는 산더미같은 사건기록에 파묻혀 허덕이다 보면, 관계자를 불러 사실여부를 확인해보고 싶어도 시간이 없다. 오죽하면 검사들 스스로가 '사건 지게꾼'이라고 자신의 처지를 비하하겠는가. 경찰에서 올라오는 사건을 법원으로 실어나르기 바쁘다는 뜻이다. 변호사도 다를 것이 없다. 사건 진행사항이 궁금해서 찾아가면 의뢰인을 상대해주는 사람은 사무장 뿐이다. 변호사는 바빠서 만나줄 수 없다는 것이다.
 창구직원은 적은데 민원인이 많으면 어떤 현상이 일어날지는 뻔한 일이다. 우리 법조문화가 이런 후진성을 벗어나지 못하는 것은 말할 것도 없이 법조인력 부족 때문이다. 얼마전 문홍수 부장판사는 '사법개혁을 바라는 국민에게 드리는 글'을 통해 우리나라 대법관 한 사람이 1년에 주심으로서 처리하는 사건만 1,000건이 넘고, 합의사건까지 합치면 4,000건이 넘는다는 통계를 들어 대법관들이 얼마나 격무에 시달리는지를 전해주었다.

그는 "선진국 법조인들이 이 사정을 알면 기절을 할 것"이라고 말했다. 하급법원은 더 심하다. 98년 우리나라 법원에 접수된 각종 사건은 756만 7,281건으로, 일선판사 한 사람당 6,147건씩 처리했다. 이중 민·형사 소송 같은 본안사건만 158만 3,245건. 일인당 1,286건을 처리했으니 매일 4건정도씩 재판을 한 셈이다.

검사 한 사람의 조사인원은 연평균 3,896명. 한 사건 조사 대상자를 3.8명이라고 보면 연간 1,000건 이상 처리한 셈으로, 법관의 본안사건 처리율에 버금간다. 서울지검에 직무연수차 왔던 일본 검사가 이 사정을 알고 "한국검사는 신이냐"고 물었다는 에피소드가 있다. 사정이 이러니 신속하고 공정한 사건처리를 기대하는 것이 얼마나 무모한 일인지 알만하지 않은가.

최종영 새 대법원장은 며칠전 취임 회견에서 "변호사 생활 1년동안 법관들이 업무폭주로 심리에 소홀하지 않나 하는 아쉬움을 느꼈다"면서 법관수를 늘릴 필요가 있다고 말했다. 법조인 모두가 외치는 법조인원 증원반대 구호에 익숙했던 국민의 귀가 번쩍 뜨일 말이었다. 문제는 얼마나 늘릴 것인가이다. 지난 1년동안 법관들의 사건처리는 129% 늘어났다. 그만큼 법관을 늘려도 신속하고 공정한 재판을 기대할 수 없기는 마찬가지다.

학자들과 시민단체들이 사법시험 합격자를 2,000~3,000명으로 늘려야 한다고 주장하는 것은 변호사를 늘리자는 얘기가 아니다. 법관과 검사 수를 획기적으로 늘려 억울한 재판과 수사의 피해를 줄여보자는 뜻이다. 재판과 수사에 불만이 없으면 변호사 찾을 일도 없어진다. 정치적 중립과 청렴성 도덕성도 필요하지만, 더 중요한 일은 법조인력 대폭증원이 사법개혁의 제1 과제임을 법조인 모두가 인식하는 것이다.

1999. 10. 04

지금 북간도에서는

"조선에서 왔습니다. 도와주세요" 취재목적이 아니고 우연히 만난 첫 북한 동포에게서 들은 말 한마디가 오래도록 귓전에 맴돈다. 8월말 중국 옌지(延吉) 시내 한 음식점 앞에서였다. 막 도착해 늦은 저녁을 먹고 나오는데 등 뒤에서 함경도 억양의 어린이 목소리가 들렸다. 뒤돌아 보니 10살 전후의 소년 넷이 손을 내밀며 따라오고 있었다. 행색은 남루하기 짝이 없었다. 여윈 정강이가 드러나는 깡똥한 바지에 헐렁하고 때 묻은 셔츠, 맨발에 검정 고무신을 신었지만 눈빛만은 초롱초롱 빛났다.

어디서 왔느냐는 물음에 한 아이가 나서며 "무산에서 왔습니다" 했다. 언제 왔느냐니까 자신은 어제 두만강을 건너서 왔고, 나머지 셋은 온지 좀 오래라는 설명이었다. 부모가 없느냐는 질문에는 "엄마는 도망가고 아버지와 동생은 병들어 누워있다"고 대답하면서 내 표정만 살폈다. 돈을 얼마나 받게 될지 그것만이 관심사의 모두인 것 같았다.

그날 그 아이들 손에 쥐어준 돈은 하룻밤 노숙을 면할 잠자리 값에 불과했다. 넉넉히 주지 못한 것이 두고두고 후회가 되었다. 그보다 더 무겁게 마음을 짓누르는 것은 두만강 북쪽 옛 북간도 지역에 그런 어린이들이 자꾸 늘어간다는 현지동포들의 말이었다. 그런 애들이 하도 많아져 이제는 일일이 관심을 쏟기에도 지쳤다는 것이다. 두만강 경비병들이 그들의 도강을 눈감아 주는 모양이라 했다.

다음날 버스로 두만강 연안을 달리며 차창 밖으로 내다본 북녘의 산과 들은 헐벗었고, 마을은 바닷속같은 정적에 휩싸여 있었다. 특히 도문(圖門)대교에서 바라본 함경북도 남양의 모습은 '유령의 도시'라는 말로 밖에는 달리 표현할 길이 없었다. 도문세관 옥상 전망대에서 망원경으로 30분을 살펴봤으나 눈에 띈 사람은 셋 뿐이었다. 그중 한사람은 도문대교 북한측 경비원이고, 나머지 둘은 낡은 아파트 3층 복도에서 밖을 내다보는 주민이었다. 길에도 논밭에도 강가에도, 사람의 그림자가 없었다. 강둑과 물가에 더위를 식히러 나온 사람들이 우글대는 중국쪽과는 너무 대조적이었다. 지금은 면소재지로 강등됐다지만 한때 도문시와 형평을 맞추겠다고 남양시로 승격시켜 전시용 아파트도 짓고 온성군청까지 두었던 도시의 모습이다. 세관직원 말에 따르면 90년대 초까지도 도문대교를 오가는 사람이 많았으나 93년 냉해 이후 인적이 끊겨 지금은 하루 화물차 10여대 통과가 고작이라 한다.

다음날 대북 농업협력 문제를 주제로 한 세미나에서 북한의 아사자(餓死者) 수가 화제가 되었다. 한 동포 교수는 230만명이라는 외신보도를 믿을 수 없다고 잘라 말했다. 더 많을 것이라는 의견이었다. 한국측 민간기구의 의뢰로 탈북자를 상대로 샘플조사를 해 추산해본 결론이라 했다. 탈북자 자신의 가족과 일가와 마을에 굶어죽은 사람이 몇이나 되느냐고 묻는 방법, 신빙도를 높이기 위해 이웃동네 아사자 수를 묻는 방법 두가지 조사에서 모두 230만명 이상이라는 추산이 나왔다는 것이다. 북한에 연민의 정을 품고있는 그 자신이 한국 민간기구가 보낸 식량을 싣고들어가 살펴본 인상도 그렇다 했다.

옛 북간도 지방을 둘러보는 며칠 사이 우리 일행은 개방정책 밖에는 북한의 기아를 해결할 방법이 없다는 결론을 얻게 되었다. 60년대 북간도 지역에 지독한 3년기근이 들었을 때 동포들은 두만강을 건너가 북한 친지들에게 얻어먹고 흉년을 났다고 한다. 그런데 지금은 북한동포들을 도와가며 삶의 질을 높이려고 애쓰는 단계에 이르렀다. 자작농을 인정한 개혁·개방정책 20년의 결실이다. 중국 정부로부터 30년 영농권을 얻어 자기농사를 짓게되니 생산의욕이 넘치고, 자연히 소출도 늘기 마련이다. 비료도 농약도, 영농기술도 종자개량도 다 중요하다. 그러나 내밭 갈아 내가 먹는 제도로 근로의욕을 불어넣지 않는 한 북한의 기아는 해결할 길이 없다. 이 간단한 이치가 북녘땅에서는 왜 통하지 않는지, 답답한 가슴을 안고 돌아온 북간도 여행이었다.

1999. 09. 13

기어가는 철도행정

철도기사 스크랩 북을 펼친다. 철도의 100번째 생일(9월18일)을 앞두고 20세기 한국사의 한 단면인 철도 100년사를 훑어본다. 누렇게 변색된 50년대 스크랩에서 경부고속철 기사로 도배된 근년치까지 여러 권을 섭렵했으나 근래 20여년 동안 새 철도가 개통됐다는 기사를 찾아볼 수 없다.

그 앞 30년 세월의 철도역사도 정체기나 다름 없기는 마찬가지다. 50년대부터 60년대 말까지 건설된 철도중 50㎞가 넘는 것은 영암선(영주-철암) 경전선(진주-순천) 정선선(예미-정선-구절) 함백선(제천-함백) 경북선(영주-점촌) 정도다. 이 밖에 서울 교외선과 충북선 등 20여개의 철도가 건설됐으나 대다수가 30㎞도 안되는 단거리 노선들이다.

광복 당시 남한의 철도총연장은 2,642㎞, 현재는 3,092㎞다. 광복후 반세기가 넘도록 500㎞도 못놓았다. 1899년 일본인 자본으로 경인선이 완공된 뒤 일제는 40년도 못되어 한반도에 6,362㎞를 건설했다. 그런데 1년에 10㎞도 못 만들었으니 우리는 그동안 무엇을 했는가. 더 이상 새 철도가 필요없을 만큼 교통망이 잘 짜였다는 것인가.

철도적자 기사가 많이 보이는 것은 고속도로 시대 이후의 특징이다. 경부고속도로 개통 이후 고속버스가 전국을 반나절 생활권으로 좁혀놓은 뒤 철도는 급속한 사양길을 걷기 시작했다. 속도도 서비스도 요금도 고속버스의 맞수가되지 못했던 것이다. 국토개발을 디자인하는 관료들의 머리에는 고속도로를 확충하려는 일념 뿐, 철도기능을 개선해 고속버스와 경쟁을 붙이려는 생각은 일고의 가치도 없는 것같았다.

고속버스 업자들의 서비스 경쟁이 뜨거울 때 철도청은 적자보전을 이유로 요금 올리기에만 급급해 경쟁력 격차는 더욱 벌어졌다. 80년대 들어서는 철도의 공사화 아이디어가 적자병을 치료할 신묘한 약으로 평가됐으나, 관리들의 자리보전 본능에 밀려 10년이 넘도록 헛바퀴만 돌고 있다. 80년대 후반에는 전국철도 일제파업으로 국민의 불신은 더욱 깊어졌다.

근년의 스크랩에 나오는 한 기사를 보고 필자는 낯이 뜨거웠다. 철도창설 90주년인 89년 9월 19일자 상자기사 밑에 필자의 이름이 붙어 있기 때문이다. 경부고속철을 98년 완공한다는 것을 필두로 호남고속철, 동서고속철, 수원-천안간 전철 연장, 경춘선 복선전철화 등 16건의 굵직굵직한 사업을 90년대에 끝낸다는 내용이었다.

그런데 대부분이 계획대로 이행되지 않아 결과적으로 수백만명의 독자들에게 엉터리 정보를 제공한 셈이 되었다. 경인선 복복선전철화 사업을 보자. 96년까지 경인선을 복복선전철화한다는 계획은 이제 겨우 50% 진척됐다. 호남고속철 동서고속철은 아직도 '계획' 단계다.

이상한 것은 그 뒤에도 때만 되면 비슷한 계획이 색깔과 포장만 바꾸어 신문지면을 장식한 일이다. 때라는 것은 묘하게 선거철과 겹친다. 수도권 전철화 연장사업은 단골메뉴로 등장하지만 언제 약속이 지켜질지 아무도 장담을 못한다.

대도시 통근권역 평방㎞당 철도연장을 비교해보면 우리가 얼마나 철도투자에 무심했는지 알 수 있다. 런던 923㎞, 파리 753㎞, 뉴욕 588㎞, 도쿄 298㎞인데 비해 서울은 15㎞다. 50년 세월을 허송하지 않고 꾸준히 철도망을 갖추었다면 지금 서울권역 교통패턴은 전철중심으로 바뀌었을 것이다. 폭발적인 교통수요를 방치해 수도권 전역을 자동차 홍수로 몰아넣은 것은 무사안일 철도행정의 결과다.

지금 세계는 철도 르네상스 시대로 되돌아가고 있다. 자동차로는 한계가 있음이 입증되었고, 환경문제를 푸는 방법도 철도 뿐이라는 자각에서 선진국들은 앞 다투어 새 철도를 건설하고 속도와 품질경쟁에 골을 싸매고 있다. 우리는 경부고속철도만 건설하면 만사가 끝이라는 식의 인식에서 빨리 벗어나야 한다. 그 후의 연계교통망 구축과 기존철도의 경쟁력 개선에 꾸준히 투자하지 않으면, 자동차 중심의 왜곡된 교통체계는 영원히 바로잡을 수 없게 된다.

1999. 08. 30

법은 정말 평등한가

 폭우와 태풍으로 바짝 긴장했던 지난 주, 신문 한 귀퉁이에 실린 작은 기사가 눈길을 끌었다. 촌지교사 뇌물죄 기소. 대구지검이 15만원의 촌지를 받은 초등학교 교사를 뇌물죄로 기소했다는 내용이다. 4년전 사건 처리가 새삼스레 뉴스가 된 것은 촌지교사에 대한 뇌물죄 적용이 처음이기 때문이다.
 법 앞에 우리 국민 모두가 평등한가. 이 뉴스는 이런 의문을 던지고 있다. '내 아이를 잘 봐달라'는 조건이 붙은 돈을 뇌물로 본 검찰의 판단은 옳다. 그러나 그 교사가 받은 돈의 백배 천배를 받은 고위 공직자와 정치인들이 검찰과 사법부와 소속기관에서 어떤 처분을 받고있는지 따져보면 우리의 법과 제도는 형평성과 공정성을 운위하기 부끄러울 정도다.
 퇴출대상 은행장에게서 4,500만원을 받은 어느 광역시장이 7월말 불구속 입건으로 처리되었다. 뇌물죄가 아니라 처벌규정이 약한 정치자금법 위반 혐의였다. 선거때 받은 2,000만원은 정치자금, 뒤에 받은 2,500만원은 떡값이란다. 정치자금이란 것도 후원회를 통해 영수증 써주고 적법하게 받은 것이 아닌데, 시장으로서 받은 돈도 뇌물이 아니라니 누가 그 처분을 옳다 하겠는가.
 정치인들에 대해서는 관대하다 못해 무력하기만 하다. 그들을 처벌하는 법이 따로 있는 것이 아닌가 하는 생각이 들 정도다. 새 정권 출범후 사정대상이 된 수많은 정치인 가운데 구속되었던 사람은 의원직을 갖지 못했던 한 사람 뿐, 나머지는 모두 불구속 입건이다. 그들이 받은 돈은 최저 3,000만원, 많은 경우 33억원을 넘는다.
 불구속 기소로 재판에 회부된 그들이 법원의 출정요구를 번번이 묵살하는데도 마땅한 대응책이 없는 모양이다. 설혹 구속이 된다해도 얼마 안가 형집행정지나 보석 등으로 모두 풀려난다. 한보사건을 필두로 근년의 굵직굵직한 뇌물사건에 관련된 정치인중 지금까지 복역중인 사람은 아무도 없다.

수사와 재판과정, 자체징계나 사면 등을 통해 비리 공직자들이 '특별대우'를 받는 것은 국민의 법감정을 혼란시킨다. 형사정책연구원 자료를 보면 87년부터 95년까지 9년간 뇌물공무원 기소율은 62%에 불과했는데, 재판과정에서 64.6%가 집행유예 선고유예 등으로 풀려났다.

 징역 또는 금고형은 20%를 약간 넘지만, 대다수가 1년 안팎이고 3년 이상은 1%도 안된다. 법원측은 "그들이 소속기관에서 징계처분을 받았고, 공직에서 퇴출될 것이므로 재범의 우려가 없기 때문에 법정형량보다 관대하게 처분하는 것"이라고 말한다. 그러나 비리공무원 징계율은 극히 미미하다. 최근 국무조정실이 발표한 상반기 국정 심사평가 자료에는 징계를 받은 비리공무원은 7.5%에 불과하다. 그나마 파면 해임같은 중징계는 극소수고, 대부분이 견책 감봉 주의 정도이다.

 이런 솜방망이같은 처벌도 미안하다는 것인지, 때만 되면 대통령은 그들에게 사면 혜택을 주어 국민에게 배반감과 박탈감을 심어준다. 집권당이 사면의 원칙을 어겨가며 형이 확정되지 않은 180명의 사면을 추진하는 것은 노골적인 정략으로 볼 수 밖에 없다.

 그 속에는 5년동안 나라 일을 농단한 전직 대통령 아들도 포함돼 있다. 정부는 그의 형이 확정된 것으로 꾸며 국무회의 사면건의 의결 다음날(11일) 소환하는 형식을 취함으로써 재수감 없이 사면하려는 각본을 짜놓고 있다. 사면은 대통령의 고유권한이다. 그러나 부패사범이나 권력형 범죄자는 제외하는 것이 선진국의 관례다. 억울한 양심수나 모범적인 일반 재소자를 대상으로 하는 것이 사면제도 본래의 취지다.

 사람을 죽인 탈옥 무기수를 의적시 하는 사회풍조가 삐딱한 사람들의 반항심리 때문만은 아니다. 권력자들의 범죄를 엄정히 다스리지 않으면 세상을 큰 도둑의 소굴로 보려는 서민들의 박탈감과 냉소병은 치유할 길이 없다. 이 병이 깊어지면 개혁도 새 밀레니엄도 공염불이 된다는 것을 왜 모르는가.

1999. 08. 09

부패척결 의지는 있나

 너무 썩었다. 공직사회를 중심으로 어느 한 구석 썩지않은 곳이 없을만큼 우리 사회의 부패도가 심각하다는 것이 대다수 국민의 인식이다. 그러나 정부나 국회가 하는 일을 보면 부패를 척결할 의지가 있는지 의심스럽다. 부패를 막아보자고 시민단체들이 입법을 청원한 부패방지법이 8개월째 국회에서 낮잠을 자고있으니 말이다. 빨리 처리해달라고 채근하는 사람도 없다.
 부패가 이슈가 될 때마다 해당범죄의 처벌을 가중하는 특별법들이 제정되고, 고위공직자들의 재산을 공개해 변동사항을 국민이 감시하게 하는 제도까지 도입됐다. 그러나 부패방지에 별 효험이 없는 것같다. 인천 북구청 세무공무원들이 지방세 수입금을 잘라먹은 사건이 일어나자 부정축재 재산 환수를 규정한 몰수특례법까지 생겼으나 이 법은 한번도 적용된 적이 없다. 미비점을 보완하자는 논의도 들어본 일이 없다.
 그래서 시민단체들이 들고나온 것이 부패방지법이다. 특별검사제를 도입해 수사의 성역을 없애자, 내부고발자 보호제도로 공직사회 비리고발을 유도하자, 돈세탁 금지규정을 두어 검은돈의 흐름을 막자, 비리 퇴직자의 관련업체 취업을 금지시키자, 예산부정 고발자 보상제도로 국고손실을 막자, 뇌물 준 사람도 받은 사람과 똑같이 처벌하자는 것등이 이 법안의 취지다. 국민회의는 특검제 부분을 삭제하고 나머지는 대부분 수용해 지난해 12월 국회에 법안을 제출했으나 아직 심의조차 착수되지 않고 있다. 공동여당 한 쪽이 신중론을 취하고, 야당은 반대하기 때문이라 한다. 특검제 문제가 갈등의 핵심이다. 그 문제로 집권당 총재대행이 물러났어도 앙금이 가라앉을 기미가 보이지 않으니 법안 통과전망은 캄캄하기만 하다.
 예정대로 이 법안이 통과됐다면 적어도 씨랜드 참사는 일어나지 않았을 것이다. 내부비리 고발자 보호와 보상이 법적으로 보장된다면 화성군수가 아무리 간이 커도 부하직원들에게 불법적인 영업허가를 요구할 수 있겠는가.

사회복지과장이 아무리 파렴치한들 업주에게 돈을 받아 부하에게 전해주겠는가. 뇌물받은 사람이나 준 사람이나 똑같이 처벌한다면 한번 더 생각해보게 되는 것이 사람의 심리다. 비리 퇴직자에게 몇년동안 관련업계 취업을 금지시키면 아무리 뇌물을 밝히는 사람이라도 몸조심을 하게 될 것이다. 돈세탁을 할 수 없으면 주기도 받기도 어려워져 그만큼 억제효과가 있을지도 모른다.

미국과 유럽 선진국들이 유리알처럼 투명한 사회를 이룩한 것은 국민 모두가 정직해서가 아니라, 효율적인 부패 통제장치 때문이다. 미국의 경우는 공무원이 뇌물죄나 공금유용으로 기소되면 불법취득 재산을 동결해 재산권 행사를 금지시키고, 재산몰수형이 선고되면 즉각 국고에 환수한다. 싱가폴과 대만은 엄격하기로 유명한 부패 통제장치와 제도로 세계에 소문난 청결국가가 되었다. 73년에 제정된 대만의 부정공무원 처벌법은 직권을 이용해 뇌물을 받는 공무원은 최고 사형에 처할 수 있도록 규정하고 있다. 법규만 엄격한 것이 아니라 운영도 찬바람이 날 만큼 엄정해 딴 생각을 먹을 수가 없다고 한다.

부정부패는 줄을 선 사람들의 차례를 뒤로 밀어내고, 정당한 절차를 밟아 올라온 사람들의 기회를 박탈하기만 하는 것이 아니다. 공공요금과 물가와 사회적 비용을 올리고, 국가와 기업의 금고를 축내 국가경제에 엄청난 해악을 끼친다. 국제사회에도 부패라운드가 제정돼 부패한 나라는 무역에서 소외당하는 시대가 됐다. 투명성이 국가경쟁력의 요건이 된 세상이다. 장관이 공개석상에서 격려금 봉투를 받고, 고위 공직자 부인들이 호화 의상실을 드나드는 나라의 경쟁력이 얼마나 될지 걱정이다. 나라 일 하는 사람들을 만나면 한번 물어보고 싶다. 부패를 척결할 의지는 있느냐고. 국가 투명도 50위 밖의 기피국가로 전락해가는 오늘의 현실을 알고나 있느냐고.

1999. 07. 12

저자의 말

　퇴직 다음 날 새로운 인생을 즐겨보겠다는 생각으로 한강공원에 운동을 하러 나갔을 때는 아직 칼바람이 매웠습니다. 두껍게 얼어붙은 한강은 언제 풀릴지 막막해 보였고, 마른 나무가지에 잎이 돋고 죽은 풀들이 살아난다는 것은 불가능해 보였습니다.
　그러나 불과 2개월여 만에 세상은 확 달라졌습니다. 매일매일 조금씩 달라지던 자연의 모습은 70일을 넘기면서 마치 거짓말처럼 변했습니다. 둔치의 풀들이 유록색에서 짙은 초록으로 변해가는 모습은 그렇다 해도, 죽은 나무 같던 벚나무 살구나무들이 꽃을 피워내는 것은 기적이라고 할 수 밖에 없습니다.
　화사함의 극치를 다투려는듯 꽃나무들이 한꺼번에 꽃잎을 터뜨리는 것을 보면서 생각을 고치기 시작했습니다. 마음먹은 일을 빨리 해야겠다는 다짐은 그렇게 생겨난 것입니다.
　이름을 내걸고 책을 펴낸다는 것은 언제나 부끄럽고 겸연쩍습니다. 이미 세상에 내놓았던 것을 모아서 엮는 일이어서 더욱 그러합니다.
　그러나 언론인 생활 32년을 결산하는 작은 기념물 하나는 있어야 하지않겠느냐는 주위의 권고를 물리치지 못하고 말았습니다. 논설위원 시대의 일기장 같은 것을 하나 갖고싶은 욕심이 작용한 것도 사실입니다.
　여기 실린 글들은 1996년 편집국을 떠나 논설위원으로 일하면서 7년 4개월동안 한국일보에 쓴 수백편의 〈지평선〉과 〈메아리〉 칼럼에서 추린 것입니다. 신문 칼럼이란 그때그때의 세상일에 관한 의견과 생각이어서 지나고 나면 무의미한 글이 되기 쉽습니다. 마치 케케묵은 신문철 속에 잠들어 있는 글자 떼처럼 생명력이 없는 글입니다. 그래서 망설임 끝에 비교적 시의성과 무관한 글들을 중심으로 엮어보기로 했습니다.

그래서 역사와 인물, 환경과 문화에 관한 것들이 주류를 이루게 되었습니다. 역사를 제대로 공부하지 않은 사람이 역사를 운위한다는 것은 주제넘는 일인 줄 압니다. 그러나 매사를 역사에서 배워야한다는 생각을 떨쳐버릴 수가 없었습니다.

환경문제는 인류가 영원히 포기할 수 없는 테마라고 생각합니다. 더구나 요즈음처럼 인구가 많고 물질문명의 폐해가 극심한 시대일수록 그 문제는 급합니다.

변변치 않은 글을 선뜻 상재해 주신 한국문화사 김진수 사장님과 편집실 여러분, 그리고 출판을 허락해주신 한국일보사 신상석 사장님과 편집디자인부 신동준 기자님의 후의에 깊이 감사 드립니다.

          2004년 4월 꽃 피는 날 목동 우거에서 문창재